烟雨淇澳

己亥五月　陈炜湛

烟雨淇澳

何国强　钟觉添　著

暨南大学出版社
JINAN UNIVERSITY PRESS

中国·广州

图书在版编目（CIP）数据

烟雨淇澳/何国强，钟觉添著．—广州：暨南大学出版社，2019. 12
ISBN 978 - 7 - 5668 - 2809 - 5

Ⅰ. ①烟… Ⅱ. ①何…②钟… Ⅲ. ①珠海—概况 Ⅳ. ①K926. 53

中国版本图书馆 CIP 数据核字（2019）第 261387 号

烟雨淇澳
YANYU QIAO
著　者：何国强　钟觉添

- -

出 版 人：徐义雄
策　　划：黄圣英
责任编辑：郑晓玲　黄佳娜
责任校对：孙劭贤
责任印制：汤慧君　周一丹

出版发行：暨南大学出版社（510630）
电　　话：总编室（8620）85221601
　　　　　营销部（8620）85225284　85228291　85228292（邮购）
传　　真：（8620）85221583（办公室）　85223774（营销部）
网　　址：http：//www. jnupress. com
排　　版：广州市天河星辰文化发展部照排中心
印　　刷：广州市穗彩印务有限公司
开　　本：787mm×960mm　1/16
印　　张：17. 5
字　　数：275 千
版　　次：2019 年 12 月第 1 版
印　　次：2019 年 12 月第 1 次
定　　价：66. 00 元

（暨大版图书如有印装质量问题，请与出版社总编室联系调换）

自　序

　　淇澳岛在珠江口西侧，是珠海市的一个大岛①，目前全岛陆地面积
23.8平方公里，岛上山岭起伏，沙滩金黄，植被茂密，生物多样，一派
亚热带旖旎风光。谁能想得到远古的淇澳是由八个小岛组成的，涨潮时星
星点点的孤屿露出水面，退潮时山头与礁石丛隔海相连。自然界的斗转星
移和人类对自然的改造，逐渐使其中五屿连体，扩大了人类生存空间。由
于珠江口的泥沙不断淤积，岛面积仍处于变化之中。

　　岛上遗址表明先秦时曾有人至。然而人迹时断时续，在地图上长期处
于空白。淇澳岛进入新纪元与南宋覆灭相连。有人就有村，村民为汉族，
因社会动荡，杂姓颇多。村场建在江树山，就地取材，因季风骚扰，又迁
簸箕谷。起初村庄不大，随着人口增长，同一村场内的各姓氏聚族而居，
建筑风格从干砖垒墙、蚝壳砌墙、茅草为顶到青砖瓦房、石板铺路。

　　村道曲折，村西北、东北和正南各开一道闸门，犹如小说《水浒传》
里的祝家庄，"尽是盘陀路，入得来出不去"，当地人称为"躲子弹"的

----

　　①　据广东省海岛资源综合调查大队《珠江口海岛资源综合调查报告》（广东科技出版社，
1993年）第1-2、4-9页的数据，珠海市的岛屿占珠江口岛屿总数的79.5%，面积314平方公
里，占珠江口岛屿总面积375平方公里的83.8%。三灶、横琴、高栏、南水和淇澳原为珠海市的
5个大岛，不久前已跟大陆连为一体。

路，在治安不靖的年代，人在这种路巷跑，不怕盗匪追击，不畏飞镖、子弹。西北原是村正门，临马溪海，近溪流，有渡口，早先嫁女娶媳皆从此出入。各十字路口均有公井，各村闸附近均设有脚碓，用于捣米。村东、村西又各开一道小门。传统社会尚早婚，以 20 年划分代际，淇澳村史将近 800 年，延续了 39 代人，至少从江树山村场移到今天的村场已经有 35代人。嘉靖年间（1522—1566），淇澳村与附近大陆的北山、东岸、唐家、吉大、前山、沙尾等村归属长安乡恭常都。康熙元年（1662）二月，朝廷颁布禁海令，全村奉旨内迁，原来的村庄荒芜了。直到康熙二十三年（1684），才允许离乡背井的村民返乡，人们重新建村。

从此，淇澳村翻开历史的新一页，人口增长，经济发展。民国时期，淇澳村成为中山县第六区属下的小乡。中华人民共和国成立后，岛上成立了生产大队。改革开放至今，村庄面积不断膨胀，到处建起新楼房。旧式建筑仍然很多，一些承载历史文化的建筑亟待抢救。珠海市博物馆曾做初步统计，淇澳岛有民居 225 处、祠堂 4 处、庙宇 14 处、亭 1 处、社坛 26处、石刻 11 处、木刻 8 处、水井 16 口、灯塔 1 处、古遗址 7 处。[1] 除了个别数据需修正外[2]，基本数据是准确的。

珠江三角洲是广府文化的核心区，自秦朝设置南越郡始，百越文化与汉文化交融发展，血缘认同与地域划分并立，户籍登记与层化管理同在。社会的整合是由小变大、由简单到复杂的过程，但是发展的不平衡造成海岛的落伍现象，许多简单质朴的文化元素因而得以保留。

岭南濒海地区，气候湿热，长夏无冬，便于实证科学开展野外调查。民族学是一门以田野调查为基础、以民族文化为研究对象的学科，是适应社会文化发展的需要而产生的。它以研究少数民族为主，以研究汉族为辅，在研究中又以简单社会的文化为主，也不排斥研究从简单社会延续到复杂社会中的传统文化变体。

---

[1] 参见珠海市博物馆编：《珠海淇澳岛文化遗产考古调查报告》，广州：广东教育出版社，2016 年，第 173 - 174 页。

[2] 据笔者调查所得数据：祠堂 19 处、会所 1 处、坊 3 处、庙宇 16 处、社坛 32 处、亭 4 处。

　　国外学者研究广东时采用了类型学①分析方法。研究淇澳岛既可采用这一方法，也可以采用史学方法，因为该岛以独特的方式浓缩了几千年的人文景观，从清朝到民国，如钟宝②、苏兆征等人各自代表不同的时代；1950 年以来的历程更加清晰，从土地改革、农业合作化到人民公社，再到家庭联产承包责任制的实行，继而是代耕农上岛，辞退代耕农之后又是建桥大军上岛，由于伶仃洋跨海大桥项目搁浅，建桥民工和机器退出岛外。然后是外地渔民上岛，外来人川流不息的态势持续了将近 20 年，形成一个稳定的外来渔民群体。1987 年，广东省军区落实"百万裁军"的决策，守岛部队撤离，军营人去楼空，房屋倒塌，一片疮痍。淇澳岛像一个历史卷轴，只要慢慢展开，其所走过的历程与全国多数地方基本相似。

　　本人两度研究海岛社会，淇澳岛可谓第二个研究驿站。第一个研究驿站是大襟岛，2002 年的暑假，我带了两个人在那里调研，从台山县（当时还不是"市"）的赤溪坐船上岛，在南湾村住了半个多月。从铜鼓海回来后，其中一人继续得到我的指点，于 2003 年 6 月 4 日通过学位论文答辩，后来还将该论文拿去出书和发表于期刊。③

----

　　①　[美]傅高义著，高申鹏译：《共产主义下的广州：一个省会的规划与政治（1949—1968）》，广州：广东人民出版社，2008 年；[美]傅高义著，凌可丰、丁安华译：《先行一步：改革中的广东》，广州：广东人民出版社，1991 年。这两本书的英文版先后于 1969 年和 1989 年在美国出版，但是译成中文出版的顺序则是颠倒的。

　　②　钟宝，字悦豪，1645 年生于广东香山恭常都淇澳村，1704 年卒于陕西固源。自幼事渔农，曾干盗跖勾当。顺治十八年（1661）实行海禁，康熙元年（1662）淇澳村奉旨内迁，钟宝转做屠夫，后失意潜回村。康熙二年（1663），浙江会稽举人姚启圣任香山知县，招抚钟宝等人。不久，姚启圣被诬以"擅开海禁、私通澳夷"，褫夺官职，遣返原籍。姚启圣在家乡经营 7 年，积蓄万贯家财。钟宝则复流为盗。康熙十三年（1674），耿精忠举事，姚启圣散财拉队伍参与平叛，得康亲王爱新觉罗·杰书赏识，得以重用。钟宝被招入军中，连立战功。姚启圣做了闽浙总督后，于康熙十九年（1680）力荐钟宝进入施琅水师。康熙二十二年（1683），施琅征战台湾，钟宝任其幕僚。攻打鹿耳门（今台南市安平镇西北）时，因滩涂开阔难以近岸，钟宝呈图献计，施琅依计而行，令工匠照图制作橇板装备将士。钟宝趁夜率兵登陆，一举攻陷鹿耳门，郑克塽奉表投降。

　　③　范涛：《海盗的后裔——大襟岛渔村社会文化研究》，中山大学硕士学位论文，2003 年。发表的论文为：范涛：《大襟岛上的替罪羊》，载《开放时代》2006 年第 5 期，第 132–140 页。出版的书为：范涛：《孤独的岛屿与大海的呼唤：台山大襟岛南湾村的变迁》，广州：广东人民出版社，2008 年。

有了第一个研究驿站的经历，第二个研究驿站的调研应该做得更好。2014 年 1 月，我独自去了淇澳岛，5 月我向有关部门提交方案，几天后约了课题组一位成员上岛，9 月方案获得立项①。11 月中旬，我在珠海市高新区办完手续就上岛，连续去了两次。12 月我先到中山市，再到珠海市，从两地的档案馆查找资料，对相关事件的记录有了一些把握。经过上述摸底，2015 年 1 月正式展开调查。从此每个学期我都在中山大学珠海校区开课，利用闲暇时间上岛调研，多次到珠海市档案馆摘录材料，对民国以来岛上某些事情更加了解，调查时格外注意旁证材料。

我也结合教学任务带学生上岛实习，向他们介绍基本情况，组织一些学生根据相关选题做论文，前后约有 1 名硕士研究生、10 名本科生参与。我们借宿小学，打地铺睡觉，不然就在村里租房，自开伙食，冒着烈日风雨到各处调查。我曾查到一份宝贵的史料，是 1936 年至 1937 年中山大学地理学系的数名师生到淇澳岛调查后合作完成的调查报告。我向学生分享我自己掌握的资料，又带他们到珠海市图书馆查阅地方报纸，把我的朋友介绍给他们认识，带他们入户访问，教他们怎么记录与整理材料，怎么做统计分析，让他们尽快熟悉专业知识。

我们与当地干部、教师、普通村民交朋友，得到他们无私的帮助，双方亲密无间、无话不说。经过反复调查、反复思考，一些无关宏旨的事情被提炼成有意义的问题。整个过程中，师生实行"资料共享"的原则，我帮助学生发表文章，学生完成学业，先后毕业；与此同时，我也发表了一篇调查报告，并撰写了一篇论文参加国内学术研讨会②，以及写完一本书的初稿。

---

① 《沧海明珠：淇澳岛的传统文化与现代化研究》获得珠海市社会科学联合会重点立项，编号：2014085。

② 孟凡祺：《珠海淇澳岛旅游资源调查与开发——以日本端岛旅游开发为导向》，载《经济研究导刊》2016 年第 18 期，第 148－151、163 页；何国强：《淇澳岛的渔业状况调查》，载《青海民族大学学报》2017 年第 1 期，第 28－38 页；学术研讨会名为"清代海疆政策与开发"，2018 年 11 月 3 日在厦门大学人文学院召开，我提交了论文《释放生存——淇澳岛民对清廷政策的适应》，后来几经修改，以"清初淇澳岛民对国家政策的适应"为题，发表于《青海民族大学学报》2019 年第 3 期。

这本书叫作"烟雨淇澳"，顾名思义，站在历史的长河边，透过轻纱般的烟尘回溯朦胧的往事，通过现实的和风细雨清洗社会变迁的印记。此书所呈现的传统文化与现代生活，不是简单地复述前人的成果，也不是在诸多论著中添加一本民族志，而是思想和材料的整体奉献。这种奉献可能会在某些人的心里引起轩然大波，甚至在很长时间以后还泛着涟漪。当然，书中定有一些不足，不慎不当之处，恳请读者原谅，如有争议和谬误，希望方家不吝赐教，文责自负。

何国强

2019 年 9 月 6 日

目　录

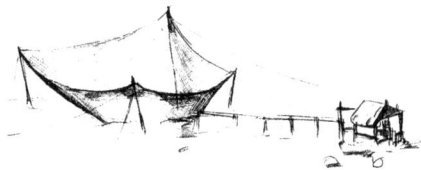

绪　言

　　岛屿是四面环水并在高潮时高于水面的自然形成的陆地区域。① 全世界的岛屿分为大陆岛、火山岛和珊瑚岛，每一种都有面积限制。我国有7 600多个大小岛屿，绝大部分是大陆岛，即原属大陆的一部分，因地壳下沉或海水上升致其与大陆相隔，岛屿的地质构造与邻近的大陆相似。我国的岛屿虽多，但只有455个岛是有人居住的，淇澳岛即属于此。

　　有人居住的海岛是由无人居住的荒岛演变而来的，而有人居住的海岛由于种种原因也可能会退回到无人岛的状态。当岛屿因交通方式改善而与大陆连成一体时，孤岛便有了半岛的功能，自2000年通桥以来，淇澳岛已有这个属性。

　　海岛是四面环水的，在时空框架上就可喻为一只口袋，既可以装东西，也可以空着不装东西，所以说岛上居民接受外来的文化因子多，创造的文化因子少。换言之，四面环水的封闭性使外来文化不易进入海岛，一旦进入就不易逃逸。由于水陆界线分明，文化的内外交融轨迹明晰，此乃海岛成为理想研究场所的基本依据。

　　本书讲述的淇澳岛，原隶属东莞，南宋绍兴二十二年（1152）因香山

----

　　① 参见《联合国海洋法公约》第121条第1、3款，载张海文主编：《联合国海洋法公约释义集》第八部分第二目，青岛：中国海洋大学出版社，2006年。

单独建县而划归香山，1953 年 4 月 30 日，又划给刚成立不久的珠海县，是连同周围大陆的下栅、唐家、香洲、前山、南屏、湾仔等一起划归的。1955 年，淇澳岛被划入边防管理区，乘客来回渡海需出示边防证，大宗货物进出也需要通行证。村民在海防前哨落实上级的各项政策，进行土地改革，互助合作，渔农并举，与其他地方同步发展。

步入淇澳村（林得福手绘）

行走在淇澳村的石板路上，婆娑树影、层叠民宅迎面扑来，过去村中牡蛎壳砌成的老墙很多，现在只剩四五堵了，带咸味的风雨给青砖瓦房涂上深青灰色的印记，巷子中或有几口水井，井口布满苔藓，井水清澈见底，透出一丝凉意。大榕树下石条横卧，老先生坐着纳凉，老奶奶逗弄着孙子，树上蝉声不绝于耳。屋檐下、树荫里，常闻"摆古"（讲故事）的喃喃细语，有时调门陡然升高，仿佛在述说钟宝叔公：他足智多谋，联袂一群男丁闯荡江湖，贩卖私盐。这伙人擅于舟楫，习于水性，后来应征入伍，参战收复台湾，勇立奇功，终获朝廷嘉奖。

清末民初，岛上太平。农渔业各领风骚，村中殷实之家甚多。又有两块沙田的租金补充，原有的走私路线（从澳门、香港到番禺，中途须经金星门）还在，村民走私是公开的秘密，因此淇澳村的经济来源颇多，每年秋收后都要请戏班进村演出。清末，淇澳岛就有私塾，民初办起小学，启蒙幼儿，崇尚"耕读之家"的理想。凡此无不说明，淇澳岛早就受到外界影响，岛内外的互动关系始终存在，随着时代的发展，互动的频率逐渐增强。

"夷人偷牛"也是老人爱讲的一个掌故。肇事人为英国水手，引致流血结果，最后以举旗投降，赔款了结。这个故事作为史料很有说服力，无奈被媒介所滥传。

这件事情得从两位女性说起：一位是受雇于淇澳管理区的外地中年妇女林冬红，一位是在珠海投资的港商蒋秋霞。1993年，林冬红向淇澳管理区建议，把原来村里用麻石铺就的道路稍加整理，定名"白石街"，可定为爱国主义教育基地，她愿意承包管理。管理区同意了。几年后，蒋秋霞到白石街参观，深受感动。1998年，蒋秋霞担任全国政协委员，怀着对祖国人民的热爱，倍觉责任重大，她发自内心地说：必须帮助港澳居民了解祖国，"回顾中国鸦片战争史，每翻开一页都是血泪斑斑的屈辱，不是割地赔款，就是不平等条约。然而，位于伶仃洋上的广东省淇澳岛人民却在1833年以大无畏的气概战胜了入侵的殖民侵略者，迫使其投降并赔偿白银三千两"。2000年春，她以第一提案人身份，联袂另外19位全国政协委员"建议将淇澳岛的'白石街'列为国家级爱国主义基地"[1]。

广东省政府收到提案后迅速责成珠海市尽快考察和论证。珠海市很快邀请国内10余位近代史专家，筹办一场有本地学者参加的学术会议。中国社会科学院刘蜀永研究员接到邀请函，预感可能会推动鸦片战争的研究，决定写一篇会议论文。他查阅了中外几十种文献，皆未发现相关记

---

[1] 《关于加强爱国主义教育的建议》，全国政协九届三次会议第3116号提案，载杨水生、刘蜀永主编：《揭开淇澳历史之谜——1833年淇澳居民反侵略斗争研究文集》，北京：中央文献出版社，2002年，第158–159页。

载。2000 年 9 月，他到伦敦英国外交部档案馆查阅资料，功夫不负有心人，终于在编号 F. O. 1048 的东印度公司文档中发现 22 件与淇澳村有关的尘封了 160 多年的档案：主要是两广总督、澳门同知、香山县令等官员写给东印度公司英国大班①的外交文书，详细地记载了事件的起因、经过和交涉情况，是有关人员第一时间前往出事地点进行调查、押解中方涉案人、审讯、多方取证、甄别再三所确定的原始资料。② 根据清朝官员的审案记录，淇澳村民和英国鸦片贩子在道光十三年七、八月间持续发生纠纷③，直接导火线为九月初一英国海员偷牛④，而非英国船长捏造的"村民偷钉"，英国入侵者向淇澳村开炮，村民予以还击确有其事。于是，尘封 160 多年的事情真相水落石出。

现在转过来说学界研究海岛村庄的基本情况。总体上成果相对薄弱，进展不尽如人意。然而研究海岛文化又是不可回避的。19 世纪末，英国人类学家哈登、里弗斯等赴托雷斯海峡，尝试以民族志方法记录当地文化，收集口述材料，拍摄人类学电影。稍后，马林诺夫斯基和拉德克里夫—布朗各自在太平洋和印度洋海域研究海岛社会，写成《西太平洋上的航海者》和《安达曼岛人》。继而美国人类学研究者米德在萨摩亚群岛做调查，萨林斯在夏威夷及斐济做调研，他们细致地描述了当地人的居住、婚姻、经济状况以及亲属关系。接着，珍·杰克逊研究了西北亚马孙地区的图卡罗渔民，艾莉西亚·芬蒂曼在尼日尔三角洲澳洛玛（Oloma）的小渔村做过田野调查。上述地方也成为后来学者追踪研究的对象。

外国学者中，萨林斯企图把文化表述为历史的实践过程，其间有结构转换的问题，于是文化以历史的方式被再生产出来。⑤ 杰克逊关注渔民社

---

① 英国东印度公司驻广州办事处管理委员按职位高低分大班、二班和三班，大班必须是货长出身。

② 刘蜀永：《鸦片战争前淇澳居民反侵略斗争探析》，载《广东社会科学》2002 年第 1 期，第 97 – 100 页。

③ 七月十四日，黄亚秀父子三人出海贩鱼，路过金星门海面夷船"威臣"号边上，被夷人强买，彼此相嗔，黄亚秀被夷人推下海溺亡。八月，夷人经常上岛滋事。

④ 九月初一，夷人进村向居人强买什物，捉去村民郭名秋，打伤黄亚仰，赶走黄牛 4 头。以上摘自刘蜀永整理的东印度公司中文档案中有关淇澳的原始档案。

⑤ ［美］马歇尔·萨林斯著，蓝达居、张宏明、黄向春、刘永华译：《历史之岛》，上海：上海人民出版社，2003 年。

会中 16 个不同方言群的通婚关系及特殊的语言外婚制所形成的认同差异，企图通过对方言群间的互动与态度的研究，表明认同与语言及社会文化间的关系。① 芬蒂曼指出石油开采对当地村民的生活造成影响，石油对水域的污染致使他们的传统生计模式受到破坏，当地人没有受益于石油行业，而生活环境却遭到破坏且并未得到任何补偿，他们成为了环境恶化的受害者。② 以上著述仅涉及海岛研究的沧海一粟，受篇幅所限，还有很多成果是后人学习的圭臬。

中国学者中，在地理学方面，一大批教授专家在淇澳岛做过调研，延续了三四代人，产生一系列研究成果，其中《淇澳岛》③ 和《淇澳岛自然资源及其开发利用》④ 特别值得称颂。在人类学方面，王崧兴对龟山岛的研究当称扛鼎之作，描述了该岛的经济、社会结构与宗教生活。他在分析股东社会、文化对级性等内容时提到两个问题："一是论述该岛社会群体之船队结构、制度、规范，如何反映该渔村社会之宗教行为。二是表现于渔业技术之个人主义取向和表现于宗教生活之社区精神取向之间的矛盾与统合。"⑤

1934 年至 1935 年，中山大学地理学系有师生数次以淇澳岛为实习基地，展开调查。罗开富、刘国雄、徐俊鸣和江洁源 4 位学生合作完成一篇毕业论文，实际上是一篇调查报告，贯彻了法国小区域学派的观点：①研究区域要小，以便观察人与环境的关系，淇澳岛恰好具备这个优点，面积适中，海水封闭，边界明显，易于观察；②人（家庭、宗族、村庄、生计）与自然的关系要紧密，对抗与和谐两种关系都要研究，保证能量交换不出问题。这篇报告采取德国区域地理学派的叙事方法，即以自然为基

① Jean E. Jackson. *The Fish People*：*Linguistic Exogamy and Tukanoan Identity in Northwest Amazonia*. New York：Cambridge University Press，1983.

② Alicia Fentiman. *The Anthropology of Oil*：*The Impact of the Oil Industry on A Fishing Community in the Niger Delta. Anthropology and Education Quarterly*，1996，23（4）：pp. 87 – 99.

③ 罗开富、刘国雄、徐俊鸣等：《淇澳岛》，载国立中山大学理学院地理学系《地理集刊》（第一号），1937 年 6 月。此刊为创刊号，后一度中断。

④ 参见温长恩、陈琴德、张声骏等：《淇澳岛自然资源及其开发利用》，载《热带地理》1987 年第 3 期。

⑤ 王崧兴：《龟山岛——汉人渔村社会之研究》，台湾"中央研究院"民族学研究所专刊之十三，1967 年，第 131 页。

础，畅述人文现象：铺陈了岛上地形、气候、土壤与植物、农业以及住民的情况，点缀了历史、聚落、建筑、交通、宗族、信仰等问题。

罗开富①是第一作者，1935 年 7 月毕业后留校任教。刘国雄、徐俊鸣也于 1937 年 3 月成为地理学系的教员。1937 年春，罗开富随同该系一群师生前往唐家湾研究海岸，独自去了淇澳岛，打算再去调研"海蚀平枱"，当时是他第三次到淇澳岛考察。

抗日战争时期，中山大学师生迁离广州，先迁往罗定，因担心日军尾随，途中改变计划，转经香港，往海防，到河内，入云南。其中先行已抵罗定的师生闻讯改道香港，奔赴云南澂江办学，1940 年 8 月又从云南回迁粤北坪石。广州光复后，1945 年 10 月才迁回原校址。1947 年 8 月 5 日，中断 10 年的科学研究得以延续——中山大学地理学系的师生再到淇澳岛，这是罗开富第四次到淇澳岛考察。

且让我们先旁及龟山岛。该岛在台湾宜兰县东约 12 公里海面，东西分列着两座大小山峰，东山酷似龟头，西山活像龟尾，故称"龟山岛"。1965 年 8 月，台湾学者王崧兴上岛做了一年田野工作。按一年调查一年整理的进度，于 1967 年 10 月出版《龟山岛——汉人渔村社会之研究》，从心理学和民俗学角度分析与描述了岛民的生产活动，主要有生产过程中人与人的关系，生产祭祀中人与神的关系以及生产习惯的特征与变迁。

自 21 世纪始，以《龟山岛——汉人渔村社会之研究》为指导到海岛调研的大陆学者络绎不绝。有人从心理诉求方面解释渔民信仰的功能指向②；有人将舟山群岛居民信仰体系中的海神偶像分为 4 类，即海洋水体本位神、航海保护神、海洋产业专业神和历史人物海神，并分析了海神信仰的社会功能③；也有人比较了传统婚俗在不同岛屿间的差异④。另有 3

---

① 罗开富（1913—1992），1944 年获美国克拉克大学博士学位，之后在美国战时情报局地图处工作，1946 年回国，在中山大学地理学系任教，1951 年调到北京，在中国科学院地理研究所任研究员，1962 年秋调回广州地理研究所，一生治学勤勉，博闻强记。

② 王琳琳、瞿明刚：《舟山群岛俗神信仰田野调查》，载《文学界》2012 年第 6 期，第 263 页。

③ 张莉、唐洪森：《舟山本岛海神信仰探析》，载《地方文化研究》2013 年第 6 期，第 81 - 86 页。

④ 徐波、郭虹圆：《舟山传统婚姻礼俗的海洋特色和岛际差异》，载《浙江海洋学院学报》2013 年第 6 期，第 48 - 51 页。

篇中山大学人类学系的硕士论文：一篇是叙述外伶仃岛的，一篇是描述大襟岛的，还有一篇是写海岛教育的。① 这三位作者抓住文化变迁的主线，从地理环境、经济条件、先民身份出发，囊括对生产生活、婚姻家庭、文化教育、娱乐休闲、宗教信仰、神话传说以及语言符号的解读，描述了海岛的社会结构、风俗习惯（如与麻风患者结契，借以转嫁自身病痛的"替罪羊"习俗等）。以上成果皆帮助人们深化了对海岛的认识。

让我们再回到淇澳岛的话题。1949 年至今，70 年来，学人相约上岛调研，成果瞩目。20 世纪 50 年代至 60 年代，主要是史学研究，关注中英民族矛盾，以便为阶级教育提供素材。80 年代，史学、考古学和经济地理学研究者相继上岛调查。20 世纪 90 年代至 21 世纪初，出现重温史学以及生物学研究者上岛的倾向。下面具体介绍：

1955 年暑假，华南师范学院历史系师生上岛，访问了许多老人，可憾的是调查所得只有极少量见于带队教师写的一篇文章，其余均下落不明。文章解读了道光十六年（1836）淇澳村民与英美鸦片贩子的斗争，提到岛上青社角（亦称"大角头"）的外国人墓碑。师生们深入实际的精神固然可嘉，但调查研究不够缜密：第一，当时墓碑还未搬走，师生们未去墓地抄录碑文，究竟是四块墓碑还是两块，无人提及。第二，没有相关文献佐证便相信了村民的说法，认为道光十六年（1836）淇澳村另有一次华夷冲突，冲突中打死了 4 个美国人。这无疑是一次大规模的冲突，史家居然疏漏不记，可能性是很小的。道光年间报道广州华夷通商消息的英文《中国丛报》、同治年间和民国时期的《香山县志》对此均无记载，美国学者马士以学术严谨著称，他在《东印度公司对华贸易编年史》第四卷中只记录了 1833 年 7 月至 10 月发生在淇澳岛的华夷冲突。当时清兵已在岛上布防，中外不可能再次发生更大规模的民间冲突。因年代久远，报道人出现记忆不清和时间错位是可以理解的，即使研究人员也会出现将历史事件的前后误植或张冠李戴，给后人留下误导信息。②

---

① 宋文娟：《外伶仃岛渔民社会文化变迁的符号解读》，中山大学硕士学位论文，2000 年；范涛：《海盗的后裔——大襟岛渔村社会文化研究》，中山大学硕士学位论文，2003 年；周力行：《内生与外依——淇澳岛教育的传承与变迁》，中山大学硕士学位论文，2016 年。

② 参见黄廷柱：《1836 年广东淇澳岛人民的反美斗争》，载《历史教学》1966 年第 1 期。

1959 年 8 月 14 日，供职于孙中山故居的李伯新拜访了淇澳村民钟占祥。当时李伯新 37 岁；钟占祥 87 岁，即道光十三年（1833）淇澳村事件发生后 40 年才出生。钟占祥的祖父、曾祖父可能亲历过那场反侵略战斗，他极有可能从他们那里听到这场战斗的情况。李伯新的访问材料经过 37 年才发表。①

1960 年，中山县地方志办公室派人上岛调查，所获材料编入《中山县志初稿》。

20 世纪 80 年代初，禤倩红和卢权夫妇来淇澳村收集材料，不久出版了苏兆征的传记。几年后，文物和考古工作者开始野外发掘，逐渐揭开了淇澳岛史前史的秘密，为建设中的珠海市博物馆提供了一些藏品。与此同时，经济地理学的研究人员上岛调查资源及其利用，为珠海的战略发展提供决策依据。

1984 年和 1987 年的两次文物普查，先后发现 6 个古遗存，分别位于金星门、南芒湾、亚婆湾、东澳湾、后沙湾和牛婆湾；1985 年 12 月发掘东澳湾遗址，1989 年 5 月发掘后沙湾遗址②（后来又发掘了两次），出土一批遗物；经过层位学、类型学和年代学的研究，得出距今 5 000—4 500 年前淇澳岛就有人活动的结论。后沙湾遗存"是迄今发现的珠海最早的人类活动的物证"③。

1986 年，珠海市委政策研究室与珠海市规划局委托广州地理研究所对珠海全境进行科学考察，招牌是"珠海自然资源与经济开发研究"课题组，由三家联合组成，广州地理研究所先后派遣了 30 名科研人员参加，温长恩研究员任课题主持，淇澳岛成为科学考察的题中之义。他们根据收集到的翔实资料整理分析，再写成科学报告《淇澳岛自然资源及其开发利

① 李伯新：《孙中山史迹忆访录》，载中国人民政治协商会议广东省中山市委员会文史学习委员会编：《中山文史》（第 38 辑），1996 年。

② 《珠海市文物志》修订委员会编：《珠海市文物志》（修订本），珠海：珠海出版社，2007 年，第 3、25 - 27、38 - 40 页。

③ 参见梁振兴、卢观发：《淇澳岛简史》，载杨水生、刘蜀永主编：《揭开淇澳历史之谜——1833 年淇澳居民反侵略斗争研究文集》，北京：中央文献出版社，2002 年，第 188 页。

用》①，介绍了人口、土地、水利、作物、林木、水产、交通情况，辅以图示以助理解，提出有效利用的原则与设想——淇澳岛宜走农、工、商综合发展的道路，重点是以牡蛎为主的水产业以及热带和亚热带水果种植业。这篇 1.3 万字的报告后来扩充为 3.5 万字的《珠海自然资源与经济开发研究》，除了人文部分单薄外，内容几乎无可挑剔。② 可是决策部门并没有采纳报告的建议，而是把淇澳岛作为构架伶仃洋跨海大桥的备选方案。这两篇报告实事求是地引导人们认识淇澳岛的资源现状，并且指出必须具备丰富的知识才能合理地利用岛上的淡水、土地、动植物资源。报告注明参与调查者共 11 名成员，但未讲明调查起止、调查方式，估计采用实地踏勘、路线考察、定点连续观测、遥感技术、开座谈会、个别访谈等常规调查方法。这两篇报告与 1937 年罗开富等 4 人撰写的报告相比，前后两者在资源（人口、土地、水源）和生计变迁上的对话点颇多，都偏重于对自然的调研，轻视社会调查。然而轻视的程度不同，罗开富等人涉及的社会因素较多，如宗族、就业、渔农关系等，温长恩等人涉及较少，比较专注于自然资源。只是不知何故，温长恩等人的报告未提及罗开富等人的调研成果。

1989 年 8 月至 1995 年 1 月，广东省组织海岛资源野外调查，淇澳岛占一席之地。③

20 世纪 90 年代至 21 世纪初，出现两种倾向：一是重温史学，以便为建立爱国主义教育基地寻找材料并提供论证，关注点有两个：①岛上的村庄史；②中英民族矛盾，为了缩小对立面，暂不出现美国的侵略活动。二是生物学研究者上岛，关注陆地和海洋的动植物（如白海豚、红树林、鸟类等）保护。

---

① 温长恩、陈琴德、张声骏等：《淇澳岛自然资源及其开发利用》，载《热带地理》1987年第 3 期，第 210－218 页。

② 温长恩、陈琴德：《珠海自然资源与经济开发研究》，载温长恩：《中国南部特区资源环境与经济开发研究》，北京：科学出版社，2002 年，第 155－195 页；还可参见"淇澳岛资源分布图"，载广州地理研究所、珠海市城市规划委员会主编：《珠海自然资源与经济开发研究图集》，北京：科学出版社，1991 年。

③ 参见李萍、黄卫凯、周厚诚：《广东省海岛资源综合调查成果概况》，载《资源生态环境网络研究动态》1997 年第 3 期，第 44－45 页。

梁振兴参加了 20 世纪 80 年代淇澳岛的文物考察工作，从此研究兴趣一发而不可收。他相约卢观发访问岛上老人，查看史料，完成了一篇约 6 000 字的文章。当时，另一位人士也在编写一本珠海旅游读物，书中有几处提及淇澳岛及其周边，约有 2 000 字篇幅。然而以上三人在讲到道光年间淇澳村民与英美鸦片贩子的冲突时，把时间推迟了 3 年，均言此事发生于 1836 年。① 这件事其实发生在 1833 年，前面已经点到，这是国人受当时资料限制无法避免的错误，后来刘蜀永从伦敦英国外交部档案馆找到当年的外交信函，才使真相大白于天下，后来梁、卢将该文收入学术会议论文集时修正了这一错误。②

2000 年 10 月 19、20 日，2001 年 10 月 26、27 日，珠海市组织有关专家参与了分别在淇澳岛和珠海度假村酒店召开的"淇澳白石街与鸦片战争"研讨会。会议探讨了道光十三年（1833）在淇澳岛及其周边海域发生的事件，肯定当时中英军队都没有介入，冲突双方都是民间人员，不过一方是侵入者，一方是自卫者。会议为淇澳岛恢复了历史地位，强调那次战斗是鸦片战争的早期信号，七年半以后才发生广州三元里人民抗击英军的斗争。

学位论文方面，根据对"中国博士学位论文"和"中国优秀硕士学位论文"数据库（CNKI），以及中山大学学位论文库的最新检索，从 1999 年至 2019 年，专门研究淇澳岛的硕、博论文共 17 篇，其中 14 篇（13 硕 1 博）属于生物学，3 篇（硕）分属历史学和人类学。

最后这 3 篇硕士论文，一篇是魏雅丽的《金星门、淇澳岛与鸦片战争前后的中西关系》（2003 年），一篇是张倩的《海岛社会与民间信仰——珠海淇澳岛的人类学研究》（2009 年），还有一篇是周力行的《内生与外依——淇澳岛教育的传承与变迁》（2016 年）。魏文指出，鸦片战争前后，金星门以其独特的地理位置和有利条件吸引着外国鸦片船只，从偶然的碰

① 参见梁振兴、卢观发：《淇澳岛简史》，载政协珠海市委员会文史资料委员会编：《珠海文史》（第十辑），1991 年，第 51 - 52 页；何志毅：《珠海风物录》，广州：广东旅游出版社，1992 年，第 74 - 75 页。

② 参见杨水生、刘蜀永主编：《揭开淇澳历史之谜——1833 年淇澳居民反侵略斗争研究文集》，北京：中央文献出版社，2002 年，第 183 页。

泊所发展为固定的碇泊所，大批中外商客络绎不绝，成为贩运鸦片和输出华工的重要港口。淇澳岛村民反对外国鸦片贩子的斗争是历史的必然产物，这一斗争连同金星门的作用，在中西关系史尤其是中英关系史上留下了厚重的一笔。张文对岛上四种祭拜场所（祖庙、土地坛、观音阁、天后宫）进行考察，借以说明村民的社区神崇拜、土地神崇拜、观音崇拜和妈祖崇拜，力图描述这四种民间信仰的功能，并从中透视社会结构与民间信仰的关系，部分内容后来得以发表。① 该文美中不足的是仅以四种祭拜场所来涵盖 16 座庙宇似嫌不够完整，既未廓清庙宇间的功能关系，又未探讨各种信仰的来源和关联性，还遗漏了祠堂与祖先崇拜的关系。周文通过70 天的驻村调查，细致入微地描述了知识的整体网络，揭示了教育与海岛变迁的关联，构建了一幅传承乡土知识的动态画面，分析出造成村民知识结构变迁的动力因素主要来自岛外，尤其是 1995 年至 2015 年间所发生的重大事件的影响。

2010 年以后，生物学与人文科学研究者继续上岛调研，如彭少麟的团队入驻岛上红树林保护区，找到一种用外来红树林品种控制入侵生物互花米草的生态模型。研究成果发表在 2015 年 8 月 20 日的英文期刊《科学报告》上。② 2013 年秋，珠海市博物馆派专人到岛上调查文物，到 2015年 11 月结束，力图复原消逝的文化碎片，成果以"珠海淇澳岛文化遗产考古调查报告"为名出版。全书装帧精美，图文并茂，以 23.5 万字（176页）的篇幅反映了全岛的文物景观，使人隐约看到岛民精神生活的基础条件，如衣食住行、历史传统、宗族制度、年节仪式等在知识传递方面的作用。大约在这时，中山大学、厦门大学、暨南大学以及国内一些科研机构的师生也到淇澳岛来调查实习，研究动植物和历史文化，兼做学位论文。以上人员各自用科学方法挖掘材料，构拟论文。有的以科学论文的形式发表，反映了岛上自然与人文的多重景观，凸显多种资源与人类的选择性利用。

鉴于淇澳岛的历史地位，方志有一些零散的记载，自中山大学开启了

---

① 参见张倩：《珠海淇澳岛民间信仰调查》，载麻国庆主编：《山海之间：从华南到东南亚》，北京：社会科学文献出版社，2014 年，第 377－388 页。

② Ting Zhou, Shuchao Liu & Zhili Feng. *Use of Exotic Plants to Control Spartina Alterniflora Invasion and Promote Mangrove Restoration. Scientific Reports*，2015（5）.

岛上的实证研究以来，不断有人追踪研究，但是，迄今未有一部从文化整体论视角观察的著作。开展人类学研究必须回到淇澳岛上来。海岛社会既简单又复杂。孤悬水中的封闭条件令岛上的文化制度自成一体，同时也采借了广府文化与客家文化的很多要素。淇澳村民在分享广府文化信息库的同时，保留了自身亚文化的特点，当海岛文化被正史遗忘、为野史曲解时，所幸淇澳村民对岛上的自然历史仍有浓厚的兴趣，还有岛外精英、教授学者的研究，为岛上继往开来的文化"验明正身"。

学人们对淇澳岛的追踪犹如雪泥鸿爪，一步一个脚印，虽因故而中断，但始终不言放弃。本书是上述研究趋势的延续，也代表着一种参与。它以田野调查和文献梳理为基础，凸显岛上百年文化变迁的轨迹，弥补民族学界对海岛社会研究的不足。

文化是结构性的整体，物质、制度与精神在文化机体中呈放射状态，横切于整个文化机体。三者皆是普遍现象，既有历时性的传承，又有共时性的传播。以物质、制度与精神及其历时、共时二性为框架来窥视海岛文化，符合整体论的观点，把握了这个框架，就可把握文化的标尺，拖出整个文化链条，从而探寻到三者之间的关系。

整体论是民族学的重要方法，无论是田野工作还是文本建构无不需要。马林诺夫斯基说："若我们随意取一器物，想要加以分析，只有把它放在社会制度的文化布局中去说明它的地位。对于一物，只有充分了解它在技术上、经济上、社会上及仪式上的用处，才能获得关于它的全部知识。"[①] 布朗认为，不可孤立地研究某种文化现象，必须把它与其他社会文化现象联系在一起，放置于整个社会体系中加以考察。[②] 马文·哈里斯认为，在民族学的研究过程中，应当始终秉承整体论的视角和方法，需从功能主义的角度、过程的角度以及综合的角度出发，对社会文化加以研

---

① [英] 马林诺夫斯基著，费孝通等译：《文化论》，北京：中国民间文艺出版社，1987年，第37页。
② [英] A. R. 拉德克利夫—布朗著，夏建中译：《社会人类学方法》，济南：山东人民出版社，1988年，第56－57页。

究，分别从过去、现在、局部以及整体各个角度来考察。① 整体论方法强调在研究任何一种文化现象时，要将其放在它所依赖的文化背景中去认识，了解它在整体文化中的地位与意义，分析它与其他文化现象间的关系。同时，把人类社会的历史与现状视为一个动态的整体来关注。

随着时代的发展，小地方与大世界间的联系越来越紧密，地方文化表现出多样性的特点，因此在研究中要把握研究对象各层次的结构，关注其间复杂的作用关系，探析局部与整体的内外互动过程。对某种文化现象的考察，必须将其置于整体文化中，考察它与文化各个方面间的互联关系；由于不同时代社会背景不同，研究对象的文化背景与外界文化间的联系程度也不同，地方文化因传统文化与外界文化的互动过程也会随之发生转变，所以文化与社会存在着一种互联关系。

人类利用宏伟工程（公路、铁路、桥梁、隧道、机场、港口等）改变区域交通，造成文化的急剧变化。据不完全统计，我国有跨海大桥35座，2001年建成的淇澳大桥为其一。"淇澳大桥全长1 531米，属双塔单索面预应力混凝土斜拉桥，主跨度达320米。"② 以前船舶是淇澳岛与大陆的交通手段。有了桥，淇澳成为功能型的人工半岛，珠海市85路公交车由唐家开往该岛，改变了原来的出行方式。通桥后，岛上的文化发生了急剧的变化，大量外地人进入岛上，有的来工作，有的来旅游，新型的生计方式取代了传统的农耕劳作。

研究淇澳岛必然涉及岛上的历史与现状。例如交通情况，跨海大桥修通以前，有赖船舶运输进出海岛，筑桥以后转变为陆路运输，这不仅是改变出行方式，更改变了当地的空间格局，使人口的流入与迁出速度更快、规模更大。地方文化受到外力影响时会调整自身的结构，可将桥梁比喻为一种强大的外力，跨海大桥给海岛带来全方位的变化。有人以文化视角对道路的空间形态、外在社会与环境的影响进行研究，指出道路在社会生活中扮演的重要角色，对沿线区域社会、文化发挥着重要影响力……它改变

---

① Harris, M. *Theories of Culture in Postmodern Times.* Walnut Creek：Alta Mira Press，1999, pp. 49 – 52.

② 张大勇：《淇澳大桥完成关键阶段施工》，载《珠海特区报》，1998年3月15日第1版；张晓红：《淇澳大桥主塔顺利封顶》，载《珠海特区报》，1998年3月16日第1版。

了沿线区域的空间格局、人口流动及社会经济。① 修路架桥诠释了公共管理的合法性，对于海角天涯尤有意义。在发展地方经济及追求美好生活的诉求下，随着从无路、古道、土公路再到高速公路的发展历程，物资与资本的流动越来越快，人们的出行方式也变得更快、更安全，与此相应，行政管理得到民众的认同，国家的政策理念、意识形态等也随道路进入乡村社区。

伶仃洋跨海大桥项目预备将淇澳岛作为连接香港与珠海的中间枢纽，地理上使香港与珠三角形成一个整体，淇澳岛是沿线区域社会中的重要组成部分。淇澳大桥通车前，岛上靠船运方式与外界取得联系，通向外界的水路承载了与海洋相关的生计知识与民间信仰。淇澳大桥通车后，孤岛转变为半岛，而外界文化在海岛的传播更为迅速与丰富，也使当地传统文化的影响力扩大至岛外。

除了有形的桥梁，我们还应考虑无形桥梁的沟通作用。旧中国通过承认士绅在乡村统治的合法性，把他们纳入国家的统治体系，实现对乡村的控制，而士绅享有充分的自治权，既可制约皇权下乡，又可利用皇权给予他们支配乡村权力的合法性，实现其自身的利益。萧凤霞指出，新中国通过土地改革、农业合作化，特别是建立人民公社，把乡村社区纳入国家体制，旧社会的乡绅与新社会的乡干部充当了百姓与官府之间的中介，承担着开发和利用地方资源的策划者和组织者的职责，推动无产阶级的意识形态贯彻到农村。中华人民共和国成立后，乡干部的权力源自于国家的授予，必须廉洁奉公，勤勉做事，代表基层组织贯彻执行上级下达的命令。②

民族志的素材来自六个渠道："描述性笔记和调查记录；图形（地图、平面图、图表、草图、照片等）；权威性的资料（如官方文件及保存在图书馆、档案馆、博物馆等公藏机构等的正式文本）；系谱资料；问卷资料；人口资料。"③ 本书获取的资料亦然，田野笔记描述了观察到的信息，记

---

① 赵旭东、周恩宇：《道路、发展与族群关系的"一体多元"——滇黔驿道的社会、文化与族群关系的形塑》，载《北方民族大学学报》2013年第6期，第106页。

② Helen F. Siu. *Agent and Victims in South China：Accomplices in Rural Revolution*. New Haven and London：Yale University Press, 1989, pp. 51 – 53.

③ 参见英国皇家人类学会编，何国强译：《田野调查技术手册》（修订版），上海：复旦大学出版社，2019年，第41页。

录了报道人提供的信息。田野日志内容包括长期活动的感受、仪式与日常印象。图形包括调查点的地图、平面图以及照片、素描等。正式文本资料包括方志、报刊、档案以及相关历史文献等。系谱资料如当地族谱等。人口资料内容包括总人口和性别、年龄"金字塔"等。

本书聚焦淇澳岛，以参与观察为主、文献考据为辅，多方收集素材，深层次解读，力图拓宽海岛社会的内在结构及其与周边社区的关联性，烘托出岛上村民在不同的历史际遇中适应环境、利用资源的主旋律：首先挑明自然与历史、地名与掌故，它们是了解村庄的前奏曲；继而交代宗族、姓氏和村落，点出三者在社区体系与国家中的地位，它们是体认村庄的变奏曲；最后归纳出一些地方性知识，并将其放在可持续发展和面向未来的设想中，它们是回顾村庄的奏鸣曲。

为了由微见著，从不同视角展示一个多姓村的历史脉络和奋斗精神，本书还糅贯了多门学科的研究成果，文笔饱蘸对故土、乡音、生产、亲情的眷念，轻重得体地描绘了海岛的渔农生活，既有基调，又有和声，好像一部歌剧缓缓拉开序幕。当晨曦逐渐透过烟雨，耳畔浮起悠扬的牧笛声，淇澳的历史与文化便进入眼帘，由远及近，由朦胧到清晰。

第一章

朦胧的集体记忆

珠江口海区面积为 8 000 平方公里，数百个岛屿岩礁傲然屹立。其中，面积接近或超过 1 亩（667 平方米）的有 185 个；归珠海市管辖的岛屿有147 个，面积 314 平方公里。[①] 这片辽阔海区的北面 2 100 平方公里的水域古称"零丁洋"，今名"伶仃洋"，音谐而字异。淇澳岛就在伶仃洋的西面，面积 23.8 平方公里，由 8 个孤屿构成，它们是东澳、金星（金星胆）、夹洲、大坑角、树仔洲、河鱼地、龟仔头和奇独澳，皆是两万年前因大陆架下沉而形成的离岛。

在地壳隆起、海平面升降、潮汐搬移、泥沙淤积等长期的自然作用下，加上始于清乾隆至道光年间（1736—1850）的人力参与，抛石拦沙、种植芦苇固泥沙、建堤围护滩田，加快岸线的伸展，推动各屿靠拢，逐渐造成大坑角、树仔洲、河鱼地、龟仔头和奇独澳五屿交连，仅剩东澳、金星、夹洲三屿孤立海中。大陆架下沉时切割出一条海沟，使全岛在水平面上呈现出东西两头高翘、中间低凹的地貌（参见图 1-1 内右下之剖面）。有人指出：清同治二年（1863），今日村口至大澳的平川都是填海造陆而

---

① 在广东省各市当中，珠海市不仅海岛数量最多，而且海岸线也最长，拥有 601 公里长的海岸线。

成。① 夹洲屿在西北海面 300 米左右，头枕大陆的上栅、南朗两镇，远看海天一色，若隐若现，此屿呈椭圆形，北高南低，面积 1.7 平方公里，通过海堤与淇澳主岛的务洲角相连；金星屿在西南海中，呈鱼胆形，亦称"金星胆"，中高周低，面积 0.3 平方公里；东澳屿在东澳湾门口，为一块 200 平方米的岩礁，退潮时人可涉水抵达。三屿表面覆以少量黄沙黏土，植被适中，均无人居住。

图 1-1　淇澳岛地形示意

① 温长恩、陈琴德、张声骙等：《淇澳岛自然资源及其开发利用》，载《热带地理》1987 年第 3 期。

全岛的岩基由燕山期花岗石垒叠而成，地表除了裸露的岩石就是黄沙黏土，底层土壤为较硬的沙壤，季风循环、潮汐摩擦和大陆架抬升等因素联合营造出千奇百怪的地貌。岛上山岭突兀，峰峦皆过百米，西列山最高峰为摩天岭，海拔 122 米，东列山最高峰为望赤岭（亦称"石角头"），海拔 145.4 米，撑高岛上东西两头的地形。犹如爬梳头发，从南梳向北，海岛山岭和沿岸大陆的山脉走势一致，此乃华南地形的共性。至于地貌个性可撷出四点：一是从西南向东北的岸线伸缩不齐，澳湾岬角较多，故有"九湾十八峰"[①] 之称。顺便说，"澳"和"湾"都是海湾，差别在于湾内有高山为屏称"澳"，无高山为障称"湾"。澳内依山可避风，有淡水可汲，岸边是沙滩，两个澳湾相交处形成岬角。二是整个岛西的岸线平滑，无澳湾岬角，几乎全是滩涂，退潮时尤为明显。三是南面山峰逶迤，云蒸霞蔚，景象不凡，从山麓到山顶，几十个花岗岩石蛋随处裸露，岸边惊涛拍浪，还有几十个巨型花岗岩体相连。四是望赤岭崖脚和大王角临水区有一些称"海蚀平枱"或"海中石坛"的地貌珍品（本书第十章有述）。

最近一个世纪，淇澳岛的陆域面积还在扩展，下引两组数据证明：①据1937 年报道，全岛约 15 平方公里[②]，50 年之后的报道是 15.4 平方公里[③]；②据 1983 年报道，全岛 17 平方公里[④]，20 年之后的报道是 17.5 平方公里[⑤]。两组数据相差 1.6 平方公里，可能前一组数据未含夹洲屿。20世纪 50 年代，淇澳生产大队在岛北修建拦海大坝；70 年代上半期在夹洲屿和淇澳岛间修筑了一条沟通两地的堤坝；2000 年伊始，有关部门组织人力沿岛西浅海种植红树林固定流沙。这些工程扩大了岛陆面积。最近有关部门公布，全岛含浅海滩涂（见图 1－1 所示岛西北和西面的空白地带）

---

① "九"是"多"之意，实际有 12 个海湾：金星湾、南芒湾、亚婆湾、牛仔湾、东澳湾、关帝澳、小石澳（又称"小沙澳"）、后沙湾、牛婆湾、大沙湾、鹤咀湾和井湾。

② 罗开富、刘国雄、徐俊鸣等：《淇澳岛》，载国立中山大学理学院地理学系《地理集刊》（第一号），1937 年 6 月，第 3、28 页。

③ 温长恩、陈琴德、张声燊等：《淇澳岛自然资源及其开发利用》，载《热带地理》1987年第 3 期，第 210 页。

④ 《珠海市唐家公社管理委员会关于要求拨款解决淇澳岛（乡）架设电话的报告》，藏珠海市档案馆，卷宗号 A1.03－0056－008－1983。

⑤ 广东省海岛资源综合调查大队、广东省海岸带和海涂资源综合调查领导小组办公室：《珠江口海岛资源综合调查报告》，广州：广东科技出版社，1993 年，第 7 页。

在内共 23.8 平方公里，海岸线长 23.2 公里。

自空中俯视，岛形状如一只从西南伸向东北，指头残缺、手心向上的断掌（见图 1-1），两边各一列呈"西南—东北"走向的山峦。为了方便说明，可虚拟一条 55°倾角的斜线，起自淇澳大桥北的 A 点，终至鹤咀湾与大澳湾夹角的 B 点，将岛岸线一分为二。在 AB 斜线的左侧，即从岛西北逆时针转至岛南端，海岸平缓整齐，滩涂延伸；在 AB 斜线的右侧，即从岛北顺时针转至岛东南，基岩外露，地表崎岖不平。看到斜线两边沿岸地貌的如此反差，不觉让人惊叹大自然的鬼斧神工，从实证科学的角度解释，至少有 4 个成因长期作用，即地理位置、泥沙淤积、季风侵扰和海浪冲击。

就周边的海域地势而言，西南面有唐家后环山，西北面有铜鼓山，东南面有岛内山岭，三面形成遮蔽，使唐家湾海面终年波澜不惊，热带季风绕道而行，足见周遭地形对淇澳岛西岸线的护卫作用。唯金星门受地壳挤压，海道狭窄，潜流涌动，水势湍急。

13 世纪中叶，岛上迎来一批移民开基，他们的后裔就是今淇澳村的村民。最初的村场在江树山前坡，后来迁到江树山后坡，那是岛上东北与西南两列山间的凹地。图 1-1 的剖面似乎透露出堪舆学的道理：村庄建在簸箕谷里，东南负竹鸡山，西北临马溪海，左恃江树山，右揽南芒山，依托三座山岭形成丘陵地形；村舍建在不同标高的台地上，山间的谷地形成岛上的两条主要公路，即呈"丫"字形分布，在沙丘遗址处叉开，左路直达红树林，右路顶端为大澳湾，底端发自金星门，体现了"低地中凸显高地"的美学原则。

这里暂时放下"沙丘遗址"的话题，转到淇澳村的布局。分布于村中各处的庙宇、祭坛及林立的祠堂、公馆，层层叠叠，疏密有序，不仅体现了神祇和祖先庇佑村民的职责，而且点缀出古代哲学家"为天地立心，为生民立命，为往圣继绝学，为万世开太平"的理想。这些建筑沟通了宋、元、明、清四朝。若是看到那三棵历经沧桑依然挺拔的榕树，就会联想到它们见证了道光十三年（1833）淇澳村民反抗外来势力的斗争。虽然事件的规模有限，但是提前为广州三元里的抗英斗争做了准备，至今仍感动着人们。因而在 2000 年引出两件大事：一是 20 位全国政协委员共同提案，将白石街作为爱国主义教育基地；二是近代中国史专家在伦敦查阅到 22

件原始档案，均与淇澳村的抗英事件有关，为回溯 160 多年前的历史奠定了坚实的基础。

2000 年 10 月，一座长约 1.3 公里的斜拉索桥落成，淇澳由孤岛变成了陆连岛。① 翌年初开通了从唐家到淇澳的公交车，往日的轮渡被淘汰了。在大桥的拉动下，淇澳岛与唐家湾连得更紧。从桥上路过的人们看着船舶在金星门海道来往如梭，可强烈地感受到时代的节奏。在和煦的日光下，游客爬上石角头，指点江山，领悟碧水蓝天之美妙。这座山头原是部队营房所在地，现在人去楼空，此外还有一个海洋观测站屹立在那里，山顶另增一座"灵鸽仙子"塑像。东眺 13 公里外的内伶仃岛，海面波光粼粼，白帆点点；北仰 28 公里外的虎门，巨轮渺小的影子依稀可辨；极目东南，伶仃洋对面 47 公里处的大屿山岛，飞机在赤鱲角上空盘旋；蓦然回首，南面因山阻隔，不见澳门踪影，但可确定它就在那里（见图 1-2）。

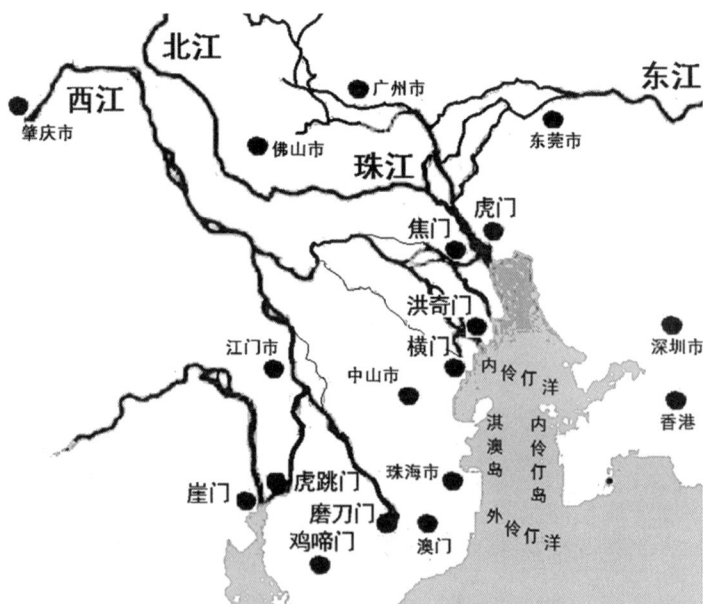

图 1-2　淇澳岛在珠江三角洲的位置

① 《我国近海海洋综合调查与评价》规定，以沙嘴、沙堤、连岛坝、桥梁等方式与大陆相连的岛屿称为陆连岛。原来三灶、横琴、高栏、南水四岛都是四面环水的海岛，后来成为陆连岛，面积也发生了变化。

就泥沙淤积而言，珠江年径流量 3 300 亿立方米，在中国河流中排名第二。各径流汇集于粤中平原，三角洲上 8 条水道经过 8 道海门汇入珠江口。淇澳岛北距横门 10 公里（见图 1 - 2）。横门年径流量 365 亿立方米，占珠江入海总径流量的 11.1%；年输沙量 925 万吨，占珠江总入海输沙量的 13%。大量泥沙沿金星门水道入海，因潮汐的内卷与回推，唐家湾水势平缓，泥沙一路沉降，淤积在大陆及淇澳岛西北至南端沿岸，较好地维护了大陆及海岛的岸线。

珠江口是个喇叭形的河口海湾，北起虎门，宽约 4 公里，南达香港、澳门，宽约 65 公里，海域 2 100 平方公里，淇澳岛和内伶仃岛恰在喇叭口的分界上。线段以北至大陆沿岸的海域为内伶仃洋，线段以南至澳门和香港的海域为外伶仃洋。"两洋"的水域面积相当，沿岸分布的海门数量也相当。整个伶仃洋位于北回归线以南的低纬度地带，受热带季风的影响很大，通常夏季刮偏南风（南风、东南风、西南风），这时外洋的风势要比内洋的大。冬季多刮偏北风（北风、东北风、西北风），这时内洋的风势要大于外洋。直到 3 月中旬至 4 月底季风转换，才迎来伶仃洋一年中最好的时光。

下引 1981 年珠海的气象资料以说明淇澳岛的一般天气：全年无冰雹，2、3 月有雾，4、6、7、9、10 月有大风，全年风向交叉，半年以东北风为主，月份为 1、8、9、10、11、12 月，另外半年有 5 个月吹东南风或偏东风（2、3、4、5、6 月），1 个月（7 月）吹偏东风转西南风。全年有两个多雨期，一是春夏之交（3、4、5 月），月均下小雨 21 天；二是夏秋之交（7、8、9 月），月均下中到大雨 21 天。当年 190 天下雨，降雨量为 1 721.6 毫米。雷暴多发生在 4、7、9 月，当年有 65 次雷暴。冬季（12 月和 1 月）晴天较多，其余 10 个月阴晴交换。当年有 60 个晴天和 216 个阴雨天。全年地面最高温度 60.3℃（7 月），最低温度 4.5℃（1 月）。全年日照 1 834 小时，平均日照率较低是 2、3、4、5 月，为 23.75%；较高是 6、7、9、10、11 月，为 45%；最高是 8、12 月和 1 月，为 59%。[1]

淇澳岛的位置使它受到"两洋"各种天气的夹攻。每年季风带着气旋

---

[1]　参见《广东省地面气象年鉴》（内部资料），广东省气象局编印，1981 年，第 145 页。

劲吹，夏季西南风强劲，冬季西北风也不甘示弱，台风、暴雨、冷空气、强风和寒露风等侵扰全岛。但好天气也是有的，大体说来，岛上日照充足，年平均气温22℃左右，四季不明显，雨季7个月（4月至10月），年均降水量1 825毫米，多在5月至9月，干季5个月（11月至次年3月），降水仅占年降水量的15%。[①] 又因季风对同一物体不同方位影响有别，且一年中有夏季风和冬季风的转换，加上周遭山形地势对风力的阻挡，故AB斜线以西的海岸受损不大，斜线以东的海岸，如岛东南、东北和东面暴露在伶仃洋海面，常年惊涛拍岸，以致山麓崩缺不完（见图1－1）。

淇澳岛的水文条件也是上述因素联合作用的结果，但是在不同海域略有差别，此处不赘。1935年，中山大学地理学系5位师生登岛调查，后来4位学生又来了两次，搜集材料同写一篇毕业论文，三次考察共待在岛上17天。这篇论文以自然为基础，畅述人文现象，至今仍有参考价值。

1947年夏，中山大学地理学系师生再次莅临。罗开富是三位带队教师之一，此系他第四次来淇澳岛。他去了岛西大角头中坑北坡，那里有一块墓地，葬有4个美国人的遗骸，墓碑上没有注明死因。一个墓穴为单人葬，是美国船长柯尔的，墓碑上写着："纪念美国波士顿'交流号'船故船主威廉·柯尔船长，卒于1836年7月2日，享年42岁。"另一个墓穴为三人合葬，碑文如下："纪念约翰·C.洛根、约翰·史密斯、奥托·西尔曼，他们死于美国'马其顿'号船上，立碑于1853年。"[②] 罗开富抄录了碑文，拍摄了墓碑。

---

① 温长恩、陈琴德、张声骏等：《淇澳岛自然资源及其开发利用》，载《热带地理》1987年第3期。

② 参见刘圣宜、张昌涛《淇澳岛"金星门之战"史实考辨》及刘存宽《1836年广东淇澳岛人民抗击外国侵略者传闻考析》，载杨水生、刘蜀永主编：《揭开淇澳历史之谜——1833年淇澳居民反侵略斗争研究文集》，北京：中央文献出版社，2002年，第61、71－73页。这两篇文章对同一件事件的叙述有点不同。刘、张的文章说，大角头墓地葬了一个美国人和三个英国人，美国人死于1836年，英国人死于1853年。他们关于墓主及美国人死期的说法来自梁振兴、卢观发在《淇澳简史》中的描述，而英国人并非死于1853年，1853年只是立碑的时间（参见《珠海文史》第十辑第52、60页）。刘存宽在文章中虽未指明所葬者洛根、史密斯、西尔曼的国籍，但倾向于他们是美国人，因为他们是美国船上的水手。但他说"罗开富教授1944年来淇澳岛考察……"有点令人费解，因当时抗日战争未结束，唐家、淇澳为敌占区，不具备科学考察的条件，而真实的情况是，1942年2月至1944年9月，罗开富正在美国克拉克大学学习，1944年10月至1946年2月，又在美国战时情报局地图处工作，他怎么能够到淇澳岛考察呢？

文献显示，清康熙至雍正年间（1662—1735）来广州的夷船中几乎没有美国商船，清乾隆至嘉庆年间（1736—1820）来华的美国商船日益增多。从 18 世纪 80 年代开始，内伶仃岛的地理优势逐渐被走私者认识。它位于香山与新安两县之间，发生麻烦事时两边互相推诿，属于管理的死角。港口在内伶仃岛南面，一年只有 7 个月的停泊好时光，其他时间容易受到台风的危害，这时可以转移到金星门，淇澳岛提供了抗风的屏障，但只有不大于 500 吨（容积 1 415 立方米）且吃水线不低于 5.5 米的船只适合停泊金星门海域，大船往往改泊香港的急水门。英国船都比较大，如东印度公司的商船"真布里顿号"1 189 吨（容积 336 487 立方米）、"托马斯·库茨号"1 392 吨（容积 393 936 立方米）、"滑铁卢号"1 385 吨（容积 391 955 立方米）。① 许多美国船只都小于 400 吨（容积 1 132 立方米）②，而且在 19 世纪 30 年代特别多，所以 4 名美国水手归葬在淇澳岛上似为合乎情理的事情，可能是因疾病、事故蒙难，并非战死沙场。1836年外国人敢于在此地安葬死者，正说明此地对他们来说是个安全的地方，还表明美国人对淇澳岛的垂涎，直到咸丰八年（1858）还在打着歪主意，想"租借淇澳岛一百年"。③

珠江三角洲是个断块型三角洲，主要有三个构造块，升降速率各不相同。五桂山及其边缘、珠江口大陆架属于同一个构造块，地面升幅大于降幅，在 1.2 万年前至今的整个全新世，平均抬升速率为每年 0.5 毫米。珠江三角洲是古人类繁衍生息的摇篮，今佛山市南海区的西樵山遗址提供了8 000 年前的物证；深圳大鹏湾咸头岭遗址提供了 7 000 年前的物证。若以西樵山遗址代表的年代为标准，不计局部升降的速率，8 000 年间地面抬

---

① ［美］马士著，区宗华译，林树惠校，章文钦校注：《东印度公司对华贸易编年史（1635—1834 年）》，广州：广东人民出版社，2016 年，第二卷图 1、第三卷图 2、第四卷图 1。

② 参见范岱著，周洁译：《1842 年前珠江三角洲地区的走私网络：澳门与美国对中国内地贸易的内在联系》，载李庆新主编：《海洋史研究》（第四辑），北京：社会科学文献出版社，2012 年，第 224、235、239－240 页。

③ 参见陈庆华：《美国侵占广东淇澳岛的阴谋》，载《进步日报》，1951 年 9 月 21 日。该文先后被收入列岛编：《鸦片战争史专集》，北京：三联书店，1958 年；宁婧编：《鸦片战争史专集》，北京：人民出版社，1984 年；列岛编：《鸦片战争史专集》，北京：人民出版社，1990 年；杨水生、刘蜀永主编：《揭开淇澳历史之谜——1833 年淇澳居民反侵略斗争研究文集》，北京：中央文献出版社，2002 年。

高了 4 米。若以咸头岭遗址代表的年代为标准，7 000 年间抬高了 3.5 米。人类的栖息点在陆地，地面的抬升与海面的下降对于人类具有同等的意义，二者赋予了人类更大的生存空间。

有人综合了 9 类古海面标志物（计 107 个样品）的数据，在沉积深度校正和构造升降幅度校正后，绘出 8 000 年以来珠江三角洲的海平面变化曲线：①8 000—6 000 年前，海平面急剧上升；②6 000—5 500 年前，海平面波动下降；③5 500—2 800 年前，海平面波动上升；④2 800—2 200 年前，海平面波动下降；⑤2 200—900 年前，海平面波动上升；⑥900—600 年前，海平面轻微下降。

在以上曲线②④⑥所示的年代中，珠江三角洲外缘的陆地面积随着海平面的波动而增加，水生物随着水域的退缩而退缩，古越人可以离开故地迁到大陆的新址。与此同时，珠江口诸岛屿是否由于岛陆面积的伸展而做出接受人类的姿态呢？换言之，人们上岛谋生是否有可能？这里只谈淇澳岛的陆地缩展与海面升降的关系，证据是前人从岛上及毗邻地采集到的古生物样品，并用热释光检测年代得出的数值[①]：

若以牛婆澳新沙堤的腐木为样品测量，可得出距今 1 620（±70，即正负误差 70 年）年前牛婆澳的海面比现在低 2.81 米的结论。唐家鸡山村离淇澳岛不远，若以该村新沙堤的贝壳为样品测量，可得出距今 1 080（±65）年前鸡山村的海面比现在低 2.46 米的结论。若以岛上后沙湾沙堤顶部的石英砂为样品测量，能得出距今 1 080（±108）年前后沙湾的海面比现在低 1.46 米的结论。这三个数值都表明淇澳岛的海面降低及其年代和珠江三角洲 8 000 年间"三升三降"的曲线既有一致又不完全相符，故要用淇澳岛属于构造隆起区的原因来修正，并可对照另一组数值：从后沙湾沙堤下部 4 处测量的均值，沙堤下部的年龄为距今 5 093（±510）年，东澳湾沙堤的年龄为距今 3 750（±186）年，牛婆澳新沙堤的年龄为距今 2 550（±95）年，表明当时岛上的这些地点是适合人类居住的。

先秦时期就有人在淇澳岛生存。从 1984 年至 2009 年，经过多次勘察

---

① 参见方国祥、李平日、黄光庆：《珠江三角洲 8 000 年来海平面变化》，载《地理研究》1991 年第 4 期，第 6、8 - 9 页。

和发掘，先后在岛上发现 6 个遗址和 3 个遗物点，绝大多数位于图 1 - 1 中 55°斜线右边的岛岸。6 个遗址分别在后沙湾、亚婆湾、东澳湾、南芒湾、小石澳和江树山。3 个遗物点分别在双尾草埔、金星门和牛婆澳。[①] 后沙湾遗存反映了史前的渔捞生活，表明距今 5 000—4 500 年前岛上的人迹，"是迄今发现的珠海最早的人类活动的物证"[②]。该遗存的年代对应曲线[③]海平面波动上升，解释起来似乎有点矛盾，需要补充地壳隆起的因素：当伶仃洋海面升高时，当地的岛屿不会被淹没，地壳的隆起抵消了海水的覆盖，所以淇澳岛为外来者提供生存空间是可能的。亚婆湾、东澳湾和南芒湾的遗址反映了夏商周和两汉时期岛上的经济生活，对应曲线④海平面波动下降，解释起来颇为理顺。虽然当时的先民与后来的村民没有必然联系，但是他们都面对一个共同的问题，即文化是人类对环境的适应。环境包括自然与社会两部分，环境变化了，适应方式也要改变。

社会经济形态是理解区域文化的基础。新石器时期珠江三角洲渐次开发，古越人从丘陵高处陆续向平原移居，采集渔猎和园艺农业并存，驾舟出海是前者的体现，后者则以播种薯芋为辅、植稻为主来表现。驾舟游弋起初是偶然的，后来发展为必然。古越人在珠江口探访，要是发现岛屿，先绕行观察，如有可能便靠拢登陆，上岸查看林木、茅草、禽兽、鱼类、贝类等资源情况，尤其注意有无淡水泉脉。如果是大岛，资源必定多，停船避风点也多，许多问题便不必担忧。可以设想当时的情形：他们乘独木舟而来，看见 8 个岛屿于海中群立，奇独澳的面积最大，便成为他们流连忘返的场所，后沙湾遗存证实了这一点。

方志的描述惜字如金，其他材料难得一见，仅凭"湾澳并列、岬角交错"[③] 几字难以理解先民上岛的充足理由，从实地考察出发有助于解开历史的哑谜。当时的情形可以设想如下：

[①]　参见《珠海市文物志》修订委员会编：《珠海市文物志》（修订本），珠海：珠海出版社，2007 年，第 3、25 - 27、38 - 40、53、61、76、97 页；又见郭雁冰、牛冬、肖一亭等：《广东珠海市淇澳岛小沙澳湾商时期遗址调查》，载《南方文物》2009 年第 3 期，第 164 页。

[②]　参见梁振兴、卢观发：《淇澳岛简史》，载杨水生、刘蜀永主编：《揭开淇澳历史之谜——1833 年淇澳居民反侵略斗争研究文集》，北京：中央文献出版社，2002 年，第 188 页。

[③]　参见（清）卢坤、邓廷桢主编，王宏斌等校点：《广东海防汇览》，石家庄：河北人民出版社，2009 年，第 81 页。

湾澳深处有森林，可供砍伐建成干栏聚落；沙丘或沙堤下面是浅海湾，方便采蚝、驾舟。人们把住房、仓库建得井然有序，清泉从居住点流过，汇入潟湖，满足用水之需。人们在网上系上石坠，使网底下沉兜得到鱼。不难想象他们的精神乐趣，如渔舟唱晚的轻松、卸鱼出舱的喜悦、喊号子推舟上滩的劲头。先民用石块垒窑，用黏土捏成不同大小的器皿，其中夹砂陶的比例特别高，炊煮器最多，有作支架的器具，形制和纹饰之古老难以描述，但可看出其渔捞文化与大陆邻近地方的类型相同，反映了共同的审美情趣和盛食、储藏水平。当时岛上还没有谷物，含淀粉的茎块植物不多，而狩猎飞禽走兽又太无保证，相对而言，鱼虾、贝类容易获取。要充分利用这类食物就必须烹饪，而层叠有序的红烧土和石块垒起的简易灶坑表明用火的娴熟，先民的食物结构有富含高蛋白的海产，缺乏淀粉食物和肉类、乳类，前者提供的热量容易耗尽，后三者则比较饱和，这对他们的体质有较大的影响，须一日多餐才能抵抗饥饿。①

既然是采集渔猎与园艺农业相混合的经济形态，植物蛋白和动物蛋白必定在人们的饮食结构中各占一定的比例。旱地、湿地和水中都有植物，可利用的成分较多。水中某些低等动物也可通过采集（或捞取）获得，如贝、蚶、螺、沙虫等可在退潮时的滩涂上捡拾，而珍珠、珊瑚、蚝等则须潜入水底采集。采集有时是女子的工作（如拾贝），有时是男子的工作（如割蚝），有时是不分性别的工作。前述 6 个遗址出土了成堆的蚝壳，还有尖状蚝喙工具（用来撬蚝），表明了水上采集的重要性，蚝是主要采集对象。至于陆地采集，除了野菜、野果以外，有一种叫作薯莨的植物，含淀粉，可食用，可作渔网染料。味道不好的植物，采回后经处理仍有食用价值，是季节交替时的备用品。可见淇澳岛的早期光顾者已有分类知识，还有初级分工，即表现在年龄与性别上的协作关系：男子泛舟打鱼或下水割蚝，女子采集植物。因未发掘到石镞等器具，表明当时未有农业的成分。一种观点认为，尽管鱼群季节性洄游对先民影响很大，但并没有导致

① 参见李子文：《广东珠海市淇澳岛沙丘遗址调查》，载《考古》1990 年第 6 期；郭雁冰、牛冬、肖一亭等：《广东珠海市淇澳岛小沙澳湾商时期遗址调查》，载《南方文物》2009 年第 3 期；朱非素：《珠海考古研究新成果》，载珠海市博物馆、广东省文物考古研究所、广东省博物馆编：《珠海考古发现与研究》，广州：广东人民出版社，1991 年，第 241 页。

他们的季节性居住，因为南海北岸大陆及其附近海岛的海湾全年不乏食物资源，人们无须季节性迁移，同时生产力水平低，不能提供长期使用的船只。① 然而正因为生产力低，有些陆地资源无法获取，就会迫使人们季节性地到海岛觅食。而海岛食物资源的引诱、人的物欲追求以及自由度的表现都会成为生产方式中的因素，构成人们生活的基础。再说当时既无专业分工，亦无产品交换，生活资料的类型必然杂多，获得方式也是参差不齐的。为了获得动植物蛋白，就要掌握关于天气、洋流的知识以及生物的活动规律，独木舟集工具、技艺、产品于一身，最能说明当时人们的知识水平。既然习于水、善于舟是古越人的特长，那么他们巧妙地利用季节的转换，在大陆原居地和作为临时生产点的海岛间往返穿梭就是无可厚非的事情。

除了海平面变化曲线①③④以外，目前未发现与海平面变化曲线②所示年代相匹配的古遗存，但是发现了与曲线⑤和⑥所示年代相匹配的遗存。与曲线⑤匹配的遗存有两组，它们互相印证：一组是大陆唐家后环村的唐家遗址和程家坳遗址，出土了一批瓮、罐、盂等陶器，均属两汉时期（前206—220）；一组是在牛婆澳发现的大量碎陶片，有汉代和晋代的罐、钵，南朝的碗，唐代的罐、碗，宋代的碗、盘、壶、罐、器物盖等，此外还散落唐宋铜钱若干。② 这两组遗址出土物的相同和地缘的接近表明汉唐时期淇澳岛与大陆的紧密联系。与曲线⑥匹配的有一组，即江树山遗址，是淇澳村的旧村场，遗有宋代的碎瓦当、碎陶片和房基。程家坳遗址和江树山遗址彼此互证，体现了汉唐文化由大陆向海岛的传播。

至于东晋至南朝（317—589）时期的陶器主人，史志语焉不详③，出土物零碎，较难考证。推测可能是咸水疍民留下的。元兴三年（404），卢循（？—411）领导义军攻占番禺（广州）建立根据地；义熙六年（410）义军北伐失败，翌年南归番禺时遭晋将刘裕追击，卢循率残部退到珠江口万山群岛及粤西沿海积蓄力量，准备最后一决，不幸再次失败。东晋至南

---

① 参见肖一亭：《鱼群的洄游与南海早期先民》，载《东南文化》2007年第3期。

② 参见《珠海市文物志》修订委员会编：《珠海市文物志》（修订本），珠海：珠海出版社，2007年，第97－98页。

③ 参见《北史》《晋书》《岭表录异》《香山县志》和《澳门纪略》等。

北朝时期，疍民群体在南方内河流域和海边兴起，有咸水疍民和淡水疍民之分，无论哪一种，都过着浮舟泛宅、一家人一条船的生活。卢循残部的后代散居于伶仃洋各岛，汇入到沿海疍民中。从隋唐到两宋，受资料所限，疍民的发展脉络不够清晰①，这里姑且不论，但是，宋残室南逃时，今唐家湾一带疍民云集也是事实。淇澳岛西面的金星门海湾夏季利于泊船，岛北面的鹤咀湾夏季也利于泊船。两处都利于避风，但金星门还多一利，方便上岸与大陆居民贸易，故金星门人气更旺。鹤咀湾临近金鼎，到下栅、上栅赶墟较近，便于跟番禺一带来往，故方志未提鹤咀湾，而是一再提到金星门的位置和掌故，说它"在县南百里，其澳之西，唐家村之东，海中两峰相对，中有小屿如珠"②，并说"蛮蜑多渔于此，相聚为寇"③。可以想象当时的情景：出县城石岐，沿驿道南行 50 公里，抵唐家湾下村东海边，可见双峰对峙如门，中隔金星门水道，一峰在前环山铜水角，另一峰在淇澳岛西列山金星角，水道宽约 1 公里。靠近岛西有一椭圆形孤屿屹立在海中，此乃金星屿，从前疍民常在水道两边捕鱼泊船，漂泊水上的作业方式难免给不良分子留下空子。

淇澳在东晋至南宋时期还是无人居住的荒岛。疍民在金星门水道两侧泊船，随季风的变化转移泊位，夏秋在金星门水道后环一带避风，冬春移到金星角一侧，两岸都是他们砍樵、栖息的场所。疍民中的不良分子结伙驾船，掳人勒索，闹得社稷不安，官方文告屡屡提及，远近必有所闻，淇澳岛因此而出名，疍民的头领自然成为岛主，无人敢于问津。

当时疍民的构成如何呢？前无记录，后无考证，这里根据疍民受制于地缘关系和婚姻规则，借助相关材料④来重构。淇澳岛的疍民大约来自 4

---

① 有关岭南疍民的来源，学界的解释莫衷一是。方志认为，秦始皇征服岭南后，一部分越人逃亡江海，其后裔演变为疍民。之后每逢多事之秋就有外来群体加入，如元朝灭亡时，岭南的蒙古人回不了北方，只好逃入水面，以舟楫为生。更有观点认为，汉晋隋唐时期，长江中上游有一个名"蜑"的族群，宋末受民族矛盾和阶级矛盾的压迫，迁徙出长江，向浙、闽、粤一带集结，岭南相应出现了"蜑"的族称。

② （清）卢坤、邓廷桢主编，王宏斌等校点：《广东海防汇览》，石家庄：河北人民出版社，2009 年，第 90 页。

③ （清）阮元修，陈昌齐等纂：《广州通志·卷一百二十·关隘略一》，上海：上海古籍出版社，1990 年，第 2298 页。

④ 如吴伟良《珠海市流动渔民简况》（载《珠海文史》第十辑第 27、31 页）等资料。

个地方：①香港大屿山；②中山、番禺的三个入海口（焦门、洪奇门和横门）；③粤西阳江；④珠海和澳门海域。雍正八年（1730），皇帝诏令南方水乡，有能盖屋栖身的疍民，许其在近水村庄居住，力田务本，以示一视同仁。自是泛宅浮家之辈，且有更易姓氏，以自附于大族。上岸盖屋、易姓附于大族，甚至建立宗祠，这几种情形在东莞、香山、三水等地都有，在淇澳也有人上岸搭寮棚的现象，唯独不知是否发生改姓依附大族的行为。中华人民共和国成立后取消歧视称谓，称疍民为"流动渔民"，1961年，珠海成立流动渔民协会，与"渔民"相区别。这四地疍民均认同自己是卢循残部的后代，定期在伶仃洋的不同岛屿停泊避风、祭拜神灵，以渔获向村民换米粮、菜蔬、柴薪，其中香港、澳门的疍民还经常借回埠之机帮助内地村民购买免税物品。因此，早期疍民的构成应与此对应，主要是伶仃洋的疍民，也包括珠江口外的疍民。

海疆地方的沿革体现了孤岛与国家的相交过程。前述牛婆澳的陶片是早在汉代淇澳岛就有人居的佐证。唐宋时期，淇澳岛归东莞县香山镇管辖，表明该岛进入国家视野。宋绍兴二十二年（1152）香山独立建县，淇澳岛在长安乡治范围。南宋末年，新移民流入淇澳岛，从此有了户籍管理，而一海之隔的香山盐场（今上栅、下栅）的灶户却无户籍，被看作贱民而受歧视，不能购置土地，不能报考科举。新移民是粤闽两省的沿海疍民。大家同舟共济，渔捞稼穑，行"塘水滚塘鱼"的岛内婚。后来才有岛外婚，《香山县志》收录了明朝各乡90岁以上的长寿妇女，淇澳岛有黄、张、刘、程、余等姓氏①，表明她们是娶自岛外的媳妇。后人在江树山遗址发现宋元时期的盆、碗、盏、瓮等残件及房子地基，在一箭之隔的东澳湾沙丘遗址8号探方上层发现南宋时期的划花青瓷碗、黑釉盏和牙盆等遗物残器，是新移民南宋末年上岛居住的证据。② 江树山是老村场，彼时季风侵袭大，余众不堪忍受，遂搬至山后居住。

---

① （清）田明曜等修，陈沣纂：《香山县志·卷二十·列传下·女寿》，载陈建华、曹淳亮主编：《广州大典（297）·第35辑·史部方志类》，第59册，广州：广州出版社，2015年，第412－416页。

② 梁振兴、卢观发：《淇澳岛简史》，载杨水生、刘蜀永主编：《揭开淇澳历史之谜——1833年淇澳居民反侵略斗争研究文集》，北京：中央文献出版社，2002年，第181页。

到了明洪武十四年（1381），县政沿革，淇澳岛的户籍管理仅由恭常都行使。嘉靖二十七年（1548）印行《香山县志》，内称淇澳岛为"旗菁澳""淇独澳"或"旗澳"（远望如旗张建于海外），表明五屿连体时奇独澳最大，故冠其名统之。嘉靖三十六年（1557），葡萄牙人留居澳门，濒海地区的治安问题趋于复杂，朝廷在前山驻军，威镇淇澳岛。清初在淇澳设堡，稳定地方局势。康熙十二年（1673）年修订《香山县志》，承袭淇澳的旧称。乾隆十一年（1746）印行《澳门纪略》，内称淇澳岛为"蟛澳"（其形极像一种叫作"蟛蜞"的小蟹浮于水面），该岛名为乾隆十一年（1746）和乾隆十五年（1750）的《香山县志》所因之。乾隆三十四年（1769），朝廷设淇澳巡检司，凸显了海防的重要性（具体详见附录）。后来《广东海防总汇》等文献说到淇澳时又重提了以上诸名。直至道光八年（1828）的《香山县志》才改称"淇澳"。

民国十四年（1925）香山改县名为"中山"。1931年1月至1934年10月，唐绍仪任县长，在唐家设立治所，打算在金星门建港口和商埠，计划把淇澳岛列为中山港乡。唐绍仪下野后，淇澳岛归中山县第六区管辖，区公所设在下栅。1951年，广东省成立海岛管理局，中山县的海岛管理处驻地在唐家，为海岛管理局的派出机构。1952年12月31日政务院批复成立渔民县，翌年4月7日改名"珠海县"，将珠江口所有海岛和下栅、唐家、香洲、前山、南屏、湾仔等圩镇划为县境内辖地，珠海正式从中山县分立出来，县政府驻地仍为唐家，行政辐射范围南涵香洲，北盖金鼎等地，淇澳岛仍享有咫尺天涯的地缘优势。

明清两朝，海底地壳隆起和西江流沙沉积速度加快。地方势力迫使当局允许开发沙田，豪强拿到官方的批文后，招募大批疍民登陆寄居，引淡水入沙田种稻。与此同时，粤东、湘东的客家人不断迁来唐家湾，改变了过去人力不振的格局。淇澳岛上丘陵、山地多于坑地、潮田，人口的发展与自然资源的开发利用呈正比，开发唐家湾的旧戏在淇澳岛重演。清乾隆至道光年间（1736—1850），人口压力推动着岛上的村民向自然索取土地，各姓联袂上山打石，涨潮时驾船出海，抛石拦沙，依靠洋流携带泥沙和石头阻碍泥沙的作用，加快淤积速度，退潮时五个孤屿（大坑角、树仔洲、河鱼地、龟仔头和奇独澳）相间处沙坦裸露，人们筑起堤围，固定地段，避免潮侵。经过四五代人不懈努力，将五屿连成一片，扩大了岛陆面积。尽管组织起来力量大，但由于生产力低下，人力在自然面前仍旧渺小。每当刮大风时，风助浪威，潮水常常涌入村中。为了防范水灾，民国时期各姓再次联袂在外滩修筑大坝，阻拦海水浸入滩田。20 世纪 50 年代，村里组织劳动力在原有基底上建起一条拦海大坝，之后又在大坝朝海一面铺上石头，阻挡风浪，并且抽干坝内积水，于是坝外海水高于坝内土地，村前平地也一直向前扩展，稻田的面积增加了，临近堤坝处被挖成池塘养鱼。

珠江三角洲是由海湾堆积所成，而非在陆上生成，程家坳遗址近处是小山，远处是鹅峰岭大山，而江树山遗址在淇澳岛西列山一个小山包的东北坡，同样是依山临水，符合珠江三角洲有山丘、依托水网分布的建村特点。就依山而言，珠江三角洲内随处可见的大小山丘共计 160 余处，如中山市的五桂山与东莞市的大岭山海拔皆为 530 米。有山丘的好处不少：可开垦山地或坑田，种番薯、稻谷、果树等，土地资源得以充分利用；易于避水，发洪季节，一到山坡就可脱离水的威胁；利于防守，村庄无论大小，多位于山麓，县城更无例外地接近山丘。[1] 就临水而言，海边的村庄既可下海，还可入涌，几乎家家有艇。这不禁使人想起西樵山遗址是依山临水的，咸头岭遗址也是背对山谷，面朝大海，表明更早时期的古越人就是这样生活的。

依山临水的特点还表明珠江三角洲的面积在持续增长。数十年前的水下浅滩今已成陆，若干岛屿亦已陆连[2]，唐家湾近海的村落几乎家家有艇，间或一家数艇，这种情况在淇澳岛也很典型。淇澳岛的开基祖与先前登岛的疍民乃至更早时期的古越人没有任何血缘关系，他们上岛要由当时的社会矛盾来解释。过去的村庄临海只是远望大海，近处为大片滩涂，涨潮时海水涌入村口，退潮后成为湿地，覆满野生桐花树，人称"原生态的红树林"。现在村里还有一条称为"码头巷"的小径，两旁旧屋层叠，渡头拴了许多舟艇，令人想起宋代诗人刘过"解缆蓼花湾，好风吹去帆"的佳句。

---

① 参见罗开富：《珠江三角洲特点的分析》，载《人民珠江》1984 年第 1 期，第 37 - 38 页。
② 参见罗开富：《珠江三角洲特点的分析》，载《人民珠江》1984 年第 1 期，第 37 - 38 页。

综上所述，先秦以来有四个群体相继上岛。先是夏商周时期（前2100—前771）乃至更早期的古越人，然后是春秋战国至秦汉时期生活在大陆今唐家后环的居民，继之而来的是东晋元熙二年至南宋嘉熙四年（420—1240）的沿海疍民，最后是南宋末年的流民——他们是今淇澳村民的直系祖先。

四个群体都在淇澳岛留下了痕迹。第一个群体在岛上大约活动了1 500年，第二个群体在岛上断断续续活动了1 000多年，第三个群体在岛屿周围活动了800年，第四个群体是淇澳岛的主人，迄今为止共在岛上生活了752年。① 第二、三个群体在岛上留下的痕迹不如第一个群体明显，最明显的是第四个群体。

四个群体的生存方式不同。古越人用石、铜、黏土、竹木、藤条等制作生产工具和生活器具，他们的人口少，生产力低下。秦汉时期在唐家后环定居的大陆人只是偶尔上岛。沿海疍民长期生活在岛屿周围，他们的渔具中只有少数为金属制品，如锚、叉、刀等，多数是用竹木、藤条、陶土制作，他们的人口较多，家庭较小，技术简陋，生产力水平低下。新移民的远祖是陆地居民，后来加入疍民，学会了捕鱼，到南宋末年，他们从沿海疍民中分离出来，到岛上建村定居，形成宗族社会，到清末民初时已完成转型，"以捕鱼为专业者实极少。渔业不过为农家副业中之最重要者而已"②。

几千年的渔捞文化在淇澳岛这只玻璃杯中如鸡尾酒般层层积淀，大约有四种形态并可窥视其主体：①原生态的渔捞文化——古越人或百越先民；②次生态的渔捞文化——最早在唐家后环的定居者；③续生态的渔捞文化——沿海疍民；④再生态的渔捞文化——新移民。前三段时间流究竟发生了什么暂且未知，最后一段却是清晰的，因为今珠海市的几个岛屿大

---

① 以2019年为被减数，淳祐四年（1244）为减数，算式如下：2019－1244＝775，再以775年为被减数，康熙年间被迫迁到五桂山的23年为减数，则775－23＝752。故知淇澳村民共生活在岛上752年。之所以不用梁、范、谭三姓登岛的时间，即淳祐元年（1241）为减数，是因为这三姓在村中早已经绝嗣。

② 参见罗开富、刘国雄、徐俊鸣等：《淇澳岛》，载国立中山大学理学院地理学系《地理集刊》（第一号），1937年6月，第26页。

约在南宋末年都有人陆续定居。例如，三灶岛是明成化至弘治年间（1465—1505）被诬为"奸民""变节分子""亡命徒"的人从今斗门、新会、石岐等地逃荒来的，同时这些移民一代代繁衍生息直到今天，他们的世系脉线没有中断，他们创造的物质文化、制度文化和精神文化至今犹存。

四段时间流中的文化层没有前后传载关系，次生态不是原生态孕育的，续生态也不是从次生态而来的，同理，再生态与前三者间不存在文化特质的前后相续关系。四个群体的上岛事件纯属偶然。而偶然性背后体现的是必然性。人们为了生存就会寻找资源并利用之，他们在淇澳岛满足自身需求的时候，就创造出当地的渔捞文化，并且会在群体内部传承文化遗产，每代人都在新的条件下继承先辈的活动，并通过自身活动改变现有的条件。

第二章

地名及其掌故（上）

地名是一种时空符号，指称地域方位等自然景观和史迹传说等人文景观，体现人们在开发岛屿过程中结合坐标方位、山形地势和相关事件的文化沉淀，反映了他们对一定范围内主客观关系的认识，可作为重建海岛社会特征的线索，下面特胪列出来以缅怀过去（见图2-1）。

淇澳的岛名经过一个取"形"到取"义"的过程。远望海岛像铺张在海面上的军旗，故以"旗纛澳"为岛名。因"旗纛"二字笔画多，"纛"读作 dào，常被误读为"毒"（dú），是为不吉，遂或改或弃，岛名先后写成"旗纛""旗澳""蜞澳""奇独澳"，字异而音谐，表明五屿（奇独澳、树仔洲、河鱼地、龟仔头和大坑角）连体时奇独澳屿最大，故冠其名而统之。又有人提出"独"字不吉，而《诗经》恰有"淇奥"一词，遂再次或改或弃，将"蜞"或"奇"改成"淇"，将"独"字去掉，岛名成为"淇澳"①，因袭下来，一直沿用至今。

----

① 参见嘉靖二十七年（1548）《香山县志》、康熙十二年（1673）《香山县志》、乾隆十一年（1746）《澳门纪略·卷二·形势篇》、乾隆十一年（1746）和乾隆十五年（1750）的《香山县志》、道光十八年（1838）《广东海防汇览》等方志说到淇澳时出现的名称。前不久，有人在《明清时期淇澳地名考述》（载《岭南文史》2015年第3期第38-49页）一文中也作了类似描述。

北

马溪外海
（水下有暗沙）

马溪内海

夹洲屿
（龟仔头）

鹤咀

红排
第二斜湾　吊颈石　　大

井湾　　　　　　　　　　　沙
八角头　　　　晒虾埔　　　澳
　九姑围　犁扣上坑　　　　灯桂
　　　　　玛六坑　犁扣
　九弯梯　神　财林社坑　钊洞山坑　鱼　大王角
　　工厂　仙　前环　　　　　　　骨　白沙湾
　　　　　角　　　　大澳岭　望夫石　岭　马石友
　暑仔　　　　　　　黄琴房
堤　　　　流水坑　　▲望赤岭　　　牛
坝　　　　　　　　　　　　　　　　婆
　　　　　　　　　　　　牛婆坑　　湾
务　务三五　　　　　　　　　　　后沙湾遗址
洲　洲二个斗　　　　　　　　
　角排顷一　　　　　　　　　　　　萌坑角
三　塔石　　　　　　②
姑　三姑庙　
庙　白　　　　　月公山
芦婆　　　　　　　　　会　沙坑　先锋庙
蚝婷湾　　　牛蹄坑　五　顷　围　馆　坳埔　板桥
剥埗　　　　　屎坑　　　　　　炮台仔
海　南坑　　　　　淇澳村　　　东　关帝庙　小石澳遗址
　白泥港　　深　　　　澳　　二排
井　大坑　坑　江树山　埔　　　头排
湾　　　　山　　　　　　东　　东
　　石井　塘　坑芒　东澳庙　澳
青社角　　　　　　山①　　　湾
（大角头）　　　　　塘
　　　大角头坑　▲大吊岭　务礁仔
　　偷牛栏　　　虎山　黄坑　港尾
　番鬼佬碑　▲大副隆　大路岭　马山
养殖场　卜坑　　南芒山　　　　牛仔湾
船舶　　　　　　　烂堆石　亚婆湾
淇澳桥头　卜坑山塘　　　　　亚婆湾角
　　　　　　　　　　　码头
金星胆　　　南芒湾
　　　　　　　那扣角

图　例
⚓ 码头
■ 采石场
● 采沙场
✦ 黏土场
◇ 蚝灰窑
✚ 养蚝区
／ 围垦区
① 南向排水渠道
② 北向排水渠道

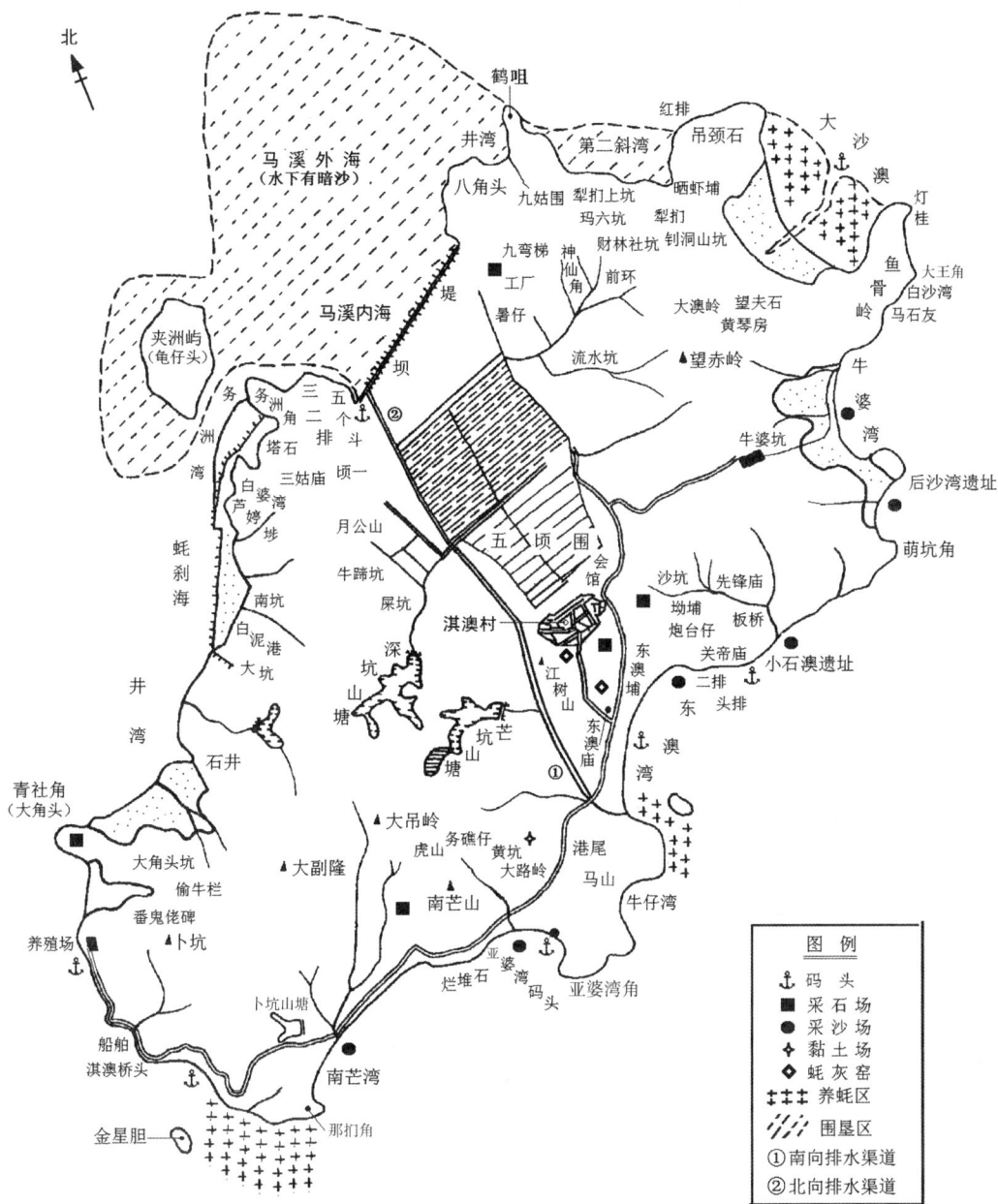

图2-1　淇澳岛地名基本分布

（根据田野调查和1986年卫星扫描图制作）

南宋时期，朝廷为了增加国库税收，鼓励地方军政招募移民垦荒，促进土地利用，增加粮食生产，上缴更多农赋。地方当局通常先行调查荒地分布情况，派人测量荒地，划分地段，继而列表公告，私人限期开垦，公家依承垦条件招民承垦，有计划地推进垦殖。无业游民或想改变原来职业的垦荒者需向地方当局登记，完成手续，获得凭证。垦殖办事机构要求移民具备某些条件，如身体强壮，耐劳苦；无不良嗜好，能耕作。需登记姓名、性别、年龄、籍贯、原职，志愿前往某地；携家眷者要注明丁口、家属中能耕者人数。填写并通过审核后获发垦殖凭证。按照分期分批开垦荒地的计划和先来后到的原则，先来的移民被安排到交通便利、无须兴办大型水利工程的地区，后到的移民就动员他们到海滨地区创业，甚至渡海上岛拓荒。所有生产及生活资料均需重新配备，所需费用自属不少，故移民垦荒，非有充分资本难期收效。对于品行端正、具有耕作能力者还给予贷款，写明利息，以便购买粮食、耕牛、种子、农具、肥料等项，解决住宅问题。

当时香山县地广人稀，外来移民容易安排，地方当局将来自南雄和福建的零星移民编入沿海僻硗之区，如南宋绍兴元年（1131），罗贵率领珠玑巷36姓97户南迁良溪（今江门市蓬江区棠下镇），一部分人口扩散到周边。又如，福州林氏、莆田黄氏迁于石岐、南朗一带。各地移民习劳苦，繁生育，又善引族属，以方音为近，抱团生息。到南宋末年，闽方言群人口已达数万[1]，闽音与粤语发生不同程度的糅合，演变为今人所称的"隆都语"，目前中山、珠海有约22万人使用。淇澳岛与张家边、南朗、三乡较近，都使用隆都语。珠玑巷的移民操南楚方言，也与粤语有所糅合。

南宋末年，社会矛盾激化，进入香山的移民增多，主要来自两个方向：咸淳八年（1272）夏，据传珠玑巷因"胡妃之祸"，大批村民扶老携幼逃离，沿贞水（浈江）抵韶州，转溱水（北江）下广州，散于珠江口西部；至元十三年（1276）春，元军破临安（杭州），宋残室逃福州，又循海路奔泉州，沿途广募民夫、水手。十字门海战和崖山海战令南宋气绝，十几万闽籍军民发生分裂，一部分继续以岛屿为依托，主要据点为川山群岛、海陵岛、北部湾西海、龙门岛一带，另一部分就地安插，成为珠江口以西的香山、五邑（台山、新会、鹤山、开平、恩平）等濒海地区的

---

① 参考中山市地方志编纂委员会，何文广、郭浩如、郑华冠等点校的手抄本《香山县乡土志》卷七第1-19页的初步统计算出大概数值。

新移民。以上两股移民都不敢贸然登陆海岛，而是先在滨海流落，寻机安顿下来，居住数年或数十年，待熟悉情况后再另辟蹊径，徐图发展。

村民自诩为岛上的原住民，即使发掘出沙丘遗址后，他们也不关心远古的先民，只关心自己的祖先，考古人员援引原地名给遗址命名，如东澳湾遗址、亚婆湾遗址和南芒湾遗址。村民将江树山南坡结庐之地视为老村场，现在的住地为新村场。开基祖在老村场繁衍生息，那个地方恰好处在风口，元末明初时搬到独鸡石北坡，建起一片片房屋，诸姓既各自为政，又梅花间竹，构成老村基。1984年，文物普查人员在江树山发现一些房基以及宋元时期的陶器和瓦当残片，证明老村场的存在。

新村场的地形犹如漏斗，大头朝北，小头朝南，漏斗的大口朝向北村口（见图2-2），斗深为甲乙，斗坡为乙丙，斗体对半剖开，其表面积为村庄，斗颈为通向南村口的村道，因南北村口都临海，更像"两头通"的漏斗，只因斜坡阻遮，南北村口不能对视。北村口濒临马溪海，漏斗底缘为一条3米高的堤坝，将北村口与马溪海隔开。房屋表示11个姓氏。南村口靠近东澳湾，斗颈从当坊仔的闸门（稍后将提到）到南村口牌坊，在此亦可见到大海。

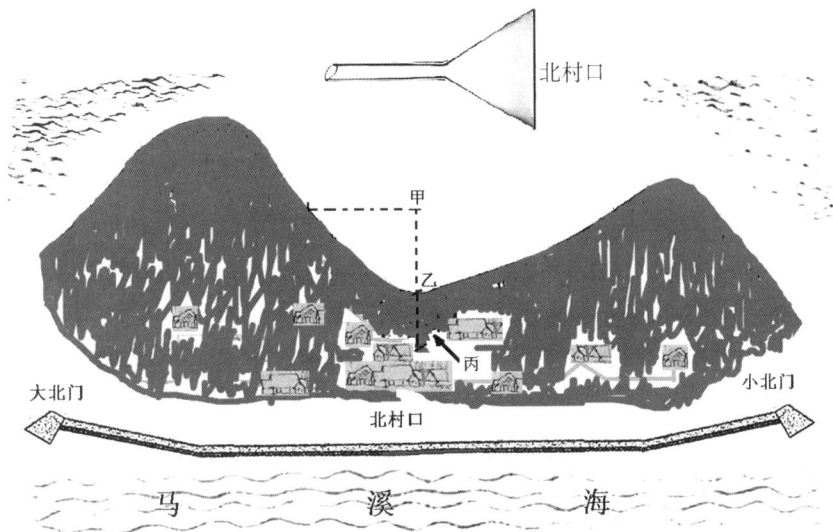

图2-2　漏斗状的新村场

马溪海是个潟湖，潮水横贯东西山脚，且有内外之分。内马溪海离村近，到处是野生桐花树，村民称"葓溪树"，退潮时是一片湿地，有些滩涂已辟为滩田，后来更围垦成五顷围。外马溪海在今大围湾的位置，退潮时仍为汪洋，由此再向外就是无遮拦的内伶仃洋。

淇澳村的开基祖来自何方，从哪里登陆？这个话题很有意思。相传先后共两批人：南宋淳祐元年（1241）梁、范两姓在淇澳海面以打鱼为生，常在澳湾避风并上岛歇息；为了作伴，遂邀请谭姓人家一起上岛定居，梁、范、谭成为登岛居住的三姓岛主。[①] 三家人的登陆点是无法料定的。淳祐四年（1244）从大陆先后上岛的七姓祖先可能是从今南朗镇龙穴、鸡头角等村启程的，从唐家后环登陆上岛的可能性较小。他们分成几批趁退潮时分，乘船沿着横门水道顺流而下，驶入马溪海，穿过海中的桐花树群落，在今北村口的莽莽丛林边上登陆，爬过漏斗状的坑口，来到江树山开基。这条路线与新石器时代的先民季节性造访淇澳岛的路线一致。700 多年后，解放军两广纵队一部也是循这条路线而来的，以下引自新华社广州报道：

……四日下午五时解放珠江口外的龙穴岛，守敌逃窜……于五日拂晓渡海解放中山县属之淇澳岛。[②]

龙穴岛在淇澳岛东北海面 27 公里处，是万顷沙东面 2.8 平方公里的沙洲，位于焦门水道和虎门水道之间。

渔民有"二八平分"之说，指农历二月和八月为潮水分界点，冬天涨潮在晚上，退潮在早上；夏天涨潮在午夜，退潮在中午，而每逢十五、十六日为水头（大潮），海水涨退幅度最大，水头可持续四至五天。前面说过，受地球偏转力影响，潮水从近香港的水域进来，转了个圈再从近珠海的水域出去。从日历上得知，1949 年 12 月 4 日和 5 日为己丑年（牛年）十月十五和十六，正好赶上水头。这表明解放军利用了气象学知识与兵贵

---

① 钟金平、钟华强主编：《淇澳的前世·今生》（未刊稿），淇澳老人协会，第 14 页。
② 《华南前线我军解放龙穴淇澳两岛》，载《群众日报》，1949 年 12 月 12 日。

神速的军事知识，乘船擦着伶仃水道，偏西过焦门水道，跨灯笼水道，再南下直驶马溪海，从北村口进入，占领了淇澳岛。这条路线有一半是新石器时代先民走过的，只不过他们来自横门龙穴，不是来自龙穴岛罢了。

祖先带来了语言、技术、制度等文化种子。因水产资源异常丰富，同时仲夏初秋多台风，渔捞活动危险，而此时正是陆地植物籽实成熟和块根收获的季节，故渔农兼顾，但二者的比例在变化。先以渔为主、农为辅，用鱼换粮，待到人口增加，渔利较浮，供养困难，遂以农为主、渔为辅。从渔事时间长于从农事到从农者渐多，从农事长于从渔事。没有船只则不行，打鱼要船，运肥料、载收获物也要船。而停船又需泊位，故泊位和渡口成为最早的地名。岛东北之鹤咀湾、岛南之东澳湾、岛西北之青社角，前两处海湾只容少许船只，一遇狂风骇浪，船毁财空，祸害惨重，后一处有峭壁阻挡东南季风，海水平缓，岸边可停泊较多船只。村民泛称这三处为"渡口"，具体所指则加限制词。20 世纪 60 年代，海军在青社角的南麓建成船舶修理厂，岸边一段划为军事用地，取地名为"船舶"。

风水先生说新村场是"两头通"，既便于"攒财"，也极易"漏财"，可在堪舆的帮助下克服鱼与熊掌不可兼得的局限。村中原有一位叔公叫"钟宝"，此人结伙走私，从香洲灶户处购盐，划船运至中山、番禺等地贩卖，引来了缉私队，海盗蔡二①常来淇澳村喝茶，又引来巡捕，他们常利用"两头通"的地形逃遁。为了克服不好的方面，就在村口多建庙宇，均衡无形力量，"克"出吉意，"均"出财源。

---

① 关于抗英勇将蔡二其人，淇澳老人协会的钟金平、钟华强认为是虚构的，二人在《淇澳的前世·今生》第 15－17 页中说：继海上漂来第一尊木雕菩萨"水潮爷爷"到村边之后，不久又漂来一尊木雕菩萨，为蔡姓村夫捡走，"由于他（它）是第二位从远方漂来的贵客，容貌似武士将军，就叫'二将军'吧。但一时也没有庙宇安置，蔡姓村夫只好暂把他（它）当作兄弟放于家中供奉。几年后，村民不知不觉地把二将军也认作蔡姓，叫'蔡二将军'"。华夷冲突时，"有长者建议蔡姓村夫把自家供奉的蔡二将军搬出来坐镇，好歹他（它）也是个武将军，也是村民心中的神"。退敌之后，人们"把蔡二将军由民居转正到天后宫的偏厅落户，并一直享受村民的香火"。另一种观点认为确有其人，但已于道光七年（1827）被打死在鹤山，与道光十三年九月（1833 年 10 月）的村庄保卫战无关。《香山县乡土志·卷三·兵事录》云："黄秉云、蔡二、方四等抗西乡、劫龙聚环刘朝传家，朝传募勇却之，复与地方绅士宙捐设局，屯勇堵御……武举胡雄泰率乡勇追至鹤山、新会，攻其巢穴，擒其魁，党遂散。"蔡二敢于挑战恶势力的性格，正是抗英所需要的，民间便附会了他的传说，增强了抗英的故事效果。

村北濒临马溪海，许多地名冠以"马"或"马溪"，如村西的天后宫称"马庙"，村东以前用于打醮设坛演戏的一片空地称"马溪操场"，现在则称"兆征广场"（亦称"祖庙广场"）。原来小学也在那片空地上，东端是个土墩，长着三棵老榕树，树龄过百，此地亦名"三棵树"。后来将土墩稍加修理，成了一个舞台，"文革"期间，生产大队在广场西北角用石头砌起一个更好的舞台，后来又将舞台搬回"三棵树"土墩的位置。不过原来的三棵老榕树被台风吹断一截树干后自然枯萎，树墩被挖走，补种新树。现在，舞台与对面苏兆征塑像之间的广场是政府出资改建的。在村西的天后宫西面，政府又建了一个更加气派的广场，比兆征广场还要大，称为"抗英广场"（亦称"白石街广场"）。

全村分三坊，即淇西坊、中行坊和东溪坊。三坊即是三地块或三街区，也是以前村中举行打醮、巡游、祭祀活动的三个分区，各有一间小祠建筑。全村有三条街：南北走向一条，称"南腾街"（亦称"南腾直街""上街"）；东西走向两条，一条偏南叫"天和街"，另一条偏北叫"下街"。南腾街最长，400 余米。下街为次，240 米左右。最短的为天和街，只有 200 来米。村民将这三条街道统称为"三条街"。街面用灰白色的麻石板三排并列铺就，三条石板宽 1.5 米，加上两边覆盖阴沟的宽度，路面宽 2 米有余。街坊比邻，咫尺之遥。旧时讲笑话说"三条街都响了"，讽刺说话像喇叭，全村人都能闻其声。还有一句曰"三根石条都给你霸占了"，意谓"占着三条石板的路面不让人通行"。"街"以下就是带"里"的地名。

下街是以天后宫为起点，向东铺设的一条石板路，与马溪海平行，近村处称"烂尾"（一度有些烂尾楼），远处称"五顷围"，再远是"大围"。苏兆征故居就在下街东头，1979 年被列为省级文物保护单位。1983年，省、镇主管部门共同出资修缮苏兆征故居 68 平方米的建筑，扩建成占地 100 平方米的多功能纪念馆，并于苏兆征诞辰百年时对外开放。2010年 10 月再投资按原貌修缮，翌年 6 月重新对外开放。在深入挖掘爱国主义教育资源的过程中，复活了抗击"番鬼佬"的口传。故事的核心是肇事的鸦片贩子遭到村民的抗击而举旗投降，赔偿白银三千两，村民为了让后人记住这段历史，特请匠人上山采石，用赔款支付人工和石料费，铺设了一条 2 800 米长的石板路，旧称"三条街"，今统称"白石街"。1994 年 8 月，村北的抗英炮台连同白石街被评为市级文物保护单位。2001 年修复炮台，辟出一个广场，在马庙两侧，即抗英广场，并于翌年 10 月在村东的马溪操场安放苏兆征塑像，远处兴建了红树林景区[①]和"灵鸽仙子"观景台，近处是"一线牵两点"，用白石街串起苏兆征故居和抗英炮台，既盘活分散的景点，又使抗英故事传神。"白石街"的新地名走红全国，本村人仍沿用"三条街"的旧地名。尽管赔款和用来铺路的情节丝丝入扣，至今仍查无实证。平心细想，从淳祐四年（1244）先祖开基至道光十三年（1833）华夷冲突，淇澳有 589 年的村史，如果扣除迁海影响的 23 年，从康熙二十三年（1684）淇澳村民自五桂山返乡算起，也有 149 年。七代人的时间，各姓原有蒸尝田，村里也有公产，加上岛外三墩沙的沙田[②]，租金不菲，区区一条麻石路，就算没有赔款，也可以自修。

三条街串起七条巷，伞骨般地撑起村庄的布局，各家门前有路，路径使家户相连，全村里外相通。较长的巷子有村南郭家巷、蔡家巷和姚家巷，村北王家巷和江家巷。巷以姓氏命名是小聚居（聚族而居）大分散（杂姓村）的表现，在顾及地缘政治时凸显宗族政治。如果某一姓氏不足以构成小区，而是充斥几个杂姓，则用各姓都能接受的术语取名，如村东以前临海，沟通渡口的村径称"码头巷"；又如，位于村中心一条南北走向使上下两街相通的路称"中心巷"。凡巷子的路面皆用石头砌平。旧时为安全计，常在巷口处安设闸门，以防外敌潜入。

村子中心南腾、天和二街狭窄的交接处有个方形亭式建筑，四柱一顶，四面透风，以前为村中议事场所。旁边有几家店铺，小贩摆摊，人称"街市亭"（村圩地），人气较旺。现在的公共活动主要在兆征广场，要是

---

① 这个景区也是林冬红和管理区同事尝试着开发的。在管理区收回白石街景点的管理权后，林冬红没有气馁，又向一块湿地进发，以两艘"红树林餐厅"水泥平底船擦亮了"红树林"的牌子。后来餐厅的经营权又被管理区收回，她只好选择离开淇澳岛。参见《白石街、红树林两景点的最早倡导人》，载钟金平、钟华强主编：《淇澳的前世·今生》（未刊稿），淇澳老人协会，第 33 - 36 页。

② 三墩沙，位于番禺县万顷沙，今属中山市阜沙镇地界，属围田，有老沙、新沙之分，老沙为康熙皇帝赐予的，新沙为乾隆五十年（1711）围垦的，共围垦 152 顷（15 200 亩），全部租赁与人，每年收租两次。

人多，可到抗英广场，那里更加开阔。

村场狭小，村巷拐角多，一受地形限制，二可抵抗海匪，便于摆脱追击。房舍间相邻之墙缝仅 2 尺，俗称"冷巷"或"拦仔"（"仔"意为"细小"），中间还建有隔空的横挡，既不影响排水又可防盗，窄得盗贼不能屈身躲入，须直立贴墙才能挪进去，碰到横挡就到底了，有"请君入瓮，束手待擒"的作用。"拦仔"只有芝麻大的一点空间，过去邻里间为此仍争个不休，这种情形即使现在也还会出现。

出街市亭，沿南腾街南行百米，至今农村信用合作社附近，可见三亩大小、底边宽、顶端窄、呈梯形的一块空地，村民称之太平地。以前用作公共活动场所，后来农忙收割时，也成了两个生产队的晒谷场。因底边延至水田边，住在附近的村民在水田上方倒垃圾及沙土，积久成墩，生产大队遂利用土墩建起高台，在那里开大会、演大戏，成为几年间颇有人气的旺地。

每逢冬春北风强劲，濒临马溪海的马溪操场首当其冲，无遮无拦，在衣食不保的时期，村民在此开大会或露天演出，因难御寒风，中途回府大有人在。但是，只要有人坚持观看，戏班的演员就会坚持到底，放映员也会坚持放完片子，开会也是队干部和积极分子撑到最后，直到会议完毕。

1962 年，生产大队队部从墩睦堂后楼搬到文昌宫办公，因办事中心南移，原在马溪操场召开的露天大会和举办的演出活动也转移到太平地，直到 1976 年。至于 20 世纪 90 年代初在文昌宫旁建起的那栋办公楼，直到现在淇澳居委会还在使用。改革开放后，政策逐渐宽松，新春佳节，当年"偷渡"到港澳混世界的乡亲①回村探亲，久别重逢，烧爆竹，打锣舞狮，好不热闹。阳春三月，聚首在太平地的人享受着好天气，感到国家已步入新时代。才过一两年，有人开始向生产队购买禾荸上的小块地皮建屋，不久太平地便建满了房屋。

紧挨着太平地南边的一片房屋间有一条短巷，分开两边的村舍。这片

---

① 此处是指内地青壮年跑到香港、澳门。"偷渡"潮共有 4 次，分别发生在 1957 年、1962年、1972 年和 1979 年。"偷渡"客之多是今天难以想象的。有的农民借口去割草，划着一只小船便到香港或澳门去了，相比于集体财产，生产队干部似乎更心疼"偷渡"客划走的那条小船。

房屋不同于对面太平地以北至祖庙或码头巷一带的房屋，前者修建得簇新，砖瓦结构，面积大，楼层多，装潢讲究，看似是"大户"人家的住所；后者时间久，狭窄简陋，夹带着一些土墙、蚝壳墙，显得老旧寒碜，较之于前者略为逊色。太平地南边的这片房屋是后建的"新村仔"，实际上本村人称之为"当坊仔"。当坊仔为姚姓另一房的开基地，住户同宗同房，在此繁衍生息。该房拥有大片良田，清代出了一位五品官，宅第讲究，正屋墙上高悬太公像，两侧有牌匾和礼仪物品，听说家人还保存着印信。

"当坊仔"是老字号的地名，后辈知之甚少。南面原有一围土墙，墙上有闸门，是老南村口。后来闸门先行拆除，过了十余年，土围也拆毁了。过了当坊仔，便到了南腾街的终点，即前面幼儿园之北十几米的街面，位于花岗岩石板路面与水泥路面相交处。

出当坊仔被拆毁的土围，南行至"淇澳"牌坊门（见图2-3），大路两边的房屋是"文革"期间及其后陆续建起的"新村仔"。早先，出南村口闸门就算野外，大路左侧有二庙：文昌宫、东澳庙。"文革"结束几年后，南村口延伸到现在的位置，于是文昌宫被括入村内，东澳庙仍在村外。文昌庙先是空置若干年，后来作为生产队的办公室和仓库。昔日东澳

图2-3　南村口牌坊正面（梁云诗摄于2015年1月）

庙的香火不旺，外面一片荒凉，里面阴森森的，白天孩童很少来玩，夜晚大人不敢走近。解放军刚上岛那阵子，傍着此庙建起一个营房，庙内住人，几年后归还村民。东澳庙在"文革"中几乎拆毁了。20世纪80年代初期，村小学从马溪广场的旧校址搬到东澳庙与文昌宫间的新校址，村民动员在外的乡亲联合力量修缮或重建二庙，继而捐资建小学新楼，当时东澳庙成为教师宿舍。20世纪90年代末期，淇澳小学利用苏兆征这一"名片"，两度更改校名，请地方政要题字，获得珠海市政府重点支持，学校建起教师宿舍，老师搬出了庙宇。

1982年，淇澳生产大队实行家庭联产承包责任制。10年间又盖了一些新房。又过了20年，新房建得越来越多，面积也越来越大。为满足人们追求舒适的要求，村场扩大了，村内相应地增加到六条街、三条路。六条街即村南的江南街、村北的江北街、村东的东和街、村东南的康宁街与康乐街以及南北走向的五四街。三条路即环村的五一路、东线路、中线路。

南村口牌坊现已是淇澳村的正大门，其他村口都是副门，过去南村口是村尾，濒临马溪海的北村口则是正大门，门上书有"拱壁"二字，20世纪80年代才拆除。

淇澳岛西北部是一片围堰，一条千余米长的堤坝横亘于东西两处山头，堤外是马溪海，属于"下海"的范围，堤内是围成的"大围"，大堤脚下是一片低洼的水泊，叫"白水滩"，大堤西端有个大水闸，村人称之"五个斗"，"斗"是俚语，"闸"的意思，担负着拦水排水的作用。五个斗西边有座山，名"三二排"，山脚临海，隔海与中山市南朗镇（旧称"南蓢"）相望。岛西海岸蜿蜒，出三二排山，南行半里许是小海湾，名"棺材环"。一岬角伸向海中，名"务洲角"。过务洲角是一条坑，"坑"是俚语，"山坳"或"山谷"之意，类似情况还有，如"环"为月牙形沙滩，"埔"为平地。此坑里高外低，里面有些平缓的坑田，外面是海滩，此地名"务洲湾"。湾南是务洲西坑，湾西有山，名"塔石"，山脚是海，海边是滩涂，早先围了几十亩"咸田"，种植海水稻，周遭低凹处是湿地，草深没顶，无比荒凉，唯水草有用，可覆屋顶、打草鞋、编绳子。

塔石不远处又是一围，名"芦婷埗"。原为一荡水湾，有大片芦苇，纤细者露出水面二三尺，粗大者高出水面四五尺，一叶扁舟穿梭芦苇荡，犹如钻进迷宫。荡边有芦苇鼠，板齿锋利，体型圆肥，肉质鲜美。成年鼠体长约1拃，重约1斤，毛黄色，打洞穴居，上下各两个门牙，啃食地下茎，故又称"黄毛鼠""板齿鼠"或"竹鼠"。若见芦苇成片死亡，可判定有芦苇鼠穴居于此。带上猎狗，找到鼠洞后用锄头挖，用烟熏，用水灌，让猎狗守在旁边逼其出穴，芦苇鼠一跑出来立刻被狗爪子按住，将其捉获。后来将此地围垦成田，便没有芦苇鼠了，但岛上有芦苇丛或竹林之地总会见到彼辈，除了塔石，最多的地方有三处，即白水坦、牛脚蓆和大澳湾。

从芦婷埗举目张望，山间坑田依稀可见。出芦婷埗，西边就是南坑，坑内有梯田，坑外有滩田。原先筑了一条堤坝，称"南坑基"，并建有水闸，"南坑"成为那一带的地名。出南坑上行，还有正坑、横坑两条小山坳，再过一座平顶山就是白泥港，此地不高，山坳里有白黏土，埋藏不深，极易获取，地名由此而来。

出白泥港南行，迎面一片坡地，东高西低、缓缓倾斜，名"大棚"，好像把海边沙滩搬到云间，可谓壮观。大棚西面是大坑。此坑两边不甚高，坑顶呈平台状，俗称"花岗岩平台"，表土较黏。生产队曾在大坑中部窄处筑坝蓄水灌溉，名"大坑山塘"。山塘下面尽是坑田，再下方是围垦的滩田。总之，出务洲湾西行至大坑，上面提到的地方全都隐匿于湾内，山上的坑田是早已开垦的，山下的潮田或咸围也是早已围垦的，不同于岛中部的大围湾是1957年围垦的，当年竣工。

大坑北面兀起一个山头，称"大坑山仔"或"大坑角"。这山头原来就在海岸边，北边200米处有个一亩见方的孤屿，称"大坑暑仔"，后来这里被围垦了，直到现在变化都不大。因为地势高出周边，并有奇形怪状的大小石头叠压，石缝中长出盆景般的小树木，所以远看似岛，近看像假山。1978年，珠海水产公司与淇澳生产大队合作在这里办了一个海水养殖场。主管人慧眼识珠，在这个袖珍小岛不远处相中一块地，建起几栋平房作宿舍，当时"暑仔"榕树张开枝叶，荫蔽着纳凉人。后来，水产公司扩建鱼塘，用机械推平了这块地，天蓝水碧的美景仅留存于记忆。因水产公司经营不善，1998年后此地由私人承包。

大坑向西有一条两边山梁压得很紧的山沟，称"小坑"。人们说它是大坑的儿子，故称"大坑坑仔"。往西，又一条山梁突向海中。山梁延伸到海岸尽头处，有一汪清泉，水从石缝中溢出，前人用石块围起，称为"石井"，周边一带均以此为名。在这眼泉水南面的大山叫"石井大岭"，海拔122米，为淇澳岛西部的两座高峰之一，北麓山下的海湾称"石井湾"（亦称"井湾"），湾内有一环沙滩，其上有三条山谷，自东向西各称"东坑""正坑"和"深土"。从深土向西南转折又一条山谷，称"大角头坑"，此坑西侧山地连同向西北突出的山头统称"大角头"。

大角头远处北面海中一山突兀，名"夹洲屿"，南麓与务洲湾相隔，海面间距300多米。夹洲屿的西南麓是山坳，内有七八亩耕地，属"望天田"，北麓20米许有一个千余平方米、北宽南窄的蘑菇状山头突立海中，高潮时与夹洲屿分开，低潮时与之相接，相接时二屿形似海龟，分开时则似龟头伸出，故以"龟仔头"称之。夹洲屿是离岛，1981年，大角头北面筑起一条3公里许的海堤，北通夹洲屿。后来，务洲角也连接夹洲屿，慢骑自行车20分钟可从大角头到夹洲屿。筑堤时考虑到闸门处近海，潮汐压力大，采用抛石法以求坚固，其余堤段用抛薪拦沙的方式堆筑——在山上砍些灌木、树枝、树干，放于大堤经过的海面作基础，然后倾倒泥土掩埋层层加高。夹洲屿的南面是大角头海，海中有奇石屹立，称"罗伞石"，另有两处称"三石"的礁石群。这片海域背向东南风，面朝大陆，因有溪水注入，海水咸淡适中，养分充足，蚝生长快，味道肥美，故这片海域也叫"蚝刹"。在筑堤的年代，围垦了两千多亩滩涂作水产养殖场。

大角头南面是金星湾，位于淇澳岛最西端。湾内岸上有四条小坑（北坑、中坑、南坑和东坑）和两个小沙滩。北坑只有几亩田，坑顶有泉水溢下，坑口是滩涂。坑东北面两边的山头夹着一个宽约1米的垭口，垭口狭长，中分一条小路，向东北越过山头就是大角头的地面。据说道光十三年（1833）九月，英国水手在这里逗弄水牛，与闻讯赶来的村民产生纠纷，此路便以"偷牛栏"的绰号广为人知。"栏"在村中俚语中指沟通山垭口的狭窄通道。中坑在北坑的南麓，要越过一道山梁，坑底较深。中坑的北坡原有一块美国水手的墓地，两个墓穴，葬有4具遗骸，已见前述，毋庸赘言。中坑的东坡山麓体积大，积雨面广，山洞水量大。道光年间，泊于金星湾的外国船只派水手上岸用红毛泥（水泥）建了个蓄水池，方便船员登陆时洗澡。由中坑续往东南，越过一道山梁又是一条坑，即南坑。南坑也有几亩水田，坑内有山涧，水量不大。向东过一个较大的山头，又是一条有七八亩水田的小坑，即东坑。该坑东南面的山头为峭壁，喇叭形坑口处有个小沙滩，外面海上就是水流湍急的金星门海道，因退潮后附近滩涂蚬虾多，可让鸭子啄食，早先村民在此办了一个鸭场。[①] 因东坑背东南风，沿岸水势平稳，1960 年，海军一家船舶修理厂看中这里，从虎门内河旧厂址搬迁过来，从此这一带就以"船舶"作为地名。由船舶向东，海岸不同地段各有地名，如"鸡摩石""狼石"和"烂泥湾"等。海中的金星仔为袖珍离岛，离岸 300 多米，一座航标建筑竖立其上。金星仔东南面水深受风，不易上岛；西北面水浅背风，便于登岛，不远处有一大片暗礁，叫"蟹石排"，是过往船只的隐患。

几百年前，海水淹没岛西大部分滩涂，水深而不能围垦，故人们只能向荒山索取土地，修水田（坑田），引泉水灌溉。岛西离陆地近，倘若内地有人前来垦殖，当先看中散落在金星湾内的四条小坑。果真如此，肯定遗下了地名，只不过我们不知而已。岛上建村后，中部人气较旺，西侧毗邻金星湾，到此须走两小时，实属不易，但是坑内十几亩水田年产粮近万斤，尽管位置偏远，土地贫瘠，生产成本较高，翻山越岭也还值得。后来征地建船坞，索性转让出去，应交的公粮数由对方负责。土地易主后有了不同用途，新地名出现了，如"家属区""开发公司"和"船舶"等。仍有人沿用旧地名，如"金星"或"番鬼佬碑"。随着老人的故去，旧地名也被遗忘。又因淇澳大桥建成，公路由此通过，人们不走老路了，旧地名淡出记忆。

方志云："其（淇）澳之西，唐家村之东，海中两峰相对，中有小屿如星。"[②] 那种感觉除非到了金星门才有体会。试从船舶沿着海岸东行，绕过一个名为"那扣角"的山咀，唐家铜水角相崎隔海，这就是金星门。那扣角折向岛北淇澳村附近是个大海湾，周边一带统称"那扣"。此地衍

---

① 参见罗开富、刘国雄、徐俊鸣等：《淇澳岛》，载国立中山大学理学院地理学系《地理集刊》（第一号），1937 年 6 月，第 28 页。

② （清）卢坤、邓廷桢主编，王宏斌等校点：《广东海防汇览》，石家庄：河北人民出版社，2009 年，第 90 页。

生出"那抇角坑仔""那抇环"（沙滩）、"那抇埔"（沙埔）、"那抇港"（溪水入海口）和"那抇坑田"（坑内有200余亩赖山泉灌溉的水田）等小地名。那抇坑内的山峦错落，最高一座称"虎山"，超出海面134米，与北面的石井大岭以及东西两面的山岭同属岛上西部山脉的延伸部分。虎山东南麓有诸多小坑，均辟有梯田，这里的小地名颇多，如"狼婆""石田坑""飞机场""务礁坑""银坑仔""填刺坑""华水坑""虎山坑""倒钱入柜""红鼻哥坑""角仔头""狗肚""天桥"等，每一个地名都颇有来历，如"填刺坑"是"山坳里荆棘多，需要砍倒填埋"之意。续向东又一条小坑，名"那抇坑仔"，其与银坑仔向东北延伸的山地有处地方称"大副隆"。"隆"与"砻"谐音，指一种脱粒工具，状如磨盘，用竹、木、泥、石混合制作，转动时通过上下两扇的挤压作用去除谷壳。那片称"大副隆"的山地即淇澳岛腹地，峰峦叠起，像一个个砻子。那里人烟稀少，植被茂密，树木挺拔，置身于此仿佛到了原始森林，即使经过生产队的滥伐，树林依然错落有致。原有一条小路从南村口入东澳田，经过蔡家山脚，到大副隆山坳，再分两股鸟道下坡，连通银坑仔和那抇坑仔。早先，未筑芒坑山塘时，有一条山路穿过大副隆。它起自村西双尾铺，过双尾桥，再擦着双尾井外十几米的山边，即今村西厂房后的山路，沿途先入芒坑，过山梁下山岗入大副隆，拾级而上，翻过山梁入那抇坑仔，再拾级而上，翻过山梁入银坑仔，最后到那抇坛仔。此路与江树山老村场一样久远，自祖辈移民岛上就开辟了。后来建了芒坑山塘，就连大副隆这条古道也被遗忘了。

翻过芒坑西北的山地又有一条坑，名叫"深坑"。"深"不但指坑深，而且指藏于岛内腹地。深坑的主坑中叉出两条副坑。深坑中段山坳有一条平坦近便的小路，通向东面芒坑中部的一条小横坑。较之于深坑，芒坑显得有些陡峭，下方有个地方叫"鸭仔塘"，水流落差较大，形成一个小瀑布，下面就是鸭仔塘。芒坑山塘修建以前，雨季时塘内水声如雷，旱季时水声则小一些，全年都不缺水，冬季水量小一些。鸭仔塘离村西也不远，居住村西的人家经常来塘中洗涤。不知从何时开始，"东有流水坑，西有鸭仔塘"便成为村民的口头禅。洗涤讲究用水，就水质而论，流水坑比鸭仔塘好得多。

20 世纪 60 年代，每年农闲季节，生产大队就将各生产队的劳力集中起来，派往芒坑和深坑建设山塘等水利设施。深坑山塘比芒坑山塘的蓄水量还要大。两个山塘泄水方位原来相同，均向北流入大围湾，排向马溪外海，后来改建排洪设施，芒坑山塘水改从人工渠南流东澳环海。自从开建山塘的堤坝，破坏了原来的环境，小瀑布及鸭仔塘便不复存在了。

深坑下方还有两条小坑：一为屎坑；一为牛蹄湾。屎坑上方有个叫"定加摩"的山地。早先疍家艇靠岸后，常在那边掬水敬神，或进山采薪，淇澳俚语称"疍家"作"定加"，可能是"定加摩"一名的缘起。牛蹄坑两侧的山岭叫"沙摩岭"。很久以前，人们在定加摩一带的山涧建起一座石桥，为连接村庄与岛西北的通道，叫"屎坑桥"，桥面是石头，桥墩是石头，桥两边的护栏是雕凿过的石条。屎坑桥是全岛所有石桥中距离水面最高的。虽砌有石护栏，赶牛群经过仍有摔死牛的事件发生。深坑的水最后流到顷一围，过去它曾是马溪海的内海。

说到此需补提三点：一是部队撤离后，海事部门在高山顶上建了一个海洋观测站，安装了雷达天线，从广州南海研究所派人来管理，住在一栋多功能的楼房里。2017 年，又在附近建了一个铁塔。二是淇澳岛的旧地名，是本土文化的沉淀，也是淇澳历史的一部分。近些年来，淇澳岛推进了很多建设项目，改变了原来的"容貌"。很多自然环境都变了，很多旧地名也用不上了，代之而起的是新地名。以前的生产方式已不存在，生活习惯也在改变。现代的居民多以"出岛工作，回村探亲休息"的方式来安排时间，少有机会行走岛上各处，特别是交通不便、偏远的地方，这样对原有地名就更加生疏了。总之，老一代离去了，旧地名也随他们而去。三是地名是从人们活动密集的区域向疏散的区域辐射的，既然如此，叙述的逻辑就从村庄向周缘辐射，再回到聚落，又向周缘辐射，直至讲完。

现在回到岛南。前面提到沿那扣东北坡上山即可抵达的南芒山，其山因屹立海岸，整个山体都有岩石裸露。此山曾设有采石场，所产花岗石质地优良，除满足本岛需求，还大量外运。部队曾在此山腰凿洞开路，方便往来那扣、金星码头的行人。沿着这条路进出海岛前往唐家异常快捷。南芒山麓下是海岸，乱石嶙峋，俗称"烂滩石"。2001 年，淇澳大桥建成，水泥公路伸入岛内，告别了往日走小路的时代。南芒山东麓有一条浅坑，称"白芒坑",内有几亩坑田,坑口面对的海湾称"婆湾"(亦称"亚婆湾"),连周边一带的海岸也沿用这个地名,一溜沙滩环绕海湾,又称"婆湾环"。小桥流水,弯曲环绕于海湾与山地之间,那里有几十亩耕地,称"婆湾田"。婆湾田是靠天田,入海处称"婆湾港"。由海面向岸上望去,一座貌似鱼形的山丘,称"婆湾山仔",也叫"鲤鱼山"。此山伸入东面海中,形成海岬,山的西南角称"婆湾角",原先建有小庙,今日犹在,称"洪圣庙"。

婆湾东面还有个袖珍海湾,金黄色的沙滩环绕岸边,旧称"牛仔环"。沙滩背靠山林,2005年,林边建起一处餐厅,取名"淇沙湾"。因经营有方,生意兴隆,久而久之,旧地名反被遗忘,人们用新地名来称呼整个海湾,地名的变化只有老人才了解。该海湾北面的海岬叫"马山",临海湾一面是马山南坡,自从岛上有驻军,便在南坡设立营区。部队撤离后,1993年,淇澳管理区成立,在旧营区办公。婆湾东北的山地平缓,在东面马山与西面黄坑山相夹着的垭口称"大路岭",两边山坡亦用此名。该垭口由来已久,是连接本岛"东—中—西"的脊线,也是从陆上进出岛屿的干线。以前部队为了改善交通环境,曾派工兵拓展垭口的空间。现在经淇澳大桥向村庄延伸的公路大致循着这条路线,不过大路岭已被推平。似乎可以想象,若将岛上中线与东线两条公路交汇的路面堵住,所有往来车辆就无法通过,交汇处正好在原来大路岭垭口的位置。

过了这个垭口,下东北坡,岛中部的景观迎面而来。只见村庄东南面有一大片开阔地,此地原是岛屿中部东澳湾的连带成分,故称"东澳田",总计160余亩水田,地势平缓,上方是梯田,下方是坑田,周边还有旱地,灌溉条件甚佳。从村内走到东澳田边原先要一刻钟。东澳田东南端与马山麓接壤,是乡渡泊船的地点,故称"港尾"。后来在几次建房热潮中,村庄膨胀到东澳田,连田中心都建起房屋。

从港尾到唐家的航线曾出现"七尸九命"的惨案。1955年6月26日,渡船从唐家返回淇澳途中,受到特大西南风暴的袭击,船向左舷翻沉,船上24人全部溺水,共7人遇难,其中有两位孕妇,一位怀孕5个月，一位怀孕 3 个月，故称"七尸九命"惨况。①

过田水在港尾流入大海，那一带有坑田近 30 亩，承"东澳田"之名。再走向海边即"东澳环"，那是一溜新月形的沙滩，只见海沙澄黄，浪涛追逐，树影婆娑，旖旎风柔，人称岛上三大沙滩之一。对出东澳环，海中有个孤屿称"东澳暑"，原是养殖牡蛎的地方。东澳环西边 300 米处的海岸边是马山。东澳暑呈长形，面积约 5 000 平方米，东西走向，西宽东窄，退潮时东西两端岩石连接，间有一条浅沟，涨潮时海水隔开。东部约 1 500 平方米是礁石，西部 3 500 平方米有灌木生长，鸟儿栖息；北部岸石不多，吃水浅的船只可靠岸。

①　参见《关于一区淇澳乡沉船死亡事故的情况报告》，藏珠海市档案馆，案卷号：永 - A. 1. 01 - 0041 - 024 - 1955. 8；还可参看钟金平、钟华强主编：《淇澳的前世·今生》（未刊稿），淇澳老人协会，第 62 页。

第三章

地名及其掌故（下）

　　前述大路岭西北面是黄坑，东澳田在东澳环上方。东澳田与东澳环间有大片沙地相隔。村民统称沙地为"沙埔"，因此称那片沙地为"东澳埔"。沙埔西南端是港尾田，东澳湾沙丘遗址位于港尾田上方的沙埔，靠近公路立有一块碑，标着遗址所在地。往南就是马山。马山西麓为黄坑山。黄坑北麓是营房，黄坑下方有土丘，名"山仔"。出黄坑西行几百米为一处洼地，称"锅底氹"，再南拐是一块山间坡地，续往西为一道山梁，两边有坑，南坑短小，北坑狭长。北坑名"破患初坑"，由此仰望，大吊岭就在上方。破患初坑的东北面陡峭，若非树木遮挡，在山顶砍倒一棵大树，截成木头，可以翻滚到山脚。过去行人不多，唯樵夫与军人行走。它的西南面是垭口，曲径通幽，过垭口沿途坡缓，下去是那扪坑仔。坑仔上方筑起一个小平塘，走下去到平坡处就是部队的营房，口渴者常入内讨水喝。部队撤离后，走此路的人更少。从那扪山咀望去（见图 3 - 1），远近草木葳蕤，液化气的推广令采薪者减少，茅草年复一年地生长，旧路难觅。

　　东澳田的西北面有座小山，名"蔡家山"。过此山向东的山丘，称"天平架"，因山梁平缓，且不甚长树而得名。沿着山梁北坡下去是双尾，为芒坑下延部分。山梁的南坡已辟成坡地，可种杂粮。山梁的东坡与江树山相连。江树山下面又见东澳埔，兜了个圈回到起点附近。东澳埔与江树

图 3-1　那扪山咀下面的山塘

山的分界处称"大牯石"。1955 年，为防止蒋介石反攻大陆，淇澳岛开挖战壕，一条起自东澳庙近旁、沿大牯石逶迤而上进入江树山麓的坑洞。大牯石边的一段还铺了石板便于行走。这条战壕挖在村东侧，跨过大牯石，向南延伸，途中与一条穿过沙埔的路相交。那条路直达港尾的渡口，也是前往婆湾的便道，而现在去婆湾的路是后来开辟的，现在许多村民当时还未出生，皆不知此事。大牯石附近的山脚及对面低处的沙埔就是古时的江树山老村场。

　　江树山与今日的淇澳村毗邻，山顶为平坦的岩石。山不高，坡度平缓，极易攀登。立于山顶，眼界大开，近可俯视全村、远可南眺大海、北望大围湾。即使不上山顶，在山坡上倚石而坐也是惬意。半个世纪以前，淇澳岛依然是原生态环境，江树山满山都是露出地面的大石蛋，山上没有乔木，一丛丛灌木傍着石蛋生长，春夏之交，满山遍野的乌棯花，红白相衬。当时如有现在的环境保护意识，只要稍微投点资金，对此山略作修整，就可让近在村边的山坡现出一个石头公园的雏形。20 世纪 60 年代初，交通不便，要兴建营房，只能就地取材的石工挑肥拣瘦，专找路径好的石头开采，把大部分裸露的石蛋打碎运走了。高山顶上和偏僻山脚的石蛋以及围田中的石排礁不易开采，也就保留下来了。20 世纪 70 年代，广海农业公司上岛开办农场，曾经设想在农场附近建一座公园，碍于石蛋原貌已毁，也就取消了计划。现在，村址扩建到江树山腰，铲平了天平架，拉通中线公路，穿过天平架直达大围湾。2004 年 11 月，广东省珠海淇澳—担杆岛省级自然保护区成立，管理处设在大围湾西侧的科技园。从海南岛引进红树品种在外海种植，10 年后形成海上森林，取名"红树林"。当时有人讥讽这个地名，故意问："那些树是红色吗？"淇澳岛本来就有野生桐花树，即村民所称的"蓈溪"树，与从海南岛引入的"红树"有些相似。自从引入海南岛的树种后，本地树种完全被排挤了。

江树山东北遥遥相对于一座名叫"大山"的峰峦。这座峰峦恰在本岛中部，与江树山俗称"姊妹山"，高大者为姊，矮小者为妹。在地质年代，二山间隔一条海沟，全岛二分为东西两部分。今村口南门左侧是东澳庙，庙前为平地，穿过东线公路，再下路基，便是海滩的沙埔。从那里到村内文昌宫右边凹地约 500 米，现在全是水泥路，当年挖路基取出的泥土是冲积泥，与山间黏土明显不同。由文昌宫往西直到双尾港，有一块称"衙门"的沼泽地，后来辟为耕地，泥土亦属冲积泥。村西的双尾埔全是细沙，是从马溪海冲积而来的。出入水的双尾港不受沙埔的阻拦。双尾埔向北为五顷围，百年前还是马溪海，前人传说那里原是一条海沟，似有道理。还有，旧村场在江树山南，房基立于黏土之上。搬到向北的新村场以后，村舍就盖在冲积泥上。新村场空间有限，村庄显得狭小，今日南腾街靠北这一段在旧时尽是沙滩。

村东一片，包括村后山，地名"大山"。因人口膨胀，大山西南麓已建满房屋，这一片的地名是"井仔下"，属于康乐街的范围，南边与兆征小学搭界，小学大门与村口公厕之间砌着围墙，墙里为校园，墙外为村干道。20 世纪 80 年代以前，此地名"浪伞树"，源于一棵高大挺拔的古榕，开枝散叶，覆盖了大片土地。从民国的老照片尚可看见当时的景象：树周围用石板砌起四方形的两级护台，下面是东澳湾，村民经常路过，有时坐在台沿上休息。淇澳村成立生产大队以后，有一段时间村民大会曾在此召开。护台边上放着石臼，社员在此春蚝壳灰。生产大队在浪伞树对面建起碾米房，等候碾米的人在树下席地而坐。受台风侵袭，老树自然枯萎。护台拆除后，原称"浪伞树"的地方变成小学校园及村干道的一部分。

大山南麓有一条山脊向沙滩延伸，这条山脊名"炮台仔"。山脊与东北面海岸边的大山间有一块相对平坦的地面，一条小径从沙滩经过山脊入村，路边曾建有一间两进式的关帝庙。中华人民共和国成立之初，上岛部队利用这间庙宇放置东西，几年后该庙就因破旧倒塌了。据堪舆学说，关帝庙坐落于此，有守备入口、镇邪之功。周边皆用"关帝庙"作为地名，对面海边的沙滩叫"关帝环"，属于整个东澳环的一小部分。沿小径入村，片刻就到黄甲塘，此乃山坡名，坡后建有部队营房，坡下为耕地，耕地右侧有一条短坑，名叫"坳埔"，坑内有十多亩耕地。坳埔北面山下又是一条坑，称"沙坑"，也有十几亩耕地，距离村口不远，沙坑中部有一口井，井不深，村民常来汲取淡水（见图3-2）。前人遍访故里，遗有"众人坑泉，在淇澳乡，一里（地）。泉从石出，秋冬不竭，乡人仰汲。地本咸潮，此独清冽，亦灵泉也"① 的记载。

图3-2 沙坑中部的一眼甘泉

过了黄甲塘，翻过一个小山头就到了东村口。这个小山头是大山绵延下来的，名叫"龙头"，是风水山的一部分，岭上大树挺拔而密集，树冠

① （清）田明曜等修，陈沣纂：《［光绪］香山县志·卷四·舆地上·山川》，陈建华、曹淳亮主编：《广州大典（297）·第35辑·史部方志类》，第59册，广州：广州出版社，2015年，第37页。

高 20 余米。老人常说，龙头与山下海边关帝庙一样，有镇邪的作用。龙头的风水林护卫着村东，抵御了强劲的东风，减缓了台风速度。龙头山脚下有一条小径，连接村东与关帝环。从前在村东建有一间带闸门的小屋，就在村东镇东社坛 50 米外，那扇闸门就是村东门，屋内类似于城门洞，1956 年前后拆除。那根长 8 尺、厚 2 尺，凿了一个个圆孔固定木栅的拦门石板，从此斜卧在田边的水沟上，一放就是几十年，石板上的圆孔成为过桥的台阶，石板下的水沟是往来村民洗农具的地点。2001 年修建东线公路时，这座小石桥被推平了，石板也不知所踪。

龙头所在的大山还有一座，叫作"独鸡石"。因大山顶上有块平坦的巨石，虽然高度不及望赤岭，但是东观日出的效果与望赤岭相同，而且瞭望大围湾的效果更佳，还可看到西北夹洲屿与务洲角隔开的情景。独鸡石山呈锥形，除了南坡稍缓，其余三面皆陡，南北两面皆有路循，东北坡是片风水林，乔木参天，藤蔓覆挂，既可挡刹季风，又可聚龙脉，与关帝庙内外呼应，护佑村庄。曾有人在石顶上安放瓷公鸡并将其奉为神灵，每逢重阳，香烟缭绕。少年喜欢爬上石顶，挥动衣服疾呼，想让山下村内的人们听到喊声，之后便到岩石下方一个洞穴里玩耍。

从山顶上可看到远处的五顷围与大围间隔一条花稔（番石榴）基，那是一条呈"勹"字形的土堤，起点在村东北外一个称为"会馆"的地方，与去务洲的基堤衔接，沿着堤坝两边种上花稔树，一举多得，可固堤、纳凉、结果实。此乃唐绍仪任中山县长时，倡议乡村建设运动，本岛士绅加以落实而搞成的。花稔基横向偏西的拐点建了大闸，请了中山县一位水利土专家任工程总指挥，此人擅长武功，绰号"炮如神"，在工程竣工后回原籍去了。村民习惯用他的绰号称水闸为"炮如神斗"，闸名后来扩大指周边一带。之后淇澳村民对他奉若神明，用转火仪式将神灵延聘为司闸。

关帝庙在关帝环，偏僻安静，离村较近。军民两次在此抵御登陆之敌。第一次是日军企图占领淇澳岛。根据有关资料的记载①，民国二十七年戊寅虎年正月初七（1938 年 2 月 6 日）清晨，3 艘登陆舰载着 200 余名军士由金星门驶来，一路绕到马溪海佯攻北村口，吸引守岛兵力，一路泊于今关帝庙码头水面，抢滩登陆，主攻东村口。配合进攻的 3 架日机飞临淇澳岛上空，投下 6 颗燃烧弹，山林茅草多处起火。村壮丁队两面受敌，且战且退，隐藏于山林。日军进村后枪杀青壮年 13 人，烧毁民房、店铺 40 余间，文契、账本（如《钟仲梅祠公田收支簿》）一应被焚，下午 1 时许退走。村民掠后余生，纷纷举家划船过海逃命。第二次是 1949 年 12 月 20 日，败退至万山群岛的国民党军队一营人企图上岛打劫，从守兵不多的关帝环登陆，由小路入村，偷袭解放军戍守连队，后来被击退。

讲了村东，现移到村西，村西总称"双尾"。双尾沟源于芒坑与双尾山，沿途流经双尾田，双尾田与衙门田相连。双尾山下有一眼井，俗称"双尾井"，井水味甘，汲者甚多。此井开凿较早，大约是从老村场搬迁到新村场时就启用了。无论汲水还是去岛西，都要经过村西的马庙和双尾铺，走过铺了石板的田埂，转向双尾桥。此桥实为一块 8 尺长、2 尺厚的大石板，两头搭在双尾沟上，因年代久远，人畜行走，桥面磨损得光滑如镜。双尾山东坡名"风水山"，严禁砍伐，形成林暗草深状态。双尾山的东端是双尾埔，埔中沙滩呈淡白色而非金黄色，北端山角是双尾港。马庙与沙埔间有一围土墙，安装了闸门。村民在马庙这个地方建了两间庙宇：一为天后宫，一为康公庙。康公庙早已坍塌，后来利用这块地皮起了观音庙。天后宫对面的胸墙之外是马溪海，胸墙里面是炮台，道光十三年（1833）九月，英国鸦片船入侵马溪海湾，淇澳村民在此架炮反击。

双尾港桥是本岛最长的石板桥，中间有 2 个石头砌成的桥墩，连两头引桥，桥身长 10 米许。桥身两边有石条护栏，是通往岛西北的枢纽。1977 年，生产队购买拖拉机以后拆除了双尾港桥。同一条土路上还有一

① 参见《钟仲梅祖进支部（簿）》（即《钟仲梅祠公田收支簿》），藏珠海市博物馆，卷宗号：珠博第 201039 —资 3636；《粤海敌舰累犯虎门——淇澳岛敌搜索机师不获，迁怒渔民大肆屠杀》，载《申报》，1938 年 2 月 16 日，第 23241 号，第 2 版；黎一乐：《淇澳遭蹂躏　唐家抗登陆》，《中山文史第 47 辑·中山抗战初期史料考述》，政协广东省中山市委员会文史资料委员会编印，2000 年，第 31 页。

座桥，即屎坑桥，前述为岛上最高的石桥，赶牛群过桥时发生过挤落桥下摔死的事故，由于拖拉机上不了桥阶，屎坑桥也于同一时期被拆除了。

过了双尾港桥，沿着双尾山山麓的盘陀路西行，脚下的水田就是竹山围。这里以前是马溪海的西岸，近海滩涂早已成围，比五顷围还要早。现在竹山围的水田中仍立着不少石排礁，围上山边转弯处有几块巨石，名为"三岩石"。竹山围偏北就是月公山。月公山是个兀立海中的山包，一头牵着竹山围，一头连着顷一围。早先顷一围周遭是海岸，涨潮时海水漫上岸，村民常利用退潮的短暂时分到滩涂上捕捞。民国初年某日，三位女子由此下滩采割水草，过于聚精会神，浑然不察潮水悄悄漫上来。待发现时已陷入危难，连忙互救，但为时晚矣，三人皆被来势汹汹的潮水卷走。此事轰动了全村，人们纷纷集资，在三人殉难的岸边搭起一间草庙，取名"三姑庙"，纪念她们这种同生共死的精神。此庙在岛上16座庙宇中是最晚兴建的，庙名后来演变为地名。初建的庙宇早已不知所向，经数次重建，目前的庙宇是2002年修缮的。此庙离村较远，但香火甚旺，兼有人打扫清洁，颇得人心。过去那些嫁到港澳、到海外谋生的村妇回到故乡，第一件事情就是前来此庙拜祭，祈求平安。现代人拜祭多是以"三姑"为神明，祈求护佑乡土。

顷一围隔山与务洲相接。务洲是条短坑，坑内有梯田，坑口正对海边，现在是大围西端的部分围田。前文已说务洲北面的山边有一处窄坳，叫"牛脚藦"，其下是大围海堤的五个斗，其上是三二排山，此处不赘，下面说大围湾。

此湾西北是三二排山，东北是八角头山。两山犹如钳嘴左右扼住海湾的咽喉，成为马溪海内外的界标。民国三十六年（1947），有人提出在二山间贯通一条堤坝，把内马溪海围起来，排干水造田产粮。全村付诸行动，在施工水道上抛石，由于时代局限，没有成功，但打开了村民的填海模式，为后来的工程做了思想准备。1956年，淇澳村成立合作社，在上级的支持下，全村人连续奋战两年，炸山取石，垒起一条长1公里许的土堤，将整个内马溪海合围，为全村拓展了土地和生存空间。继而对大堤临海一面加铺石头，阻挡波浪冲击。合围的水域称为"大围"，先是作为鱼塘经营，十余年之后，抽干水变成潮田。

大围堤内地势低洼，中间有个大窟窿称"白水坦"，其实应为海沟。大围中部有一条横贯东西的排水道，叫作"犁扣沟"，在它东端突出一块10亩左右的方形台地，名"工厂"，民国时村中就有人议论在此建厂。20世纪60年代，那块台地成为村中小学的生产基地。"工厂"东北面不远是八角头山边，还有一个小围，名"九姑围"。山边转弯处叫"九弯梯"，靠东南有大片耕地，即犁扣。犁扣上方有几条小坑，下方是海岸，海边有些耕地是大围开工前就围垦了的，地势比大围稍高。那里有几个先后围成的小围，地势较高的是鸡犬围，继而是见山围，偏西有观祥祖围和郭姓围，后两围是公尝田。犁扣原是海岸，有散布在围田和山边的石排礁为证，有一块如房屋大的巨石，称"居利石"，石缝中长出小树。集体经济时期，生产队派社员到犁扣出工，这块巨石成为社员歇息和堆放农具的地点。近处山边，有个地方叫"叹腰石"，树丛茂密，顾名思义，也是一个歇息之所。据说犁扣后山曾发现铁矿脉，民国时期有人开采，故取地名"矿山"，后因储量不大而放弃。矿山脚下名"钊洞山坑"，清泉从山麓脚下溢出，水质纯净，口感清甜。犁扣上方的几条小坑分别是玛六坑、财林社坑、犁扣上坑和棣姨坑。棣姨坑是犁扣上坑左侧的一个山坳。

继续南行，又见一个小围，名"定加井"。山脚亦有一眼甘泉，泉边是一块大而平直的石头，石下源源渗出水珠。行人可放下随身物品，坐在石上，听松涛声，掬水解渴。这是一个恬静的去处，吸引渔民前来，似可用"西湖一勺水，阅尽古来人"的诗句形容之。因渔民常来此处，"定加井"也就广为人知，成为这一带的地名，后来这里出现的围田也借用了这个地名。

出定加井南行，离山脚一箭地（150米），海中有个约两亩大小的岛礁，顶上耸立着一块礁石，貌似酒杯，端顶略平，上有凹坑，犹如脚印，退潮时这块巨石高出水面十余米，传说这个脚印是神仙在此登天踩的，故此岛礁有"神仙角"之名。涨潮时，它与海岸相距七八十米，以前为了便于割蚝，专门用石头填了一条路基从海岸伸至礁石丛。神仙角是个袖珍离岛，因地质变动与主岛分离，因泥沙淤积而隆起与陆地相连，到20世纪70年代末，这里从山角至定加井乃至更远的叹腰石一带，山坡上散布着一些石蛋，因有公路穿越石蛋所在区域，方便运输，逐渐被石匠剖开当作石料卖掉或自用。

出神仙角西行 500 米许，又一个方圆 9 亩的小岛，名"暑仔"，位于大围中心，四周是岸石，周边是积水，里面丛林密布，树上挂满藤蔓，鸟儿成群，叽叽喳喳叫个不停。小岛周边的围田也称"暑仔围"。附近劳作之人，包括牧童，都喜欢上岛纳凉。多数人从南面的入口登上暑仔，找块树荫地坐下，不钻丛林，因林中蜘蛛网很多，还有老鼠和毒蛇。暑仔的地势南高北低，"文革"期间，曾在岛南建了一个大砖窑，想为村民建房和生产队兴修水利提供材料，后因鉴定附近的黏土不达标而废弃，砖窑周围长满荒草。实行家庭联产承包责任制初期，暑仔青翠依然。后因大量砍伐，生态遭到破坏，鸟儿丧失栖息地，岸上覆满挖鱼塘的废泥，暑仔原貌尽失。

神仙角南面的山涧垂下一条水练，水流过东山脚下的四五亩坑田，田连阡陌，路通石板桥，为村民出入、绕山下海的必经之道。此地名"前环"，为古时山溪入海处。沿途经过犁扣，可再拐大澳、八角头和井湾等处。由前环南行，绕过另一个山角，少顷即见一个土地坛，坛旁有古榕一棵，沿蜿蜒乡道而来的行人、挑夫常在此歇脚，地名为"三益社"。

离三益社不远有条叫作"流水坑"的山谷。据闻全岛主要淡水集中于此。引颈细听，晴时谷中流水淙淙，叮咚作响；举目四顾，雨时雾锁沟壑，溪水暴涨，音如雷鸣。几十块梯田错落有致，集中于山谷下方。因水量大、水质好，坑口离村庄一刻钟路程，村妇常来洗涤，就地摊开晾干，不用洗涤剂，衣物晒干后犹如熨斗烫过，十分挺括。年轻人也喜欢来此洗澡，把身子泡在溪水里，即使不用沐浴露，洗后也十分爽快。但水中含有较多可溶性钙、镁化合物，属于硬水，长期使用对身体不好。

从流水坑走回村庄先要经过一条名叫"沙坑"的山坳，方才已说到。此处只提"燕子归巢"一地。那是一块安葬钟氏始祖的风水宝地，位于流水坑北坡，共有两墓，后面再详述。

现在说岛东北的地名。从八角头山说起。八角头海岬边有一间龙王庙，是新修建的，年代不长。半山腰又有一间文阁庙。据传此庙的修建是与海对面的鸡头角斗法。"鸡头角"是横门水道东面一条河涌旁的山丘名，民国四年（1915）疍民上岸搭寮棚栖身形成自然村，村名沿用山丘名，今属中山市南朗镇龙穴行政村（见图 3-3）。

图3-3　中山市南朗镇龙穴行政村鸡头角自然村

（右上角海中朦胧一片为淇澳岛）

从龙王庙沿着海岸往东北来到一个叫"井湾"的地方。其实井湾也不算什么湾，只有东北角一小处浅湾，除此以外，其余的海岸大体垂直，将它作为"湾"是因背靠大山，挡住东南风。除了冬季以外，这里没什么大浪，是个天然的避风港。民国初期，这里海水还很深。那时渔船还是靠棹桨或者用风帆作动力。由于涨潮退潮有时间差，从顺德、中山到珠江口及内海捕鱼的渔民若来不及回去就在此避风港停留。平时捕鱼也要登岸，在此取山上流下的溪水，所以在此集结、停留的渔船就多了。当时日间桅樯林立，夜间船灯闪闪，好不热闹。也有渔民及走私者入村购物消费。有这商机，村里的商铺就多了，连烟馆、赌馆也开起来，真是繁荣一时。可惜好景不长，由于后来的战乱，这里"风景不再"了。

井湾东北面海岸有一小山突向海中。山顶扁平犹如仙鹤的嘴，山梁狭窄酷似仙鹤的长胫。此地名"鹤咀"，旁边的海湾称"第二斜湾"。"斜"对"正"而言，有不合常理之意。这里峭壁直立，乱石突兀，风涛有声，浊流环绕，确实与他处海湾不同，况且岸石长满青苔，无比湿滑，涨潮时一片汪洋，走不过去，欲从山上行，树密无路，同样过不去，只有退潮后方可小心翼翼从岸石上磨蹭过去。不禁反问："此湾第二斜，何处第一斜呢？"言下之意，已有此湾第一斜之意蕴。该湾西端有一处叫作"水流排"的海岸石，其斜度也是难以通过的。湾内东端海岸有个小沙滩，上方有块平地，夹在两山之间，叫"晒虾埔"，小沙滩和晒虾埔为理想登陆点。湾内避东南风，与隔壁的井湾相类似，唯进村之路不同。井湾位于大围堤坝东头八角头山脚龙王庙的东北，从那里进入村庄一马平川。晒虾埔有山路与村庄沟通，中途经过大澳，还要翻越大澳岭。

1950年后，局势稳定，有渔民又漂泊于此，把船靠岸避风浪兼取淡水，有的是水上供销社收购渔产的船，由于远离村庄，随时要起锚，他们甚少入村。反而是村民挑担来此与渔民交易，或以农产换渔产，或拿着砍刀在山上割了芒柴，挑下去与渔民换渔产。村里成立高级社以后，这个"鱼栏"没坚持多久就散了。

晒虾埔北面一大山，山头突向海中，此山三面临海。东南面山边有一凹坊，叫"元宝坑"，再过海岸线叫"嗑牙齿"，石下可避雨，是赶海人放置衣物的理想之地，继续往前走就是著名的吊颈石了。此处海岸巨石相叠，在众多巨石中仅有一条石缝侧身可过。石缝下面是条海沟，急流涌动，纵然大潮退尽，外面滩涂尽露，这条海沟仍有1米多深的潮水退不出去。过了吊颈石，迎面是名为"胡椒石"的海岸，再走就是此山尖角处称为"正角"的地方。过了正角，沿海岸向西，这一带叫作"红排"，"排"即大石块，涨潮时为礁石，退潮时为岸石，因面向西斜，石头被暴晒为红褐色，故得此名。过了红排就到了禾荐排，这里岸石稍平。继续走，就绕了一个圈，回到第二斜湾晒虾埔下的小沙滩了。

大澳湾夹在吊颈石山及其东面名为"灯桂"的灯塔之间。大澳湾西侧是屹立挺拔的山体，为本岛东部山脉之延续，峰顶叠压着两块巨石，下面一块像一把座椅，上面一块直立云天，在岛东北或海上举头可见，此乃望夫石，本来这几块石头没有什么传说，但因叠压明显，记载了风雨的摧残，故村民附会了一个故事：有位男子去南洋谋生，因多年不归，其妻时常爬到山坡眺望，久而久之竟因情痴而变身为石。

大澳岭立于岛东北，岭上覆满各种树木，屏风般地挡住强劲的海风。此岭高傲雄奇，常使行人气喘吁吁，故又称"唏嘘岭"，即便如此，也鲜有人甩手空行，多少有些负重。俗语："平地挑一担，爬山挑一半。"垭口间有一棵大树，由此举目东眺，岭下是耕田，田边是海湾，海中是红树林，远方是伶仃洋，海平线上偶有几艘巨轮驶过。侧身西望，山嶂如屏，大陆如烟，依稀可辨下栅和南朗的位置。集体经济时期，村民靠着"愚公移山"的精神，用钢钎铁锤在垭口上修路，仅挖宽了一点，高度稍微降了一些，没有"伤筋动骨"。1998 年，伶仃洋跨海大桥开工在即，大澳桥头堡工地一片繁忙，炸山动土，机械作业，欲削平垭口，引公路盘峰而下。可惜工程半途而废，垭口犹存，只是高度下降了少许，留下满目疮痍的工地和一排排工棚，人去棚空，让给外来渔民居住，之后拆掉，以恢复原貌。亲历者站在垭口上，说不定眼前还会浮现从前的情景，大有逝水流年之感。

大澳湾依山濒海，望夫石峰为本澳湾视野以内的最高峰，在月牙形澳湾的弧线顶，促成澳湾较大的倾斜度，山脚至海边最大直线距离仅四五百米，有的地方离岸十几米就是海边。因此，湾内坑田少、围田多，坑田穿插于澳湾两端临山的地方，围田散布在澳湾中间的开阔地带。由于澳湾正对东北面，大海迎风起浪，将不少垃圾冲上沙滩，淤积腐烂，造成湾内海泥十分松软，围垦后的耕地淤泥很深，耕牛犁耙派不上用场。耕者用"邦"来翻地，这种农具形似木锄，宽大轻盈，板上镶嵌铁皮，翻地快捷。村民用它来回拖一拖，把海泥和均匀，即可插秧。不像一般水田，要犁耙几次。耕者立于田中，大腿陷入泥浆，甚至淹及屁股，令人掩面，后来索性又开大腿坐于泥上用"邦"翻地。若有秧桶就可扶持，或者用木板作扶手。稻种须耐盐碱，不然遇到干旱，田中水位降低，就会被盐碱成分呛死。原有一种适宜盐碱地种植的海水稻，脱粒后米呈棕红色，质感较粗，但营养好，含多种微量元素，吃了可治脚气病。

大澳湾东南边是鱼骨岭，它西面的山地与望赤岭的余脉连襟。鱼骨岭是岛东伸入海中的山包，山体两面陡坡近乎垂直，山脊狭窄，最窄处仅 1米许，中有一条羊肠小路，若非两边陡坡草木遮挡，一般人举步维艰，若遇大风，更加胆寒。过了鱼骨岭，下坡，又到一处低山，山头悬在海岸上，立于此可俯视海面，那就是大王角海岬，山脊的斜坡处有一座高 10米的航标灯塔，本地称"灯桂"，外界称"大王角灯塔"（见图 3 - 4），这一带海域有大片暗沙洲，误入的船只必搁浅而损坏推进器，有必要建立航标，让船只不偏离航道（即近旁一条海沟）。民国十一年（1922），国民政府聘请英国工程师修建了这座灯塔，由塔座、塔身和灯具三部分构成，通高 10 米，塔座石筑，塔身是铁架子，灯具早年使用煤油灯照明，须从垂直铁梯上下燃灯、熄灯；还建了一栋西式平顶房屋，东间为大房，西间为两小房，中间又一小房，内有储水池，较深，稍加触动，便有回声。1974 年，在原地用麻石建起一座新灯塔，塔身为圆筒状，底层外径 3.2 米，顶层外径 2.8 米，厚 0.5 米，设 1 扇门和 4 个窗洞，塔腔内径 2.2 米，楼梯为预制板旋转形，灯具由柴油发电机和太阳能电池联合提供能量，光源为 1 000 瓦水银灯泡，光束射程 15 海里。管灯人的给养多从黄埔港运来，偶尔步行入村购买，日常所用淡水靠收集雨水或石缝渗出的水滴。2011 年 11 月，珠海市高新区管委会公布：此灯塔为不可移动的文物。2014 年 12 月，高新区社会发展局在塔身门口的塔座上安放了一块黑色大理石草坪碑，尺寸 50 厘米×30 厘米，上面镌刻的 5 个大字"大王角灯塔"熠熠生辉。

图 3-4　大王角灯塔

（钟淑如摄于 2019 年 10 月 15 日）

灯桂下面的海岸就是岬角，水流湍急，退潮时为一片石滩，涨潮时大部分被淹没，离岸最远处的海水中仅剩一块方形石头露出头顶，像条半沉不沉的船，故称这片海岸为"石船"。石船西侧就是大澳湾海面。石船西南离岸百米的海面有一片礁石丛，退潮时可见其中一块有两间茅房面积大的圆石头，人称"米摊石"，形如竹篾编成的圆形米筛。米摊石俨然成为这片海域的代名词。海中礁石盛产蚝，由此眺望西南，水中有大片桐花树，近岸处是芦苇，一直延伸到岸上（见图3-5）。石船对面不远的山边建有一间小庙，名"东阁庙"，是全岛最远的庙宇，本岛过路者或赶海人偶尔会驻足于此。上岸取水或打柴的疍家会烧三炷香，双手合十，叩首注目，虔诚祭拜。

图3-5　大澳湾中的桐花树

（从牛婆澳隔海望去，鱼骨岭即对面的海岬）

鱼骨岭近无耕地，远离村庄，很少人前来劳作。不过再偏僻的地方也有人烟，来人一是承包滩涂的养蚝者，他们在岸边搭起棚子，冬春两季退潮时常下海劳作；二是摘野果、采药材者，他们偶尔会光顾于此。灯桂之西的大澳湾内又是别种环境，那里田连阡陌，白天有人前来捕捞，入夜茅舍透出温馨的灯光。就是海对面的吊颈石山边，也比鱼骨岭的人气要旺。

1955年2月，两位退伍兵带着家属来到灯桂管理航标。灯器由油灯改成白炽灯，以机械马达和干电池提供能源。海上潮湿，传统灯器易腐蚀，常出故障，保养强度大。2003年，广东海事局广州航标处组织建立淇澳航标站，配备6人编制，管辖淇澳、蚊尾洲、桂山、竹洲4个岛屿共120海里水域中的57座大小航标灯塔。在技术上废弃原来的铁塔和灯器，另行修砌碉堡形的石塔，高约 15 米，内设环形楼梯，塔顶安装了自动航标——AIS 遥测遥控系统。入夜，塔顶 4 个方孔射出的灯光，几十海里远的水手都可以看见。

鱼骨岭偏于一隅，便于走私者、"偷渡"者藏匿，故为海防要地，岛上有驻军时曾为巡逻路线。1993 年，一艘香港渡轮在外伶仃洋被劫持，被抢走取自银行的巨款，匪徒得手后驾驶摩托艇进入淇澳海域。起初警方以为匪徒会登陆岛东部藏匿起来，于是调集千把人进入鱼骨岭和吊颈石附近进行地毯式搜捕，后来得知匪徒只是经过这里，没有靠岸，而是直驰内陆南朗镇方向。

设想走在灯桂一带，有两条路可行：一条路是出村庄，走先锋庙那条古道，到牛婆澳的马石友，沿着海岸走，来到叫作"白沙湾"的一个小沙滩。沙湾上的坑很短，长满竹木，兼有其他植物，一路上潺潺溪水，风涛竹韵。走出白沙湾，沿着海岸到大王角，此名是本村人流传的，不是海边突出的山包，而是大片海岸石突出的岬角，一如前述，过了岬角就到名为"三杯酒"的海岸，继而走到一个叫作"灯桂环"的小沙滩，进入英国人修建的那栋西式平顶房屋。应谨记的是，这条路要退潮的时候才好走，如果遇到涨大潮则要改走山路。

另一条路是出村庄，沿流水坑拾级而上，穿过部队营房，折向北面山地，驻足可俯视山脚下的水母坑，还有近处的灯芯坑和远处的布碌坑，继续走，旁经黄琴房附近的水田，沿东北逶迤下坡，跨过一条流向马石友的山涧，直下到马鞍山山腰，迎面看见大澳湾。走下岭就是大澳湾的捻西大澳，捻西大澳上方的山岭松林密布，马尾松较多，各种树种自成群落，间有朽木斜靠坡头或横卧于地。马鞍山近旁有个观音座，由此爬上坡顶，又走过十余道梁和几个秃头山，再过一片树林便是鱼骨岭。这些山梁相距百余米不等，秃头山不高，片刻间就走过去了。

绕过鱼骨岭这座陡峭的山体，牛婆澳便奔展在眼底。牛婆澳毗连大澳湾，形成两道弧形。两湾的相同之处在于北枕鱼骨岭，西靠望赤岭，面向东北，遥看内伶仃。不同之处是牛婆澳小，大澳湾大，前者山边因孖仔山隔成两坑，北坑大，南坑小，山下全是坑田。过了坑田，走过大沙埔才到海边的沙滩，而大澳湾在望夫石山脚下就有少量围田，分布在捻西大澳，再下面就是海。

牛婆湾西倚望赤岭，主峰高出海面 145.4 米，峰顶有块巨石，石旁向着东南建了一间小庙，名"高登爷爷庙"。庙前对着一条缓缓而下的山坳，庙西侧坡有个大坑，是解放军挖的炮位，用来安放海岸炮，后来还设了观测站。两边山脊皆属望赤岭，山脊中间有个垭口，是沟通村庄与牛婆湾的咽喉。垭口背面西南坡是部队营区，官兵皆称望赤岭"高山"，为望赤岭的另一个名称。守岛部队在垭口的北峰顶建了一个大碉堡，由此可瞭望整个牛婆澳和后沙湾及一部分大澳湾。

望赤岭东南面有一座高山，山岩峭壁处有泉源，水质甘甜，冬暖夏凉，名"按按井"，临海招风，灌木丛生。过路人可小憩，掬水解渴。后山腰曾有部队驻守，军人或挑水煮饭，或携衣物到此用脸盆洗涤。最近 10 年因开发旅游资源，修筑公路穿过岭口直达牛婆澳，路基占了按按井的位置，井台挪到路边，汇集石缝中渗出的泉水，村民可用胶管抽接到桶内运走。

在按按井山的任何位置都可饱览山下风景，牛婆澳的新月形海湾右端是顶伶波山，入海之岬角名"顶伶波角"。顶伶波山与按按井山麓的小山头竹子山相接处是一块沙浦，乃后沙湾的沙丘遗址，立有大理石碑，宣称广东省文物保护单位。北面一箭地的沙滩上亦有一块石碑，上刻"阿里陀佛"，应为百年前所立，此地亦名"阿里陀佛"。考古揭示那里原是一个潟湖，位于牛婆澳后面，约 2 000 年前干涸，植物丛生，后来形成坳沙了。"坳沙"又是该干涸的潟湖地面的全称，囊括了坳沙环（沙滩）、坳沙田和阿里陀佛等小地方。为何要在此立"阿里陀佛"石碑呢？因为牛婆澳外滩多低平的岸石，遇到强劲的东北风会将海上漂浮的垃圾杂物吹进潟湖，不易再漂浮出去，难免会把海难者的尸体吹进来，故立碑镇邪。

自 1979 年始，每天从珠江口西岸的中山、番禺、顺德等地驶来牛婆澳的运沙船约百艘，将海沙大量铲走，就连牛婆澳后面潟湖的坳埔环也不能幸免。失去沙堤的维护，海岸很快被浪涛吞噬。离阿里陀佛石碑百余米外的沙堤被冲刷出一个断层，露出火烧土、窑腔和灶坑，可能是焙烧陶器的，未引起有关部门注意，不久海浪就淹没那里。海浪还直冲到竹仔山下，淹没了白沙埔的大片坑田，那里原是生产队种旱季作物的，位于后沙湾遗址以北很远。后来阿里陀佛石碑也不见了，不知是被人搬走还是埋于泥沙下。坳埔坑田上方是竹仔山的南坡，间有一条叫作"鹤鱼"的小坑，周边是一大片"圆竹仔"林。此竹节长杆短（仅两三米），表面圆滑，是编织竹器的原料，育稻秧铺尼龙膜常用它支撑，集体经济时期用量极大。

出坳沙沿东南海岸行，又一个岬角突向海中，此乃荫坑角。海中洋流甚猛，船行至此不能停桨，否则会被冲得老远。离岬角上行是牛牯坑。内有十几亩零散的梯田，间有一条老路东向牛婆澳。若反向西行，将步入一条山坳，名"淋水坑"。再西行，又有一条山坳，名"大水曲"（泉眼、水池、浅水井），内有坑田，坑口下是小沙澳。此坑水量大，方志称"松涧"，从群山飞出，泻入路边一个方形石塘，再直泄山下，形成一股水练，坑中竹木苍翠，幽寂郁森。大水曲上方的山腰有一处地势较平坦的小坑，叫"大塘坑"，乃水练的源头之一。

小沙澳有几十亩耕地，还有一处先秦遗址，荫坑角在它东北面，二地间的海岸有一段名"烂土伾"，岸边石头多、海泥深。小沙澳上去是大水曲坑，再上去是板桥坑，坑内左右各分出一条叉坑。板桥口附近两边山坡突然收拢，窄处仅六七米。一条溪涧从窄口而下，形成一条水练，一块两米见方的石头沉于涧中，踏着光滑的石块可过涧，此乃"板桥"的地名来历。过涧后寻路续行，两边山坡在窄口几米外猛然分开，越走越开阔，下到小沙澳坑田更多，再顺路到沙滩，沿海岸西南行，就是石门。再续行就到了名为"四月八"的海岸。然后走到小沙滩，对面海上有两处岸石，别称"头排""二排"，也是那里的地名。

过了头排、二排，再往湾内走，就是关帝环沙滩。沙滩以北的海中侧立着一座大山，名"老虎道"，"道"乃村中俚语，为"窝"之意。"老虎窝"的地名令人匪夷所思，地处海中的山头怎么会有老虎呢？此山相对独立，是岛东山脉的余岭，山边有先锋庙垭口与望赤岭接壤，中间有板桥坑和小沙澳相隔，海岸中除了头排、二排，还有四月八和石门等礁石群。关帝环离村庄已不远，介绍地名的内容就此结束了。

以上顺序是先村内后野外。讲野外时又先岛西后岛东。说岛西时以大围五个斗为起点，沿着海岸逆时针行走，经过三二排、务洲湾、芦婷埗围、南坑、大坑、石井湾、金星湾、南芒湾、亚婆湾、东澳湾，转到江树山、大山和村西附近，回到大围。说岛北时，以八头角为起点，沿着海岸顺时针行走，经过井湾、第二斜湾、大澳湾、牛婆澳、坳沙湾、小沙澳，转到关帝环。凡人皆知的地名尽量列出，然而"大山套小山"，"坑中有又坑"，难免挂一漏万。

　　岛上地形复杂，地表折皱，每个人都有一些未听闻地方，多少不同而已。打柴、采集的人可能知道得多些，他们给各个山头取名，内部成员耳熟能详。集体经济时期，第九生产队耕作东澳田，社员收工后，妇女会顺路打柴回家，她们互相邀约，询问去哪个山头，如大副隆、百足晃山、兆良山、山塘尾、大吊岭、石井大岭、虎山等，有的地方偏于一隅鲜有人知，有的为人熟知。岛东山地窄长，没有岛西的面积大，仍有很多村民未涉足的地方。前述望夫石，从山脚到山顶仅百余米，无路可行，走到石头边上的人寥寥无几。个别人采"马子"野果曾走到石边。还有几处很偏僻的地方：如水母坑，生产队建山塘的地方；又如黄琴房，岛上海拔最高的耕地，那片地原属第三生产队；再如卜坑，在井湾西南面山头对望处的一片山地；还有棺材环，以前许多人去过，现在去过的人则少之又少。

　　淇澳岛有 16 间大小庙宇，多数庙宇都有庙祝（守庙人），男称"看庙公"，女称"看庙婆"，这些庙的庙名通常也指周边小片地域，作为地名使用。例如，先锋庙是板桥上方的小山口。此庙坐落在山口边，沿着山口下去的路就是牛牯坑古道的一段。庙宇离村庄远近不一，离村稍远的是地母庙、三姑庙、鸿圣庙，离村很远的是高登庙、文阁庙、龙王庙，最远应是灯桂的东阁庙。

　　除了庙宇还有社坛，此乃淇澳岛的特点。社坛大部分在村内，个别在村外（如三益社、三岩石社），总数估计 32 个，知名的如镇山、财林、泰山、天和、中和、太宁、王林、南华、文昌、三益、三岩石。社坛既是坛名又是地名。在没有电的时代，晚上做不了事，娱乐生活缺乏，男女老幼便集于各街上的社坛聊天、"讲古"（讲故事）。这些地方，村民也都知其名，晓其义。

第四章

宗族、人口、产业

淇澳岛有案可稽、有物可证的建村时间是南宋末年。移民来自粤闽两省，最早是在江树山前坡选址建村，后将村场改建在簸箕谷。经过大致如下：

淳祐元年（1241），梁、范、谭三姓上岛，结茅于江树山前。淳祐四年（1244），又来了钟、蔡、黄、姚、苏、王、郭、江八个姓氏。梁、范、谭可能来自闽南，为便于叙述，简称"闽南帮"。钟、蔡、黄、姚、苏、王、郭、江可能来自广东南雄，简称"南雄帮"。南雄帮奉闽南帮为开基祖。钟姓得到梁姓提携，许其在梁屋旁边建房。宝祐五年（1257），谭姓不服水土，携眷返闽。不久，范姓到东沙群岛捕鱼，遇台风翻船，断了香火。因江树山前坡兜风，村民为避风搬迁到后坡，那里位于岛中央：东南负竹鸡山，西北临马溪海，左倚江树山，右傍"老虎道"，依托三座山岭形成 U 形丘陵。1960 年以后，村民在山间谷地开挖出两条干道，通桥后已扩建为水泥路，底端在金星门，在沙丘遗址处岔开，呈"丫"形，左路达红树林，右路抵大澳湾。

这里就是淇澳岛人口繁衍的摇篮。目前，村场扩大到竹鸡山西北麓，增添不少房舍，建在不同标高的台地上，透露出"低地中凸显高地"的堪舆原则。村中庙宇、祠堂、社坛分布各处，层层叠叠、疏密有序，呈现祖先荫庇、神祇护佑的格局。

十一姓分属两大方言群。经过将近八百年的交往，现在村民会说两种话，一是带闽南腔的隆都话，二是带南楚方言的粤语，时间长了，甚至会说彼此的方言。这一点也得到外地人的旁证。报道人钟社容讲了一个与祖先来源地有关的故事：

> 通桥前，岛上很多军人驻防，军民关系十分融洽。一天，我去海军码头运沙，意外和一个士兵聊开了，他是闽南人，我的天啊，没想到他居然能听懂我们村里的土话。

根据族谱，闽南帮和南雄帮都不是一次性迁到目的地的，而是走走停停，停停走走。例如，钟氏宗族发轫于珠玑巷，钟鹿燕随先祖迁至香山县良都乡①，即今石岐南区，衍分数房。各房开枝散叶，一房迁本县榄镇钟家巷，一房迁本县谷镇西山，一房迁本县邑城西市②，一房外迁新会县。淳祐四年（1244），钟鹿燕这一房则迁本县长安乡淇澳岛，此房最出名的是钟宝，官至左都督，任协镇，派驻今宁夏固源③。

两群移民同居一处后，地缘上是乡亲，组织上被乡约、会约所规范，有了"淇澳村的人"这一认定，思想上产生对村庄和岛屿的认同，由此构成村庄的内在要素，祖庙成为村庄的外在标志。他们的祖先认同则通过祠堂、牌位、坟茔和族谱来体现。此时全村有 11 个祠堂，钟姓占 5 个。雨溪房是钟氏分支，还修有房谱内部传阅，追溯己身的源头，增强内部凝聚力。在地缘身份与血缘身份的关系中，地缘晚于却大于血缘身份，成为国家的基础，康熙赐给淇澳村一片沙坦是从地缘身份出发，而非从血缘身份

---

① 南宋绍兴二十二年（1152），朝廷在东莞县香山镇置香山县，辖今之中山、澳门、珠海和广州南沙。

② 良都、榄镇、谷镇、邑城都是清代香山县的地名与乡镇建置，良都即今石岐南区，榄镇即今中山市小榄镇，谷镇即今中山市三乡镇，邑城即旧县城石岐。

③ 固源原属陕西，今为宁夏回族自治区的地级市，位于银川、西安、兰州三个省会市的中间点。该城建于公元前 114 年。按左尊于右、南尊于北的区位关系，左都督比右都督官职高，协镇即二品武官，位略高于副将，派驻战略要地固源镇守。

出发，以表彰村民养育了征战台湾的壮士"十八党"①，与此同时，村民提出赐田碑文的证据必须放在祖庙，而不能放在祠堂。

钟氏始祖安葬于流水坑北坡，共有两墓，均为二次葬，墓穴相邻，皆拱形墓。2015 年 1 月 27 日，我们一行八人在向导的带领下前去拜谒，根据目测和步测，两墓坡度 40°，用花岗石片堆砌，各层间填以蚝壳灰混合黄泥的黏结物，表面覆以水泥，碑文模糊，依稀可见数字，由此得知：右墓葬的是一世祖，乾隆十三年（1748）建，墓内半径为 2.7 米。左墓葬的是二世祖，夫妻合葬，乾隆十二年（1747）建，墓内半径 2 米。一世祖墓的祭台为半圆形，祭台离墓缘约 5.7 米，没有铺麻石为门槛。二世祖墓的祭台宽为 2.4 米，祭台离墓缘 1 米，墓有门槛，槛为麻石制成，两拃宽，共 3 块，每块长 1.5 米。一世祖墓没有建门槛可能受限于经济。这方墓地还葬有其他始祖，据族谱载："三世祖仲鸣公二房炳二公之三子讳号及生殁年月失传，葬于流水坑燕子归巢之原。"②

清初迁海时，淇澳村的人口难以估测，村民从五桂山复界返乡，修葺家园，重理族务，整合村政至今 335 年，这条线索还是清晰可辨的，从中可以窥测人口变化。乾隆十一年（1746）编纂的《香山县志》载："淇澳钟族，始祖从征台湾，功授左都督固源协镇宝家也。由南雄珠玑巷徙居邑之良都，再迁淇澳，丁口现约千余人。别派如榄镇钟家巷、谷镇西山、邑城西市，俱至自新会，丁口合数百人。"这段文字可能出自钟氏族谱，后来广为张仲弼修纂的《香山县志》所援引③，说明钟氏族源得到官方文献的认可。这本县志讲到人口时说：全县户数 103 315 户，口数 822 180 人。

---

① 旧时人们称团伙为"党"，结伙为"结党"，乡间团伙为"乡党"。"十八党"顾名思义即 18 人组成的团伙。钟宝是该团伙的小头目，胞弟钟豪、堂弟钟邦彦及同村人江起良、姚逢生、苏义和等人为骨干。清初，他们不顾海禁，铤而走险，从事商贸活动，被官兵抓获，姚启圣审案时将其释放出狱。受到感化的"十八党"后来投奔姚启圣，参加攻台战事，立功受奖，例如，钟豪任福建督抚剿前营守备，钟邦彦任香山协镇左营把总署千总。《清史稿·卷二百六十·列传四十七》说钟宝"少业屠，流为盗。启圣令香山，招之降。后启圣征福建，宝偕同降者二十人隶麾下，每战辄当前，所向有功。累进秩都督佥事。启圣卒，遂归。后数年，部议注官，授潼关参将，迁靖边协副将。卒。宝抚兵民有恩，称为钟佛子。"今之评价与昨日稍有不同：钟宝最大的功绩不是亲民抚兵，而是辅助琅攻占台湾。

② 参见钟大元编：《雨溪房谱》（手抄本），1994 年 10 月，第 6 页。

③ 与民国九年（1920）《香山县志·卷三》"舆地·氏族"一栏中文字相同。参见张仲弼修：《香山县志·卷二》，台北：成文出版社，1967 年，第 199 页。

据此计算，每户应为 8 人。还提到淇澳 792 户①，人口不详。② 792 户，此乃保甲登记的入册数，考虑到海岛偏僻、土地狭窄、养民不多等因素，以五口之家为系数较为适宜，则清末的淇澳岛有 792 户，折合 3 960 人。

据说多年来村内人口一直不满二千。"20 世纪 30 年代初，曾遇第一次接近二千人口大关，后因一场霍乱，三两日间村内死了 200 号人……一时间，村内悲天悯人，惨不忍睹。"③ 然而，罗开富等 4 人的实地报告却称"全村男女合计约三千七百余人"，又说"现时人口约四千"。④ 两处数字相差约 300 人，估计"四千"的数字应是张仲弼修纂的《香山县志》提到户数以系数（五口之家）相乘，再加上 17 年的人口变化得出的；而"三千七百"的数字是实录报道人的话，应以接近历史事件的时间点的记录为准，以当地报道人提供的数字为权威。将以上数字联系起来解读，首先，村民自从五桂山大花园回迁，直到清末民初，充裕的田地（岛内和岛外三墩沙）带来人丁兴旺的局面；后来人口减少的原因较多，主要是抗日战争、偶发的瘟疫以及向澳门、香港输出劳动力所致。

从 1937 年到 1987 年，50 年过去了，根据温长恩等 6 人的报告，全村人口不过 2 000 人，其中农业人口 1 724 人。⑤ 这表明岛上人口流失较快，且主要是青壮年劳力流失，流失的约 1 700 人应是到港澳打工或投亲。淇澳村的人口始终处于变动状态，据户籍显示，2004 年淇澳村有 1 918 人，近年有所回升，2014 年底，有 2 133 人，540 个家庭，每家将近 4 人，其中男性 1 012 人、女性 1 121 人，女性多于男性 109 人，男女比例为 100∶109.9，人口构成男少女多，性别比为 188.89。2016 年 6 月的人口变化不大，有 2 189 人，543 个家庭。

---

① 《香山县乡土志》卷六第 12－13 页说：第六区共 15 段，唐家上村属于第一段，唐家下村属于第二段，淇澳岛属于第十五段，三段人口顺次为 1 253 户、931 户和 792 户。看来是因袭了张仲弼的数字。可见淇澳村与唐家下村的户数不分伯仲。

② 张仲弼修：《香山县志·卷二》，台北：成文出版社，1967 年，第 72、89 页。

③ 钟金平、钟华强主编：《淇澳的前世·今生》（未刊稿），淇澳老人协会，第 25－26 页。

④ 参见罗开富、刘国雄、徐俊鸣等：《淇澳岛》，载国立中山大学理学院地理学系《地理集刊》（第一号），1937 年 6 月，第 3、30 页。

⑤ 温长恩、陈琴德、张声粦等：《淇澳岛自然资源及其开发利用》，载《热带地理》1987 年第 3 期，第 200 页。

表 4 - 1　淇澳村的年龄金字塔（2014 年）

年龄（岁）	男（人）	女（人）	小计（人）
1～5	56	46	102
6～10	71	58	129
11～15	63	59	122
16～20	70	60	130
21～25	76	79	155
26～30	72	80	152
31～35	82	135	217
36～40	93	137	230
41～45	99	115	214
46～50	70	64	134
51～55	55	54	109
56～60	74	86	160
61～65	52	42	94
66～70	21	23	44
71～75	26	31	57
76～80	20	31	51
81～85	12	21	33
总计（人）	1 012	1 121	2 133

从表 4 - 1 可见，20 岁以下呈男多女少的倾向，原因可能与计划生育政策有关。1990 年至 2010 年，不少夫妻用 B 超选择男婴。广东是性别比例不协调较为严重的省份，淇澳村只是一个缩影。21 岁至 30 岁的年龄段性别比例均衡。31 岁至 45 岁的年龄段是女多于男，可能与 1979 年的"偷渡"风潮有关，先期到达澳门、香港的人站稳脚跟后会带亲友前去，男青年走了一批又一批，淇澳村失去了元气，人口一直徘徊在 2 000 人上下。46 岁至 60 岁共 403 人，内有男 199 人、女 204 人，两性比例接近（女仅比男多 5 人），其中处在 46 岁至 50 岁年龄段的人，1979 年时为 11 岁至 15 岁间，"偷渡"澳门的可能性不大，因此男多于女，而处于 56 岁至 60

岁年龄段的人当时为 21 岁至 30 岁间，"偷渡"澳门的可能性最大，所以男少于女，至于 51 岁到 55 岁年龄段的人当时为 16 岁到 20 岁间，处于问题的中介状态，因此他们的性别比例是相等的。61 岁至 65 岁的人出生于新中国成立前后，不可能跟随大人外出，当时内地生活较好，反而港澳的吸引力不大。66 岁及以上的年龄段女多男少是自然规律。

淇澳村外来人口 2014 年为 1 328 人，截至 2016 年 6 月是 1 349 人，性别比为 116.67。他们主要来自广西、湖北、湖南以及河南。

钟姓人口最多。蔡姓屈居第二。开基祖梁、范、谭三姓人事不旺，钟姓为了报答梁姓的提携之功，曾过继一子助其续嗣，留下"无梁不挂钟"的美谈。1979 年，梁姓青壮年在"偷渡"潮中全部去了澳门，村中留守的老人逝后，现在仅剩一间旧屋供后代回乡祭祖，实际上已经绝户。梁姓的绝户意味着村中闽南帮完全消失，因范、谭两姓早已不知去向。族谱显示，钟姓延续了 36 代。黄姓人口最少，族谱已遗失，代际传递难以重构，可能繁衍了 28 代。

村民的祖先为什么来到荒岛上？答案是缘于生存的压力。共有两次历史际遇，先是珠玑巷居民因避"胡妃之祸"四散南迁，继而崖门海战（1279 年），宋元水军给战区周边的村落带来大量外来人口。外来人口中不乏破落大户，他们原居于北方，知书达理，带着金银细软，在北方游牧民族的冲击下南迁临安（杭州）、西转闽粤，最后沦落异乡，必须就地生存，否则死路一条，而珠江口西岸大片土地等待开发，许多村庄等待劳力、资本和文化种子。接纳这些移民和遣散的军士、民夫、随从、家属，对当地和这些人员而言，是一次双赢的机会，是历史际遇，只不过各地承担的份额不同，淇澳岛消化得少，阳江县、台山县和香山县的南部濒海地区消化得多。

在以上两次人口流动中，唐家湾上下两村扮演了接纳者角色。淇澳岛离大陆不远，个别民夫、难民会上岛落草，虽然唐家湾波澜不惊，但是海面开阔，难以泅渡。金星门海道狭窄，却水深流急，暗流汹涌，同样难以泅渡。一旦上岛就很难出去。一方面，海岛四面环水的特点起到密封作用，对于避乱求安者不是障碍，而是一种恰似桃花源般的诱惑，岛上淡水充足、植被茂密，劳动对象丰富，海岛的封闭性体现为移民的安全性，所以他们既然登岛也就不想出去；另一方面，海岛的密封性起到类似于口袋的作用，人进得来出不去，等同于在一口大锅里炒菜，先来后到的不同姓氏者相生相伴，合为一体，形成一个杂姓村。

可见，历史事件把北方移民向珠江口西侧牵引，"胡妃之祸"和崖门海战平息后，这些人已扎根当地，所以淇澳村的姓氏繁多并不奇怪，全是历史际遇和海岛环境结合的产物。移民采取"既来之则安之"的态度，在异乡复制"耕读之家，建立祠堂，修撰族谱"的旧制，经过元明清三朝，发展成为宗族势力雄厚的社会。

淇澳村的情况表明人口之多寡与家庭入息之高低恰成正比。人口愈多则收入愈丰富。宗族社会里，不论男女老幼都要劳动。笔者在调查的时候，看见四五岁的小孩子已开始跟着父母在田里干活，或在路旁割草。至于七八十岁的老翁老媪，也未停止他们的劳动，女的在家里织布，男的在街上贩卖，或在田中耕种，自食其力。这种勤劳的精神，委实令人钦佩。11 个姓氏皆实行大家庭制，四世同堂很普遍，分析起来，一是伦理的原因，二是经济的原因。前者是说当权者不断提倡"不孝有三，无后为大"的思想，竭力宣扬大家庭的优点，使之深入人心，致使家族观念十分浓厚。后者是说社会的经济基础建立在封建制度上面，人们的一切经济活动皆与血统有关，与宗族发生联系，由此形成一种浓厚的血亲观念，致使大家庭制度盛行。村庄越偏僻，情况越明显，淇澳便是如此。笔者在调查中发现，亲属称谓多至 40 余种，全村亲属关系盘根错节。

虽然每个人都有生存权，但是要养活生下来的人可不容易。早先衣食住行的情况如下：

衣——绝不讲究。他们整天要劳动，没时间顾及衣饰，唯有过新年时，没有渔农杂事，他们才换上新装，但很快就变污秽了，因为环境不太干净。

食——民以食为天，乃自然之理，约占年收入六成。

住——乡下房屋全是自己建造或祖先遗下，不用租金；村里也有出租房，价格很低。

柴薪——全村基本上没有这项消费，随时可以拾取柴枝和割草以作燃料。

教育——村中有个小学，唐家有个中学，石岐还有个师范专科学校，村民让子女到这些地方读书是要交学费的，约占年收入一成。

卫生——指涉及医药健康的费用，占年收入的比例很低，许多小病靠扛过去，外伤多是用自备的草药治疗，如跌打蛇咬，内伤则煨草药喝。

税赋——只限地税，不用负担其他税项，花费亦有限。

杂项——家中杂用（如油盐酱醋、棉布丝线纽扣等）、个人嗜好（如茶寮酒肆、娱乐赌博等）、来往应酬、宗教消费等，这类开支占年收入三四成。宗教消费尤其明显，因后面专门要谈，此处只说茶寮酒肆。

村中有个小茶寮，为村民聚集之所和全村舆论情报中心，每日早、中、晚三次生意，傍晚的生意最好，每天生意都不错。当茶客满座时，高谈阔论之声不绝于耳，小道消息由此四处传播。茶老板有时请女伶或盲人唱歌以吸引茶客，村民每次花费极少，只需付一杯茶钱就可以坐在那里多次续茶。

过去村里还有鸦片烟馆、番摊馆，有些疍民把船缚在马溪海，进村玩耍。淇澳村是个传统的乡村，自给自足，内部秩序由宗族保证，更大范围的秩序由乡公所、警察所、学校维持，个人无须为它们的运作承担费用。

村里原有 16 口公井、19 个祠堂和 2 个会馆、3 个坊组织。现在有的井已废，有的房子已坍塌。下面先说公井和祠堂，然后说馆坊。

公井既有实用性，也是地域符号，井长为大家所推荐，利用街坊饮水之需把不同姓氏的邻里联合起来。

宗族的标志为祠堂、族产、父老会议、族务活动（祭祀、族食、立嗣等）。兹分别叙述：

祠堂是宗族最明显的标志，每个定居较久的姓氏都有一个祠堂，有的还有总祠与分祠，所以说祠堂能够反映宗族规模、组织严密程度、活动范围，这些特点又和人丁、财富、功名的多寡成正比。19 个祠堂分别是：秉一祠、秉二祠、观星祠、观祥祠、仲易祠、仲亮祠、仲竹祠、晨动祠、雨溪祠、敦睦祠、蔡家祠（一总祠两分祠）、郭家祠、姚家祠、江家祠、王家祠、黄家祠和苏家祠。前 10 个祠是钟姓的，后 9 个祠蔡姓有 3 个，郭、姚、江、王、黄和苏六姓各有 1 个。这些祠堂各有讲究，有的前面是水井，后面是花园，异常别致。有的已破败，有的保留完好。

梁姓早先有一个祠堂，后因人气不振，被他姓买断。至今村民仍认为变卖祠堂是件丢脸的事情。分祠即"私伙"祠堂，是宗族内部某一较为富有或功名较多的房派或家庭私自斥资建造的，为该房派公用。这类祠堂钟姓有很多个，但总祠只有一个，即秉一钟公祠。可见19个大小祠堂中，钟氏的祠堂最多，蔡氏次之。由此可知他们在财富和功名上的比较。

族产是宗族的基础，买枪护乡，举办公共活动，无不依赖于它。族产的名称很多，名异而实同，如"公田""族田"或"蒸尝田"。因族产主要用于供奉祖先祭祀，多数是以田地的形式出现的，故以"产"或"田"呼之，其实凡属宗族所共有的动产或不动产，都属于族产。族产主要有四个来源：

（1）继承田的保留。兄弟间有时留着一部分父亲的遗产不再分割，由他们轮流或替换经营，若遇共同的支出（如祭祖等），则在这份公产中动用，免得各人凑钱。

（2）宗族内有地位、有财富的人所捐赠。宗族愈大，公共事务愈多，收支也就愈大。于是族中有地位的人会划出一些田地来归全族公有，以应支销。

（3）没收与接管所得。村内或同族人遇到天灾人祸，全家死亡或流徙他方，或者犯罪、赖债、逃押等情形，致使有些田产无人收管经营，后来如数归公。

（4）族产的收益除了开销外尚有盈余，用之购置不动产（以田地为主）。

对于族产，要注意划分两条界限：一条是区别所有权属于大集体还是小集体，一条是区别这一份产业是永久的还是临时的。

第一条界限其实是指族产属于全宗族所有还是房族（分支）所有。例如，以上第一个来源的族产，就可以是全宗族所有，也可以不是全宗族所有，而归房族所有，但名称不同。归房族所有的称之为"细太公田"，归全宗族所有的称之为"大太公田"。"大太公"指一世祖，"细太公"指二世祖及其以下的某一代祖先。

第二条界限指族产中有"临时"的份额。它们原是族人私有的田地，但位置、水源、肥力不好，就利用全族的力量加以改良，增加了收成，于是私人便把增产的那一部分折算成田亩数，用管业的方式由"太公"分期摊还给从前投下资本和劳力的人，而宗族从中抽取手续费若干，故这种田地又名"太公"管业田。例如，钟仲梅房原有一户人家在屎坑有水田5亩，因受潮水影响，以"仲梅公"名义向本房族人借款及征役，筑起一条基围阻挡潮水，连续3年，扩大为10亩旱涝保收田，先由"太公"管业20年，这就是"临时"的族产。期满交还原主，公产回归私田。

族产主要用于六个方面：祭祖时的各项开销（占收入的绝大部分，族众借此得以密切联系）；本族子弟的教育经费；社区福利事业的支出；代表本族对外的应酬；津贴本村的行政费；修缮祠堂、纳税、贺礼等。

族产主要的收益是出租或出投不动产（田地、池塘、店铺、果树等）所得的租金，有时族产常以极低的租金出佃给本族穷苦人家耕种，以行救济之功。每逢荒年时，族产收入所得常作赈济之用，如义仓、借谷等亦属族产事业范围之内。

族田用开投的方式租出，佃户以族人为限，但也有例外的。在出租那天，由值理或司理（后面将作介绍）召集想租田的族人在一处，先宣布租田的底价，欲租田者便竞相报出更高的租金，最后以价高者得。租田无须立契据，但要先交上期租。私田是私人产业，佃户承耕田地，可直接和田主商洽，不用介绍手续，亦不用写租约，只以口说为凭，但要先交押租钱。田租一般按正常年景收获量的两成或三成计算，租田的期限不等，每年分两次或四次缴交租值。按土地状况划分，以缴交实物为例，1949年以前，每承耕一亩田地，每造的租值数额为稻谷60斤至100斤。

淇澳各姓宗族的族产，有些在本村地界内，有些在外地。本村地界内最出名的是五顷围（见图4-1），在马溪海以北，第二章说过，村庄与马溪海平行，近村处称"烂尾"，远处称"五顷围"，再远是"大围"。围垦面积200亩左右，先是年入一造的潮田①，后为年入两造的旱涝保收田。

---

① 淇澳村临马溪海，受潮汐影响，低凹地带盐碱成分过多，不利于农作物的生长。

图 4 - 1　五顷围

（2015 年 7 月摄于淇澳岛东列山地石角头，对面为西列山地）

村外最大的田产为三墩沙，位于番禺万顷沙，今属中山市阜沙镇地界。经过几代人的不懈努力，围垦大围 1 个，72 顷，名"大生围"，小围 4 个，计 34 顷，总共 106 顷，此为老沙。乾隆五十年（1785），老沙附近冒出沙坦，全村 145 户参与围垦，所围胡椒围 46 顷。新老沙田共 152 顷（15 200 亩），全部租赁与人，每年收租两次，淇澳村成为地主村。可见三墩沙不是哪一姓的族产，而是合族共有的村产。下面是乾隆五十年（1785）由村中耆老牵头拟定的围垦胡椒围合同：

立合同者耆老钟万胜、蔡乾上、郭世科、苏伯平、江宇露、姚贵元、王高秉、王胜文等。缘有乡源，承土石三墩老沙，有新生坦田，该税贰佰玖拾柒亩五分五厘，合乡公议，标召各姓子侄，签得纯银两遵，列报承时合乡之人共签得壹佰贰拾玖，分为柒股，每股实举一人[①]，银两仍当神执，以蔡灿国、钟恒礼、钟朝光三人名字宪呈，承所有公费银两以标红，限日银两交足，不得推延，如逾期不交，即将垦名注销，所交之银不得问取，所需殷富、办丰之人当神推举钟玖文、钟世典、蔡经达三人，几汝所田坦

---

① "一股一票"的表决权原则：每股对一位候选人，股东可用其全部表决权集中选举一人。

聿务出身，办理众议，拨出坦田叁拾亩，以补之人酬劳之业。再举七人钟世勋、钟协槐、苏仰乾、钟耀珍、蔡经喜、钟英武、钟择广协办。聿务授酬银两，仍旧拨出坦田肆拾贰亩以补七人酬劳之业。此皆公论，书至明至当，如乡内之人有齐执合同，鸣鼓而攻，恐后无凭，立仓石帛卢执，永远存照。①

在合同各股开列栏目签字按手印的有 145 户，几乎每位村民都有股权。在合同上，有名无姓者 115 人，写明姓氏者 40 人（钟姓 12 人，郭姓 5 人，黄、姚两姓各 4 人，蔡、苏两姓各 3 人，王、江、卓三姓各 2 人，3 个杂姓各 1 人），经过一年，围垦沙田 46 顷。

由此可见，无论开发老沙还是新沙，各宗族均推出人选组建理事会，用股份制集资，有钱出钱，无钱出米，无钱无米出力，组织劳力，披星戴月，艰苦创业。老沙、新沙面积加在一起蔚为可观。不仅本村岁岁收租，家家仓库充盈，而且上交县库，支援国家。据民国二十八年（1939）五月吉日建簿的《钟仲梅祖进支部（簿）》记载，民国三十七年（1948），钟炳二祠第一次交税 186 斤谷，第二次交税 98 斤谷②。1950 年，钟炳二祠交税 322 斤谷，钱 148 700 元（当时纸币面值较大）③。仲梅祠交税 303 斤谷，钱 20 300 元④。

新沙胡椒围较之老沙大生围更远。前辈创业艰难，后辈守成不易，人力有限，偌大两块沙田，村民担心"远田不护主"，遂集中力量经营大生围及另外 4 个小围。然而，沙田距离淇澳村实在太远，难以照管的弊端日益凸显，以致积重难返，只好默许值理发包，让外人承租。因沙田区豪强

---

① 《"股垦户"合同》，藏珠海市博物馆，卷宗号：珠博第 201039 —资 3640。
② 又见《中山县政府征收田赋收据》，藏珠海市博物馆，卷宗号：珠博第 201039 —资 3667 = 3668。
③ 《中山县第六区农业税任务收据（主粮部分）》，藏珠海市博物馆，卷宗号：珠博第 201039 —资 3649 = 3650。
④ 《淇澳村夏征公粮临时收据（一）、（二）》，藏珠海市博物馆，卷宗号：珠博第 201039 —资 3652 = 3653。

兼并、不择手段、霸耕事件层出不穷①，淇澳村对远田的管理不到位，新沙胡椒围逐渐被蚕食，到中华人民共和国成立前夕，仅剩老沙大生围。

乾隆五十四年（1789），司理钟次文贱卖三墩沙公尝，番禺豪强龙积善乘机低价购入，全村人不依不饶，与龙家发生人命纠纷，经广东抚台裁定，乾隆五十五年（1789）七月十八日告示：三墩沙是给"淇澳贫民垦种，以资俯仰，不准豪强兼并，亦不准澳民售买"，"严禁私相买卖"，饬令钟次文赎回所卖沙田以充公，并且勒石，名"奉大宪恩给三墩沙坦永禁私相典卖碑记"，概述康熙表彰"十八党"征战台海的功勋，昭示三墩沙为淇澳全村公尝，告诫后人"富不贪，贫不卖"。道光十九年（1839），村民钟济宏到香山县和广州府告状，称老沙（三墩沙）附近新涨沙坦70顷，为豪绅龙仰舆杙占（打木桩立界）5顷，并以新名"浪网"取代旧名，这片新沙西埂一侧也被马德英、黄大成、胡鸿猷等人偷偷开垦，他们对外宣称已办印照。广东抚台受理此案，同年三月廿三日宣判，饬令香山县吊销彼辈垦单，还沙田于原业主，并重新颁发执照给淇澳村民，让钟济宏来领取，要求勒石《奉大宪恩给三墩新涨沙坦永禁侵承碑记》警示："嗣后三墩沙坦再有涨溢，应遵照从前原定之案，止（只）准淇澳九姓接承纳课，其别村别姓农民人等，无得觊觎侵占，倘敢故违，一经告发，定将查明，拘究不贷。"这两块石碑现在镶砌于淇澳村祖庙右墙内。三墩沙土地属全村所有，这一局面延续到1951年，历时260多年。土地改革的政策要点是"就近分田"，要是本村在外村购置的田产过多，可以动员一些家户迁到外村，参与当地分田，因当时没有人愿意到外村落籍，淇澳村就这样失去了三墩沙。

广东抚台虽说不准售卖，但未说"不得典当"，给急于用钱之人留下空子。道光二十八年（1848）二月三十日，钟德廉将私田三墩新沙一亩典出，先问本房族人，未有人收典，遂自寻到端阳社，典为社田，3年为期，获得白银十四两（参见附录第二部分第2点）。

---

① （清）道光《香山县志·卷二·舆地第一（下）·风俗》载："然豪右寄庄者巧立名色，指东为西，母子相连，则横截而夺之，往往构讼焉。田濒海，浮生势豪家名为承饷，而影占他人。已熟之田为己物，是谓占沙。秋稼将登，则统率打手，驾大船、列刃、张旗以往是，谓抢割。"类似的描述还有很多。

过了 21 年，即同治八年（1869）九月初十，钟德廉连同其子钟亚胜，又将三墩老沙公尝田 4 亩 4 分 5 厘典给允沛，获得白银六十二两，写明条件：一是连典 8 年为期，二是满期之日钟德廉、钟亚胜父子可携足银两前来取赎，三是须让允沛收清上一期佃户缴交的租谷方许钟德廉、钟亚胜取赎（参见附录第二部分第 2 点）。

田野调查表明，两次典田的钟德廉是房祠的司理，他和儿子钟亚胜吸食鸦片成瘾，不惜出卖家产，败坏祖业。

档案显示，村民曾动用三墩沙公产支援前线。1949 年 12 月 20 日，维持会主任委员蔡炳棠支借港币 10 元招待上岛解放军。1950 年 1 月 22 日，支借港币 5 元雇棹艇工送解放军过海。[1] 港币是向村中芬昌店店主钟×添借出，借据说明届时以三墩老沙租金偿还。

淇澳村各姓的族产，以钟姓为最多，梁姓最少。钟姓的族产，除万顷沙的份额以外，在本村亦有"大太公田"若干亩、"细太公田"若干亩。收租所得用于集体支付公帑、族务办公、管业开支、教育基金、抚恤孤寡、修缮祠堂、祭祖扫墓、村庄治理、果树改良、饮宴和杂用。族产较少的姓氏，遇有入不敷出时，要由族中父老发起向本族富户请求捐助。

宗族社会的父老会议与部落社会的氏族或胞族议事会有些相似，都是由最年长的年龄组中的一群男子聚集起来开会。至于什么人有资格被称为"父老"，根据淇澳钟姓的规定，凡本族中年满 60 岁的男子，只要在某年春节带些吃食送到祠堂给原来的父老吃，得到他们的认可，便可成为新父老参加活动。

父老会议的成员多是族中长老（耆老、族尊）和辈分较高者（族董）。他们个人并无权力可言，只是集体通过的决议有实权。父老会议没有固定的主席和召集人，通常遇到族中有事需要开会决议时，即由当届值理负责召集。因乡村 60 岁以上的老者仍多操农作，且白日开会可省却父老夜行之不便，故一般是在下午一两点钟农作休息时开会，地点在本族"大太公"祠（总祠）内，设有茶烟招待。会中只有父老才有权发言及参

---

[1] 《"淇澳村村政维持代表委员会"借钱字据（一）》，藏珠海市博物馆，卷宗号：珠博第 201039－资 3639、3644、3645。

与决议，其他族人只可列席旁听，只有需要征求全体族人的意见时，旁人才可抒发己见，但决议权仍属父老。至于排难解纷之事，更是父老才可决定。

父老会议的权力性质与现代国家（君主立宪或民主共和）实行的三权分立截然不同，但形式可以比附。父老会议似乎集"立法""司法""行政"于一体。在立法方面，凡宗族中一切重要的事项，如族产的处理、祭期的选择等，父老会议具有最高的决策权；在司法方面，父老会议不仅监督着决议的执行，还调解族人的纠纷，判断是非对错；在行政方面，当宗族的公约尚有效力时，父老会议执行奖惩，约束族人的伦理道德行为；至于祭礼的主持，族中支出不敷时要向富户签借，以及提倡族中公益事务等，都是父老会议要做的事情。

从上可知，一个人成为父老，完全是由先天的生物因素决定的，诸如性别（男性）、年龄（60岁以上）、血缘（本族）等，而后天的努力所造成的状况，如财富、地位、知识，对于他能否成为父老，不发生任何影响。这就使人不禁要问，父老会议的权力来源何在？根据权力产生于服从的原则，只能到社会生活中去寻求答案，因为人是社会的产物。在淇澳这样的社会，人们从小就接受风俗的熏陶，养成敬老爱幼的传统，这就是父老会议的权力来源，可见父老会议的权力根植于人们的内心尊崇。

族规是宗族自我管理的约定，通常由父老会议根据需要而制定。郭姓自从老村场迁到新村场后就建了一间祠堂，并择地安葬几位祖先，每年清明扫墓、春节祭祖，形成传统凝聚力。当时族中父老商议，无论哪家老人故去，若要归葬于祖先墓地，不能骑住龙脉。族人一直遵守之。不想过了几代，一位郭姓老人去世时，死者家属未与族中父老商议，便在祖墓上方山岭挖坑下葬。父老为此感到愤怒，本想告官，迫其迁走坟茔。后觉得没必要让外姓看笑话，况且词讼手续烦琐，遂接受同村亲戚的劝和，借题发挥制定了七条规矩：①人死不准擅自在祖坟地下葬，要跟族人商量，取得同意；②不准砍伐风水山的林木；③不得借管理祠堂账务之名，假公济私；④借了祠堂的餐具、桌椅等物必须归还，损坏照价赔偿；⑤借住祠堂者不能无事生非，招惹事端；⑥祭祖扫墓的前后几日，不能狂饮暴食、借酒发疯；⑦后生做错事情应接受长辈的教育，不能对此怀恨在心，伺机报复。

民国以降，社会发生了很多变故，工商业的发展、国家的挤压，使父老会议的权力基础由动摇走向坍塌。政府、警察、法律进入社区，村民可以借着国家制度的掩护，逃避宗族权力的约束。于是，法规代替了族规，官员的权威代替了父老的权威，村人只需躲过法律的监视，便不必顾虑地方和血缘方面的干涉，宗族的衰落是很自然的。

族产需要经营，经营的好坏与宗族的兴衰紧密相连。经营族产的人由忠心耿耿、年富力强、办事干练之辈组成，其中司理管理钱粮、账本、报销之事，值理管理招标、收租、族内杂务，二职常由有家庭背景（出自强房、外有靠山等）的人担任。族产是宗族活动的保障，管好这笔基金，使之生息不止，是件大事。由于族产大多是以田地（间有房屋或果树）的形式出现的，而租佃的事务和钱银的管理是相当复杂和长期性的工作，必须有一个固定的机构来负责。

为了保证族产不仅为宗族所"共有"，而且要"共享"，必须由两种人组成管理机构，双方各司其职，既保证专业分工，又可互相牵制。通常父老会议制订计划，预算族产的生利、收益的分配及其用途；而年轻力壮、办事老成的族人组成司理和值理执行计划，年终汇报。但管理机构由两种人联合组成，等于埋下了矛盾的种子。

在三权分立的国家可以看到一种现象，理论上说立法权高于司法权和行政权，实际上行政权膨胀，政府凌驾于国会和法院之上。族产的管理也有类似的情形，形式上管理者是分立的，实际上制订计划者听命于执行计划者，权力制衡难以落实。值理把经营族产视为私人获取利益的捷径，不公开收支，从中揩油。这类行为不仅成为族产纠纷的诱因，而且诱使族人争夺族产的管理权。由争夺引起权力的冲突，其尖锐和激烈程度与族产的价值成正比。

司理和值理必须是本族的男性成员，外族人是不能受聘的。在这个先决条件下，有的地方是由父老会议推举会外的族人担任，有的地方由族中各房轮流推选，有的地方规定在祭祀时当场公推。值理的任期通常是一年，但可连任，以至终身。除了司理、值理，还有祠祝（看堂公），此职一般由老人承担。

各宗族的司理和值理等的产生，采取各房轮值和长老遴选相结合的方法。每年轮到一房时，由该房聚众举出人选，再经由父老会议认可。钟姓惯常以去年新婚男子为理想的候选人。蔡姓推选有经验者。郭姓则统筹兼顾各方特点，选出司理3人、值理3人、祠祝1人分管理财、文书、收派租项、祠堂掌灯等事务。

本来，值理有假公济私的机会，自然会引起人们对这一职位的觊觎，但淇澳村极少发生这样的事情。可能的解释有二：一是族产的价值不大，没有引起权势者的兴趣；二是值理受父老会议的委托，身份特定，受到族众的监督。值理还有三种苦处：一是遇到亏空时，常要倾家荡产以兹填补；二是一旦幕后有人操纵，自己不仅辛苦为人跑腿，遇到有事时，还得准备承担他人的过错；三是受恶霸欺负，村中"烂仔"常想对族产揩油，或用"硬借"方式，向值理敲诈公家的钱财，值理对此感到为难。因此有人纵然对族产有所企图，也不愿出面当值理，有些殷实之家便推出另一人名义上担任，自己在背地里握着处置族中一切收支的实权。

主要族务活动有祭祀、族食、立嗣，兹分别论之：

宗族的一项基本活动是主持祭祀，通过祖先崇拜的仪式，在精神、情绪上加强族人的血缘意识，达到增进团结的目的。

祭祀分为族祭与家祭，前者涉及各房的远祖，不论房别与辈分，一律要参加；后者的范围较小，只是与己身有密切血缘关系的男性成员。族祭有"开灯"和清明、重阳的祭扫等，各种仪式均在于加强和祖先的感情联系，唤起对宗族的认同。"开灯"的"灯"谐音"丁"，象征生育男孩。伴随着仪式的是乡宴、分肉、分饼食等活动。

"开灯"颇有意思。正月乃岁之始、春之初，择一吉日阖族在祖祠祭拜先祖，之前各宗族都请短工将祠堂洗扫干净，贴上挥春楹联等。下引一条分胙肉的记录：

> 厚积堂元月初八开灯，支显祥生猪一只，支杀猪工、烧猪、看猪、抬烧、分肉等小工八名，总共拾圆半。[1]

---

[1] 参见《炳二祠分肉部（簿）》，藏珠海市博物馆，卷宗号：珠博第201039—资5022。

此事发生于清代，共花费 50 元半，猪是从钟显祥处买的，银洋是上一年炳二房祠生育男婴的家户凑齐的，其他费用包括鞭炮、香火钱和 8 位小工的工资。

"开灯"之日并无定例，钟姓多在正月初八，蔡姓多在正月初十，只要不过正月十五的元宵即可。各祠的祭案上方张灯结彩。钟姓灯乃树头灯，用老树梢头一权枝，上插红白色纸花，中放琉璃灯，当晚点燃，称"众房子孙灯"。据云，因老树多根，象征子孙有根有基。蔡姓灯多用球形，俗称"批皮灯"，取其照耀各方之意。祭案上所悬之灯乃象征祖先之指引及福庇。如果某年钟姓灯上所结之花红色多于白色，村民便会联想到当年钟姓多产女的事实，以红花象征女性，白花象征男性，故谓之皆因树头灯结红花多之故。由此可知村民对灯之重视。"开灯"仪式的过程是，早上各父老率各房子孙携祭品祭拜，各人均穿整齐干净的衣服行礼。祭时鸣鼓行礼。下午在祠堂开宴，此谓"开灯酒"，族中男丁无论老幼均得参加，先叩拜"太公"神位再进食。若男丁太幼不能赴宴，则父兄到席，每款菜多少取一些回家，循例要给儿童吃，意谓吃"太公饭"，食后得"太公"之福佑。饭后每丁分得红包两个，父老得双份。[①]

族食是依附于祭祀活动的仪式，大致已见前述，此处不赘，只谈意义。在宗教上，把祭祀时的牺牲（猪肉和饼食）分给族人及小孩子，在祖先之前共食，表示"和祖先来往"，这些食物被想象成附上生人对逝者的追念，以及祖先对后人的眷慰，吃了会得到荫庇，增加自我能力。在伦理上，族食也是确定族人身份和地位的方法。古语云"饮食之礼，宗族兄弟"，"一亲同族，长幼之序"，指宗族借全体共同饮宴的机会，画符号"以论长幼之序"。至于领受胙肉的资格，成为确定宗族身份的标准，因为凡宗族的成员或他族入嗣而经过立嗣仪式者，才有资格领取胙肉；至于族中父老或有功名的人，可以领双份甚至更多的额外部分。"停胙""革胙"是宗族惩罚族中不肖分子的重要手段。所谓"革胙"就是出族的处分。

立嗣一般指婚后没有子嗣的人，为求得日后法定继承人的方法。在中

---

① 参见正宝杰：《鹭江村家族与祭礼调查》（未刊稿），岭南大学毕业论文，1950 年，第 92－95 页。

国传统社会，"上不能事宗庙，下不能继后世"是人们最感遗憾的事情，因此遇到婚后不育的情形，只好用立嗣或纳妾的办法来补救。纳妾是获得生物性亲子关系的方法，立嗣是获得社会性亲子关系的承认。

淇澳村的立嗣，过去只限于同族或血缘关系较为密切的"同宗"间进行，这在钟姓《雨溪房谱》里有详细的记载，到了光绪年间（1875—1908），此项规定略为松懈，立异姓为嗣，已为族人所允许。在1948年，该村异姓嗣子约为30人。

宗族接受异姓入嗣，是把本无血缘关系的人纳进来，当然应该慎重，因此入嗣的手续极其庄严郑重。无论居乡或出外的族人，凡以他姓或本姓他族的人为嗣者，必须举行仪式，方可得到宗族的承认。这种入嗣仪式称之为"入族礼"，俗名为"拜祠堂"。按常规是在"开灯"之日举行，在"开灯酒"上增加烧肉、扣肉和白斩鸡三款菜，即为"入嗣酒"之意，民国末年因经济萧条，改为献谷50斤给"太公"。开宴时，立嗣者要对族中父老说明立嗣的原因，如父老没有异议，立嗣便告成立。被收养者经过入嗣礼后，即改用本族的姓氏，享有继承的权利，成为宗族的一员。

值得注意的是，淇澳村除了祠堂还有馆坊，此外尚有一些合约性的会社，如田会、水利会、舞狮会、体育会（见附录）、兄弟会、乞巧会（姊妹帮）和合会（上窑凑钱解决资金问题）。时代不同，它们的命运也不一样。

馆坊是一种合约组织，便于跨族协商。淇澳村有2馆3坊。2馆即淇澳馆和八姓馆。淇澳馆设在岐关，在清朝和民国年间发挥了重要的作用，好像本村派驻县城的办事处，设馆的直接目的是收缴三墩沙的田租，协调股东之间、股东与承租人之间的矛盾。继而产生三个辅助功能：首先，它是淇澳人到县城办事的聚居点；其次，它是收集时局、商贸变化信息的中心，以便及时反馈给孤岛的村民；再次，它协助孤岛村民取得国家的身份认同。

八姓馆，又名"协和堂"，是蔡、姚、郭、苏、黄、王、江、梁8个姓氏的议事处。9个姓氏中，钟姓人口最多，其余八姓是小族，梁姓人口最少，如果各自为政将无法抗衡大族，虽然梁姓与钟姓私交甚好，但在某些问题上也有分歧，蔡、姚、郭、苏、黄、王、江、梁8个姓氏只有结盟才能与之抗衡，所以通过合约形成"馆"这种合族地域组织，设馆长为召集人和主持，讨论村中大事时可以摆平关系，避免一言堂。然而8个姓氏内部也会出现不和谐，需要互相体谅才能一致对外，必要时需次级合约组织来调和，此乃"坊"。

坊是街、巷、里的分界与串通，相邻的人必有共同利益，届时须突破宗族界限共同协商。坊把住在这个建筑范围内的街坊邻居组织起来，以坊为单位，以街市为界限而存在。在淇澳村，坊是弱小宗族的联合，以抗衡强大的宗族。3坊即淇西坊、中行坊和东溪坊。

道光十三年（1833）在淇澳岛及周边海域发生的事件是最好的证明。当时淇澳村民与洋夷发生多次纠纷。华南师范学院历史系教授黄廷柱于1955年暑期带领学生上岛实习，访问了84岁的钟占祥等老人。1959年8月，供职于孙中山故居的李伯新又访问了钟占祥。2002年2月，珠海市博物馆的梁振兴、珠海市地方志办公室的卢观发访问了淇澳村92岁的钟大元和89岁的钟大安，钟大元和钟大安是同胞，其祖父是前清举人，两兄弟自幼爱听爷爷讲故事。综合以上人士基于访问发表的文章①，现结合中国社会科学院刘蜀永2000年9月在英国找到的22件档案所确定的时间和情节主线，来梳理这一事件：

清朝道光十三年（1883），"番鬼佬"在淇澳岛西边的金星门泊船走私鸦片，趸船最多时达50多艘。他们登上淇澳岛西部测量树标，搭棚居住，还骗来一批"猪仔"做搬运工。他们住过的地方在20世纪60年代还留有"番鬼佬洗身塘"（露天浴池）。一次，"番鬼佬"雇村民搬货。货物用木箱装着。有人扛箱上船时跌倒，木箱摔破，滚出12个黑圆球，每箱两隔，每隔6个，原来是鸦片烟，准备向内地走私。于是这位村民遭到鞭笞，被抬回村。村里人见了愤愤不平，纷纷找乡正，要去与"番鬼佬"讲理。当天傍晚，一大群青壮年在乡正的带领下来到了"番鬼佬"住地，要求赔汤药费，遭到拒绝。于是，村民叫嚷着，作出驱赶夷人离岛的样子。

---

① 参见黄廷柱：《1936年广东淇澳岛人民的反美斗争》，载《历史教学》1966年第1期；梁振兴、卢观发：《淇澳岛简史》，载杨水生、刘蜀永主编：《揭开淇澳历史之谜——1833年淇澳居民反侵略斗争研究文集》，北京：中央文献出版社，2002年；李伯新：《孙中山史迹忆访录》，载中国人民政治协商会议广东省中山市委员会文史学习委员会编：《中山文史》（第38辑），1996年。

这些"番鬼佬"有时也寻欢作乐。九月初一（10月13日），村民正在石井围耕耘，牛群在山坡上吃草，三个"番鬼佬"走来捉住一只牛牯玩耍，又去鞭打牛群。看牛仔见了，急切地喊："'番鬼佬'偷牛了！"耕畜是农民的宝贝，大伙听见"有人偷牛"的喊声，以为是真的，都放下手中的活计前去保护耕牛，驱赶"偷牛贼"，抓住这几个"番鬼佬"吊打、游街。当天下午，一大班"番鬼佬"闯入村庄寻仇滋事，村民仗着人多，与他们打起来，一个"番鬼佬"被打死，一个村民被劫持。翌日上午，"番鬼佬"趁涨潮开来十来艘船只，逼近村边，向钟氏大宗祠开炮。钟氏大宗祠后座瓦顶被打穿。接着，他们又把船开到西面的天后宫前，向天后宫开炮，天后宫被打烂一个大窟窿。

事情的发展有自己的逻辑，显示出组织者和协调者的作用。九月初二（10月14日）下午，村民聚在各祠、各坊议论，傍晚各族长、值理受众人之托到八姓馆讨论，因担心外国水手再来进犯，一致推举钟九霞为首领。钟九霞让各族长、值理回去动员民意，要求所有男丁翌日在天后宫集合，商讨万一遭到侵袭的应对方案，同时向岛屿各处派出探子，监视来自金星门海域的鸦片船只。九月初三（10月15日），晨曦微露，潮汐未退，人们把火炮搬出来，架在村口严阵以待。这时更多的力量已集合，大家聚在天后宫祭祀，人多屋小，不少人站在门外。钟光祥任主持，他声音洪亮，力陈祖先伟业，强调若不抵抗就会面临家破人亡的后果。钟九霞率众下跪祈祷，向天后娘娘献祭，乞求神灵保佑和先祖支持，男丁喝下血酒，对天发誓。血酒中为猪血和鸡血，有"不成功便成仁"之意，誓将来犯者打落水中。这时群情激愤，心如磐石，男丁怀着必胜的信念，妇孺做好支前准备。怯战将受到族规的惩罚和全村人的鄙视。下午三时，探子回报：十五六只舢板从金星门向马海溪划来，结局此处不赘。

描述这场战斗的版本各异，母题不外青年男子搬出火炮，用犁头铁、铁锅片、碎铁链塞入炮筒，燃起火药，向来犯者轰击。老年男子手执镰刀、锄头、刀枪木棍在村边和潟湖两岸守候，准备迎头痛击登岸者。妇女儿童前来送茶，一幅全民皆兵的画面！海盗蔡二赶来参加，如今村中天后宫的偏厅安放了他的雕像。本书第39页脚注提及，他在与官兵和乡勇的搏斗中死于粤中鹤山县。蔡二是官府的死对头，而淇澳村民与官府存在对立的一面，故蔡二与淇澳村的关系非同一般。他常在村中出现，可能是本村人，也可能是外村人通过立嗣仪式进入淇澳村蔡氏群体。蔡二赶来参战似乎隐晦地说明，村庄面临共同利益时，宗族的血缘界限就被地缘关系取代了。

祖庙的年代最长，建成至今约700年，建筑面积150平方米，二进式，中为天井，是村中唯一有基座的庙堂。祖庙岁岁接受村民祭祀、举行庆典，超越宗族的大事也在此商议，不仅是公共活动的中心，也是十一姓认同的证据。村里的其他庙宇也都有睦族的作用，因为不同姓氏的人都来拜祭，在神灵面前确立认同关系。

清嘉庆至道光年间（1796—1850），社会矛盾激化，海疆不宁。淇澳村既有三墩沙公尝田，又有山有海，况且村民吃苦耐劳，成为香山县富甲一方的乡村。大陆唐家、下栅一片富村也很多，这就引来海盗的觊觎。在政府鞭长莫及的情况下，各乡自保，习武风盛。唐家乡绅唐炳如聘请番禺武师入户给儿子唐家六授武，习得拳棒刀枪和"鬼脚"（俗称"虎尸脚"）等绝技，还掌握了一些治跌打损伤的秘方，唐家六有了武功后也开门授徒。淇澳村有人学成归来，推动村中练武热潮，将祖庙前的广场当成耍枪弄棒、操练拳术之地，农闲时舞狮会也在此活动。有武功的乡村子弟是水师与步营乐于招募的对象，村民健身强体，令盗匪不敢贸然来犯。舞狮会、国技会的活动有赖良好的经济基础，需要散布在岛内外的公田（族田、庙田、会田）支持。

公田在提高本村子弟的文化教育水平方面作用明显，越是读书好的子弟得到的补贴、奖励越多。例如，钟大恩、钟大元、钟大安是胞兄弟，三人各相差3岁，今已作古。其祖父是前清举人，曾在翠亨学校任教，因教育有方，三个孙子皆学有所成，钟大恩留学国外，钟大元和钟大安读过中专，三人长期在外教书，也曾服务乡梓。又如，王步千是前清秀才，曾任村小学教员，为苏兆征的启蒙老师。他们在求学过程中皆得到宗族的扶持。

如今，淇澳村的19个祠堂大都坍塌，八姓馆也不复存在，不过淇西坊、中行坊和东溪坊三处房屋还在，只是做局部的改建。透过这些完整的老房和断垣残壁，仍可朦胧地看到血缘组织与地域组织的始基。

第五章

草莽乡间的国家

根据马克思主义学说，国家既是军事官僚机器，尤其是剥削阶级的国家，同时又是公共事务的管理机关。国家既要执行镇压的职能，又要执行全社会的职能[1]，这两种职能不仅浑然一体，难以分辨，而且在不同时代、不同阶级的国家中，其轻重比例也不完全相同。

广东拥有漫长的海岸线，粤东、粤中和粤西都濒海，粤中是广东海防的要冲，淇澳岛是粤中海防线的重要一环，故"明洪武设香山守御"[2]。嘉靖三十六年（1557），葡萄牙占据澳门，粤中海陆治安日趋复杂。为明确文武官员的治安职责和管辖范围，清廷将海防水域划为内外两洋，以5公里为限，凡是靠近海岸和岛岸以内的岛澳和海面为内洋，以外的岛屿和海面为外洋。外洋派水师巡逻，内洋由州县负责。[3]

天启初（1621—1623），在前山寨建参将衙门，扩大营地建制，增派兵力，加强指挥，如派参将（相当于旅长）1名、把总（相当于营长）4

---

① 参见马克思《路易·波拿巴的雾月十八日》、恩格斯《反杜林论》《家庭、私有制和国家的起源》以及列宁《论国家》中的相关论述。

② （清）金烈、张嗣衍修，沈廷芳纂：《〔乾隆〕广州府志·卷之七·海防·设营汛》，载陈建华、曹淳亮主编：《广州大典（266）·第35辑·史部方志类》，第28册，广州：广州出版社，2015年，第180页。

③ 参见阮元修，陈昌齐等纂：《广东通志·卷一百二十四·海防略二》中40幅海防图说的叙事原则，上海：上海古籍出版社，1990年，第2394–2433页。

名、哨官（相当于连长）8 名带兵，水陆各有防区，水兵 1 200 名，以 50 艘舢板船只巡海，北至淇澳岛，西至高栏岛（沿岸线兜过今珠海市区，又绕过澳门海区），南达桂山岛和东澳岛。陆兵 700 名，把总 2 名，哨官 4 名，防守金星门等十几处海防、陆防用地。[①]

回顾清初东南、华南沿海人民的生存际遇，不禁使人悲从中来，淇澳岛只是冰山一角。

顺治十八年（1661）底，朝廷为防止沿海人民支持郑成功反清，在东南沿海五省（山东、江苏、浙江、福建和广东）实行迁徙政策。康熙元年（1662）二月，朝廷下诏香山及粤之濒海各县"居民内迁五十里"，要求雷厉风行。尚可喜为粤之高官，亲自敦促各地，迁出之地的官军驱赶，接待之地的官员安插，限三日内完成。霎时间，界外田园荒芜。

迁界决策实为非常时期的政策，在民生未配套的情形下，到处张贴告示，利用民畏官的心理胁迫民众离开故土。可安居乐业乃人之常情，农夫挂念庄稼，灶丁想着盐田，疍户不舍疍船。就算颁发安迁费，到迁入地后减免粮税，百姓仍不为之所动，寻思战火一时烧不到粤中，去到他乡唯恐更难，也会抱着侥幸心理，满腹疑团地等待——说不定形势转变，皇帝又改主意了呢！

官兵见百姓不肯走，遂亮出撒手锏：焚烧茅舍，蛮横驱赶，迫民离开。村民来不及准备，只好放弃家产，牵牛担种，扶老携幼，眼含热泪，仓皇离村，来到渡口仓促上船，向大陆方向划去。军队沿途护送，一保安全，免多事之秋土匪再来骚扰，二截逃跑者，不让人返回原地。

五桂山，离海岸直线 15 公里，面积 101 平方公里，有 5 座山峰，24 道山峦，主峰高 531 米，平均海拔 160 米，时为邑镇，而邑本孤屿，土旷民稀，今为中山市一个"街道"级别的基层单位。方志描述："五桂山，高八十丈，周二百里……山左有大小花园，多异花，阳坡产神仙茶，色香俱绝，武夷岩茶不及也，山间有田百余亩，四望皆重洋，俯视一邑，如片

---

① （清）金烈、张嗣衍修，沈廷芳纂：《〔乾隆〕广州府志・卷之七・海防・设营汛》，载陈建华、曹淳亮主编：《广州大典（266）・第35辑・史部方志类》，第28册，广州：广州出版社，2015年，第180页。

叶泛于巨海中。"① 大花园偏于 24 道山峦左北，小花园偏于 24 道山峦左南。大花园荒草埋乱石，亟待垦殖，小花园已开发多时，内有几个村庄，每个村庄十几户人家。大花园是淇澳村民的内迁目的地，颠沛流离的村民一路走上来，必须暂居于小花园。弹丸之地突然迁入几十户人家，耕地哪有多余？幸好淇澳村民心里有所准备，海岛的贫穷也是远近闻名的。因此，他们虽然一筹莫展，却没有太多的奢望，只能咬紧牙关，抱团度日，期待早日还乡。然而，盘缠用尽，朝不保夕，就出现了抛妻弃子的场面。碰到灾害降临或军队招募，壮健的男子便去从军，混口饭而已，年老体衰者和妇孺只能乞讨，但仍有饿死者，也有走投无路的人家，采些毒草研水，举家寻短。内迁百姓众多，界内土地稀少，地方官员虽尽力妥善安置，终难救民于水火。

淇澳村民迁走之后，乾隆《香山县志》和杜臻的《粤闽巡视纪略》中都标注有"旗蓣澳已迁"的字样，这时，原驻界外岛东北（旗纛澳屿）的水师内缩至唐家湾，在界内建营寨，寨前设墩台、立树桩、布鹿寨，派兵在避风的澳湾、船舶渡口等处设防。

康熙元年（1662）五月，郑成功在台湾去世，据说与迁界令的下达有关，急火攻心，一病不起。郑逝后不久，杜辉、黄廷、周全斌等戍守金厦至南澳一带岛屿的明将率数万人相继投降，东南沿海形势骤转，反对迁界与海禁的声音复起。康熙七年（1668），两广总督周有德上疏请先展界，后设防。疏言："广省沿海迁民久失生业；今海口设兵防守，应速行安插，复其故业。"尚可喜感受到迁民之苦也加以附和。康熙朱批可设兵防守与安插迁民同步进行。② 翌年颁复界令，允许内迁百姓回填大陆沿岸，"以海边为界，修复废毁，诸营听民出田，界外边境稍拓，然亦未能如旧"③。此举划海岸线为界，未解除海岛的禁令，似乎拿捏政策很有分寸。香山县

---

① （清）田明曜等修，陈沣纂：《〔光绪〕香山县志·卷四·舆地上·山川》，载陈建华、曹淳亮主编：《广州大典（297）·第35辑·史部方志类》，第59册，广州：广州出版社，2015年，第30—31页。

② 《清圣祖实录选辑》，载《清圣祖实录选辑、清世宗实录选辑、清仁宗实录选辑》（合订本），《台湾文献史料丛刊》（第四辑），台北：台湾大通书局，1984年，第34页。

③ （清）杜臻：《粤闽巡视纪略·卷一》，台北：文海出版社，1983年，第19—20页。

奇独澳（淇澳旧称）、潭洲、黄旗角未复，后两乡万余民众赴督抚衙门请愿，恳求官员允许有村庄的海岛复界。① 事关重大，地方官员不敢擅作主张，只能下情上达。朝廷又有两种观点，多数大臣以海岛较大陆难以控制，况土僻民穷，开海意义不大而反对。究其根本，主要是朝廷和地方的利益不同，彼此对同一个问题的看法相左：皇帝大臣远离基层，关注统治阶级抽象的安全，沿海民众关注具体的海利，且小岛和大岛的受益面是不同的，淇澳是个大岛，有多少人家赖以维生啊！知情的地方官员也愿意向上陈述人民的要求。

自允许大陆濒海地区复界后，针对闽粤濒海地区的境况，康熙十一年（1672）专门发布政策，严禁迁移海岛盖房种地，严禁乘木筏、小艇漂流到近海岛屿捕捞作业，违者问斩，上自文武官员、下至保甲负责人皆要受到牵连，即使不知情者也要被问责。② 在"片帆不得入口""片板不许出海"的高压政策下，加上五桂山的贫瘠与荒凉，村里几十个男青年潜回淇澳岛，白天藏匿于山林，入夜进村将息。一海之隔的唐家驻有清兵，他们看见对面升起袅袅炊烟，疑心郑军登陆，马上组织清剿，将潜逃者的屋寮连同祖庙、山林一起烧光。一些人灰心丧气地回到五桂山。另外 18 个青年歃血拜盟，形成朋党，以钟宝为首，坚持与官兵周旋，继续贩盐到内地，终于被缉拿归案。时姚启圣为香山知县，能体察民情，了解到"十八党"铤而走险的原委，便保释他们出狱。此外，他还做了一些兴利除害的事情，如许民出海捕捞等，被告之于上，革职回乡。

康熙十三年（1674），耿精忠在闽浙叛乱。姚启圣捐资募兵，投康亲王杰书麾下。方志曰："启圣遂招邑人毛天羽中、勇士钟宝等往相辅。"③此时钟宝等人在五桂山无路可走，闻姚启圣征招入伍的信息，放下犁耙，

① （清）申良翰纂修：《〔康熙〕香山县志·卷二·都图》，载《中国地方志集成·善本方志辑·第二编》，第 58 册，南京：凤凰出版社、上海：上海书店、成都：巴蜀书社，2014 年，第 133 页。

② 伊桑阿等：《大清会典（康熙朝）·卷九十九·兵部职方司·海禁》，台北：文海出版社，1992 年，第 4982－4983 页。

③ （清）田明曜等修，陈沣纂：《〔光绪〕香山县志·卷二十·列传下·女寿》，载陈建华、曹淳亮主编：《广州大典（297）·第 35 辑·史部方志类》，第 59 册，广州：广州出版社，2015 年，第 412－416 页。

毅然从戎。

凡事都具有两面性。康熙十六年（1677），姚启圣因平乱有功擢升福建总督。钟宝也因能征善战拜为三品游击将军。康熙十九年（1680），福建全省平定。时郑经、郑克塽割据台湾，清廷命原福建水师提督施琅全权负责攻台事宜。姚启圣将"十八党"推荐给施琅。康熙二十二年（1683），钟宝向施琅献计——采用橇板登陆滩涂，被施琅采纳[①]，增加了收复"澎金厦"的胜算。郑克塽见大势已去，举岛投降。

解除了东南方的威胁，康熙二十三年（1684），朝廷允许岛民复界。淇澳村民闻之，拥马首泣诉，别离家乡 23 年，沧桑变故，多不可稽，且人心思变，虽悉数愿归家乡，但不少人未归，一些留在当地立业，一些受他处招垦优惠吸引，踊跃报名，去了本县西南面的高栏、三灶二岛，当时那里开辟了盐场。这些人没有回来无异于缓解了岛上人口压力，为他人腾出生存空间。淇澳村民否极泰来，康熙论功行赏，授予钟宝等人官职，奖励淇澳村一块名"三墩沙"的沙坦。[②] 村民先在此开发，这块沙田叫"老沙"，然后在旁边开发，这块沙田叫"新沙"。老沙就是三墩沙，新沙也叫"胡椒围"。两块沙田的年租充实了淇澳村的经济。回首当初，淇澳村民内迁五桂山大花园时，生计不保，却未生叛逆之心，相比之下，新安县（今深圳、香港）等地却出现"内迁逃海之民相聚为盗"[③] 的情形，遭到封建国家的镇压。幸好当时淇澳村民忍辱负重，未与朝廷对抗，而是采取合作形式，才换得后代的幸福。

回迁后的淇澳村民仍然受到严格管制，如定籍编甲（澳甲、船甲）、船牌管理（注册、发牌、烙印）等，限定岛民在海上的活动半径。为了继

---

① 何志毅、唐仕进：《钟宝的史料及轶闻》，载政协珠海市委员会文史资料委员会编：《珠海文史》（第三辑），1984 年，第 39－43 页。

② 皇恩浩荡，钟宝立功受奖，连同他的曾祖父钟应鸾、祖父钟弈从和父亲钟起初及钟宝夫人都被看作有功之臣而得到嘉奖或追封。参见（清）田明曜等修，陈沣纂：《〔光绪〕香山县志·卷十一·选举附·封荫》，载陈建华、曹淳亮主编：《广州大典（297）·第 35 辑·史部方志类》，第 59 册，广州：广州出版社，2015 年，第 242 页。

③ 靳文谟修，邓文蔚等纂：《〔康熙〕新安县志·卷之十二·艺文志·展界复乡疏》，载《宝安文史丛书》编纂委员会编：《康熙〈新安县志〉校注》，北京：中国大百科全书出版社，2006 年，第 497 页。

续防范内奸外匪，有些岛屿仍未展复，如粤西的硇洲和涠洲二岛，前者于康熙四十五年（1706）才允许复垦，后者到同治六年（1867）才开禁，涠洲与淇澳的面积相当，展复更晚主要是因为远离大陆，孤悬海外，鞭长莫及，反抗朝廷的势力根子很深，难以绥靖。

濒海地区匪盗较多，为了维护地区局势，清初在淇澳设堡，乾隆三十四年（1769）置淇澳巡检司，专理岛上防务与民事。巡检到任后，组织保甲，协助团练，承担防务，遇到民事纠纷，乡正不能解决时则邀请巡检参与审判，村民亦颇信巡检，故多遵从其言。朝廷例年给予薪资。巡检待遇是年薪白银十二两，并按随从两名半的人头支薪，共白银六两。① 为节省财政，广东各地巡检先后撤销，淇澳却保留到光绪末年（1908）。方志记录了35位巡检，其中刘省三连任两届，最后3位巡检是毛树勋（1877年任）、欧阳春（1890年任）、李寿祥（1901年任）。②

国家权力向下延伸对社会治安确实起到一些作用，方志记录了几位巡检的轶事：

沈大耀，顺天大兴（今属北京市）人，乾隆五十九年（1794）任淇澳司巡检，廉洁奉公，慈爱村民。其在任期内曾遇到村中某宗族发生纠纷：春耕时叔叔与侄子因争田水而打架，叔叔打伤侄子，侄子告到淇澳巡检司，沈巡检语重心长地对这位年轻人说："小伤，不碍事，何况叔叔打侄子，侄子应当忍受，为何要告官呢？"说完拂袖而去。沈巡检因办事路过集市时，屠夫降一半肉价给他，他按全价付给。他恪尽职守，在任期内逝世，清点遗物时，随身藤箧空空如也，岛上军民感动异常，皆以财物帮助他的亲属，以奠品吊祭。③

周宝瑛，道光四年（1824）任淇澳司巡检，为民除害，弹劾恭常都鱼

---

① （清）田明曜等修，陈沣纂：《香山县志·卷七·经政·禄饷》，载陈建华、曹淳亮主编：《广州大典（297）·第35辑·史部方志类》，第59册，广州：广州出版社，2015年，第106页。

② （清）张仲骥修：《香山县志续编·卷八·职官表》（民国九年刊本），台北：成文出版社，1967年，第330–331页。

③ （清）瑞麟、戴肇辰等修：《〔光绪〕广州府志·卷一百一十·宦绩七》，台北：成文出版社，1966年，第827页。

肉乡民、敲诈勒索的官吏和保甲，民心大快。①

刘省三，湖南祥符县人，咸丰四年（1854）四月任淇澳司巡检。此人生性素简，少有嗜好，娴技勇，以其技教乡兵，闻寇警，辄率士卒赴敌，不避艰险。19世纪中叶，珠江三角洲出现"红巾之乱"，各地团练拥兵自守，互相驰援。黄梁都（今斗门）小濠涌村的邝鳌峰响应，率众围攻黄梁都土城。绅士何信韬等统领乡勇乘40艘船南下进击，刘省三护送，下黄梁都，临小濠涌，炮轰村庄，邝鳌峰逃遁，小濠涌村民将邝鳌峰之妻和骨干邝德满等捆缚送官。②

"嘉庆十四年九月乙亥（1809年9月22日），张保率船三百余艘，攻大黄圃东南。知县彭昭麟拨缯船十四护西北。癸未……忽风转潮上，缯船不能抵……淇澳司张永津率乡勇参战，兵败只身逃出了险境。"③

淇澳岛西濒前山，水路8公里，陆路7公里。海盗"红旗帮"首领张保盘踞珠江口一带。从《广东海防汇览》插图可见，当年广州水师香山协左营在岛北的鹤咀与大澳驻兵巩固海防，岛上辟有步兵营房，澳湾内泊有战船，既可震慑海盗，更可护卫内伶仃航道，表明淇澳岛的战略地位受到国家重视。也正是这一年，朝廷任命张百龄出征剿盗，交手多次均无建树。翌年，葡清联合舰队与"红旗帮"在大屿山赤鱲角海面激战，张保败走。事后张百龄利用招安策略瓦解各帮海盗，请澳门医生周飞熊作说客，说服张保归顺朝廷。朝廷以盗制盗，封张保为参将，打败在粤西活动的其他海盗帮派。过去私通匪盗各村都有，海盗也要向村庄渗透，淇澳岛与大屿山赤鱲角相对，换言之，当时淇澳村藏有海盗内应实属正常。

乾隆二十四年（1759），朝廷下谕实行单口贸易，规定广州是唯一向

---

① （清）田明曜等修，陈沣纂：《〔光绪〕香山县志·卷二十二·纪事》，载陈建华、曹淳亮主编：《广州大典（297）·第35辑·史部方志类》，第59册，广州：广州出版社，2015年，第469页。

② （清）瑞麟、戴肇辰等修：《〔光绪〕广州府志·卷八十二·前事略八》，台北：成文出版社，1966年，第431－432页。

③ （清）瑞麟、戴肇辰等修：《〔光绪〕广州府志·卷八十一·政经略四》，台北：成文出版社，1966年，第411页。

群商开放的口岸，广东本为海防前线，形势更加复杂。^① 不久，淇澳岛就感受到压力。嘉庆二十五年（1820）以前，西方群商对华倾销鸦片主要在黄埔和澳门。是年清廷下令驱逐鸦片船。道光元年（1821），两广总督阮元奉命禁烟，原泊于黄埔附近的各国鸦片船只改泊虎门口外继续走私鸦片。方式是各国商人保留一艘存储鸦片的趸船，将从印度、土耳其等地运来的鸦片卸入趸船，由本地烟贩到广州十三行看样、议价、交钱，继而雇一种俗称"快蟹"的划子靠拢趸船，凭单提货，再偷运到珠江三角洲各地出售。鸦片价格下跌时，趸船停靠在澳门西南方大横琴岛南面的湖湾，外国人称"百灵湾"（Lark's Bay），价格回升时则驶入内伶仃岛、金星门等海域进行交易。唐家湾因鸦片贸易而繁荣。道光十三年（1833）秋，有夷船来泊，"淇澳乡人白上官，驱之乃去"^②。其实，19世纪初的15年间（1804—1819），来广州的商船有402艘（次），既有东印度公司的，也有美国的，如嘉庆二十四年（1819）就有46艘美国船，平均每年26.8艘，舶来货物以北美洲的毛皮为多，采购品以茶叶数量最大。^③ 回程货装船的方法是瓷器在底层——用作垫舱，上为武夷茶，再上为松萝茶（黄山绿茶）和上等茶叶，丝放在最高层。^④

大战一触即发。广州水师制定一套应付敌强我弱的战法：先固守口岸藩篱，备制火船，同时"招募渔疍，董以兵弁，潜伏岛屿，随时挈小船攻扑"^⑤，大小船、火船按数配置，以合围方式，趁月黑风高退潮时出击，各突袭组"驶近夷船，则环而攻之。能于各船头尾，击大铁钉，钉住夷船，燃火，使之推不开拔不去"^⑥。这套战术依赖大量本地懂水性的壮丁。

---

① （清）卢坤、邓廷桢主编，王宏斌等校点：《广东海防汇览》，石家庄：河北人民出版社，2009年，前言第1页。

② （清）田明曜等修，陈沣纂：《〔光绪〕香山县志·卷二十二·纪事》，载陈建华、曹淳亮主编：《广州大典（297）·第35辑·史部方志类》，第59册，广州：广州出版社，2015年，第470页。百名乡人告官，此官当本岛巡检或澳门同知，在水师的驱逐下夷船乃去。

③ 松浦章：《19世纪初期美国商船的广州贸易》，载李庆新、郑德华主编：《海洋史研究》（第六辑），北京：社会科学文献出版社，2014年，第80－91页。

④ ［美］马士著，区宗华译，林树惠校，章文钦校注：《东印度公司对华贸易编年史（1635—1834年）》（第五卷），广州：广东人民出版社，2016年，第187页。

⑤ （清）梁廷柟著，邵循正点校：《夷氛闻记·卷二》，北京：中华书局，1959年，第36页。

⑥ （清）梁廷柟著，邵循正点校：《夷氛闻记·卷二》，北京：中华书局，1959年，第67页。

道光二十年（1840），林则徐上报招募水勇驱逐外国船只一事，肯定了滨海村民和疍民的作用，其中提到招募淇澳岛民为水勇。[①] 另外，琦善督粤期间将招集的水勇全部解散，唯独保留了买办香山人鲍鹏为他雇佣的280位淇澳壮丁作为常备队随时听候调遣[②]，这等于把沿岸村庄拖入战争。实际上，在此之前淇澳村就卷入了中外民事纠纷。

借此可前溯国家在草莽乡间的踪迹。明朝海盗猖獗，乡兵制应运而生，隆庆元年（1567），朝廷下令每图立都长一人，团长二人或三人，操练乡勇以济兵之穷。此举沿用到清朝，有的地方编立保甲之日，挑选壮丁，不论多寡，附关邻村，凑成队伍，名册一式两份，一份在官，一份在民。臂力、智谋出众者立为哨官，免其杂役，使统束乡勇，训以技击，每日给银一分。[③] 这类由国库开支的哨官，香山县原编制五十名，后裁减为三十名，每岁应支银一百八十两。[④]

海滨居民生长于风涛之中，性格大都强悍。各村偶有大姓凌小姓、强房欺弱房之事，遇到结帮械斗，必请公正绅耆劝谕、约束。团练与教化并行，既御寇有备，好斗习气也慢慢消除。[⑤]

清嘉庆十年（1805）二十四日，总督那彦成奏言："各村墟自为团练，以资捍御。其需要用炮位，或将就近营县小炮借拨，或据该绅耆呈请自为捐价，官铸编号，暂行借用，俟事定后收回。兵营外仍随时委派武官严密查察，不使滋事，并勿任官差，稍有扰累，以期绥靖间阎。"[⑥] 这似乎暗示，淇澳抗英炮台为嘉庆十年（1805）以后修建，因皇帝批准那彦成奏言，各地才能行事；淇澳抗英铁炮、铜炮可能是就近营县借拨的，也有可能是绅士因自卫乡庐，捐资捍御，申请官铸的，不一定全是钟宝从台湾

① 《林则徐集·奏稿》（中册），北京：中华书局，1965年，第881页。

② （清）梁廷枏著，邵循正点校：《夷氛闻记·卷三》，北京：中华书局，1959年，第67页。

③ （清）卢坤、邓廷桢主编，王宏斌等校点：《广东海防汇览》，石家庄：河北人民出版社，2009年，第304-306页。

④ （清）卢坤、邓廷桢主编，王宏斌等校点：《广东海防汇览》，石家庄：河北人民出版社，2009年，第323页。

⑤ （清）卢坤、邓廷桢主编，王宏斌等校点：《广东海防汇览》，石家庄：河北人民出版社，2009年，第308-309页。

⑥ （清）卢坤、邓廷桢主编，王宏斌等校点：《广东海防汇览》，石家庄：河北人民出版社，2009年，第307页。

带回来的荷兰铜炮。

朝廷为了加强海防，每年国库下拨公费支付军饷、军械等，其中，香山协得七百二十八两七钱，前山营得一百六十两二钱六分。每岁拨银赏恤军中遇红白事者，其中，香山协得六百七十二两，前山营得一百六十九两九钱四分。① 各营区有粮仓。香山协原贮粮 1 940 石，前山营贮粮 108 石，贮粮量随着兵员的增减而变化。②

沿海村庄确有接济海盗之事。如电白海滨的莲白、头蕉、南海、山后等村专以捕鱼为业的群体中有一等奸人，凡遇有贼在海，便轻身投入，诈称被虏，使家属告案，假为勒赎张本，公然多运酒糟，与贼交通，使官兵不敢盘诘交粮赎人的平民。珠江口也有类似情形，道光七年（1827）六月，总督李鸿宾曾奏言，黄埔至虎门一带，匪徒结伙驾船，载私行劫。③为防止私贩、勾结盗贼等行为，朝廷制定了管理民船的办法④，以配合潮汐进行船政活动。

道光元年（1821），严禁鸦片。自此，外国鸦片趸船开始泊于伶仃洋和金星门，在那里交易鸦片，无形中增加了当地的涉外民事纠纷，加重了内伶仃洋的防守压力。1833 年 10 月 27 日，两广总督卢坤根据香山县令审理肇事村民的结果，给英国大班写谕令，说：道光十三年九月初一中午，淇澳村民苏上品（即苏亚全）"同村人蔡亚和、钟亚有、蔡亚幅四人在金星山脚港口捕鱼，听闻郭应端之子郭亚祥叫喊'夷人偷牛'。苏上品等上岸看见夷人将牛拉走。苏上品等将夷人捉获，带回村内。该处地保蔡仕仰因系夷人，不能送官，即着苏上品等将夷人送回"。夷人即泊于金星门洋面鸦片船上的外国水手。卢坤在谕令中还说：当日申牌（下午 3 时至 5 时）时分，"夷人拥到该村，约有五十余人，来寻村人打架。村众惊慌，

① （清）卢坤、邓廷桢主编，王宏斌等校点：《广东海防汇览》，石家庄：河北人民出版社，2009 年，第 316－319 页。

② （清）卢坤、邓廷桢主编，王宏斌等校点：《广东海防汇览》，石家庄：河北人民出版社，2009 年，第 328 页。

③ （清）卢坤、邓廷桢主编，王宏斌等校点：《广东海防汇览》，石家庄：河北人民出版社，2009 年，第 345 页。

④ （清）卢坤、邓廷桢主编，王宏斌等校点：《广东海防汇览》，石家庄：河北人民出版社，2009 年，第 448－460 页。

齐出赶逐。夷人见人多，走避。适有不知名字一夷人落后。苏上品与蔡亚和、钟浚泉、钟亚有等一齐赶上。夷人见苏上品等追赶，转身用剑扑斩。苏上品用刀格抵，致伤夷人左手腕。夷人复用鸟枪向蔡亚和及钟浚泉殴打。蔡亚和用木棍格抵，殴伤夷人右胳膊。钟浚泉用木棍殴伤夷人左臁肕。钟亚有用拳殴伤夷人左眼胞。夷人仍向苏上品扑殴。苏上品用刀戳伤夷人肚腹倒地，移时殒命。捡获夷剑一把、鸟枪一枝"。在格斗中被杀的外国水手名叫"万利央拿"。那些被淇澳村民驱赶的外国水手"转回行至村外，见村人郭名秋同雇工黄亚仰在田里劳作，即上前将郭名秋捉拿下船。黄亚仰叫喊，被夷人放枪打伤"。黄亚仰"伤重医治不效"，于九月十七日（10月29日）去世。

如前所述，九月初三（10月15日），外国鸦片船队有组织地袭击了淇澳村。九月初九（10月21日），香山县令田溥致英国大班谕令，说："现据左埗头村民孙振棉禀称，伊与弟孙亚福驾艇在淇澳村前海面捕鱼，于九月初三日巳牌（上午9点钟至11点钟）时候，突有夷船三板（舢板）十余只，驶入村前，施放枪炮，奔避不及，被夷人用鸟枪致伤孙亚福。"九月初十（10月22日），两广总督卢坤在致洋商卢文锦等的谕令中说：据防夷千总倪应龙署香山协秦副将、香山县令田溥面禀，"该夷连日坐驾三板船十余只，向该村施放枪炮，并向该千总言此村不肯顺从，应即覆其巢穴等语"。九月十五日（10月27日），卢坤根据地方官员的汇报，在致洋商的谕令中又说："初三日，该夷多人复来该村，欲讨回夷人，施放枪炮，打烂房屋门扇，该村男妇多人救护。夷人转回，适孙亚福卖鱼经过，被夷人放枪致伤。"

淇澳岛有两处与该事件有关的遗址，一是金星角，二是淇澳抗英炮台。这两处在《珠海市文物志》上都有讲述。金星角即前面说过遗有美国人墓碑的青社角。此处只引第二处，抄录如下：

炮台立于天后官前，北向淇澳古海湾，残墙宽52.5米，厚0.9米，高3米不等，有5个石砌炮眼，外壁残留当年战斗的弹痕。鸦片战争前夕，英、美商人把鸦片烟趸船泊在金星门，盘踞在淇澳岛金星角，以此作为走私鸦片的驿站。英、美鸦片贩子常到淇澳村骚扰村民。1833年10月

13 日，英国鸦片贩子再次进村骚扰。村民们告官无果，忍无可忍，齐心合力驱赶"偷牛贼"，冲突中双方各死一人。15 日，英国人马基率许多外国人乘 10 多艘船驶进淇澳湾，向村内开枪开炮，村民孙亚福被打伤。愤怒的村民聚集在天后宫前宣誓，用火炮还击，一举击中敌船两艘，激战多时，适逢退潮，鸦片船队进退维谷，只好扯白旗投降。①

话虽精辟却语焉不详。"英国人马基率许多外国人乘 10 多艘船驶进淇澳湾，向村内开枪开炮"，10 多艘船究竟是大船还是小船？没讲清楚。据实勘，"淇澳湾"即马溪海，是一片浅水滩，生长着茂密的野生桐花树，间有一条水道，平时无论潮涨潮落，单人小艇都可以进出，稍大一点的船须涨潮时才能进出，至于大船则根本不能进来。因此 10 多艘应为 10 多只，船应是舢板，趁着潮水未退，沿桐花树林水道驶入村口，准备登陆。因小船承载有限，只能载口径小的大炮，在互相对射中，不知不觉退潮了，于是舢板搁浅，成为村民的活靶。

刘蜀永对 1833 年 10 月的事件作了定性的评价。他认为这场中外冲突不是偶然事件，而是以英国为首的鸦片贩子长期盘踞在淇澳附近海域从事殖民活动，危害当地中国居民利益，损害中国主权的必然结果。② "淇澳居民是中国人民反抗外国资本主义侵略的先驱者之一，他们的反抗斗争是中国人民自发反抗外国资本主义并取得胜利的第一场战斗。"③

孙中山于光绪二十年（1894）在檀香山秘密创立兴中会。其他民主革命先行者也在海外发起华兴会、光复会等秘密结社。光绪三十一年（1905），三会联合成立了同盟会。由于孙中山是香山人，淇澳村一些有识之士都加入同盟会参加反清斗争。民国二年（1913），袁世凯任命军阀龙继光任广东总督，龙继光得知淇澳岛有同盟会会员，便派军队闯入村庄清

① 参见《珠海市文物志》修订委员会编：《珠海市文物志》（修订本），珠海：珠海出版社，2007 年，第 76 页。

② 刘蜀永：《鸦片战争前淇澳居民反侵略斗争探析》，载《广东社会科学》2002 年第 1 期，第 97 – 100 页。

③ 刘蜀永：《鸦片战争前淇澳居民反侵略斗争探析》，载《广东社会科学》2002 年第 1 期，第 99 页。

剿，砸烂教室台凳，抓走传播革命的师生。不少人对此感到恐怖，只好背井离乡，到港澳打工。之后军阀混战，民不聊生，淇澳岛防务削弱，外国船只在岛屿周边自由出入。由于岛东北临近国际航道，海中礁石林立，为了避免轮船触礁，民国十七年（1928），在牛婆澳与大澳湾间的大王角山咀建了一座灯塔，外国轮船无视中国主权，以灯塔引航直抵广州黄埔港。民国十八年（1929），曾任民国政府内阁总理的唐绍仪欲回中山办模范县，计划开发金星门和淇澳岛，淇澳村民奔走相告，期待着好日子到来。当他们听到陈济棠导演的兵变逼走唐绍仪时十分遗憾，金星门虽然开埠，轮船泊岸的好事却成不了，他们只能望洋兴叹。①

民国十八年（1929），香山县定名为"中山模范县"，以纪念孙中山，由此至抗日战争全面爆发，计存在 8 年。可以说，民国时期中山县是全国政治经济辐射力较大的县级行政区之一。在政府的主导下，乡村建设运动有了实在的内容：

政治上有五点表现：一是成立自治机构，基层为乡事委员会，归所属区公所管辖；二是乡设立警察派出所整顿治安，归区内所属地段警察所管辖；三是制定乡村自治章程，内容涉及清户口、理公款、调停界址、自由结社等；四是定期召开乡民大会，通告办事规程、乡村事务等；五是培训人员、定期考核。

经济上从解决农业问题入手，以满足人民衣食住行之需，具体有四点：一是修路架桥，改善乡村交通；二是改良稻种与猪种，满足耕作与积肥之需；三是植树造林，改变荒山，保持水土；四是兴修水利，恢复与发展渔业。

文化上发展乡村教育、提高乡民素质，具体有三点：一是建设乡村小学，强化师资培养，消除失学现象；二是广开渠道（如国术馆、艺社、夜校等），启发民智；三是禁烟赌、革陋习、讲卫生（如兴建猪舍、公厕）、倡新风。②

---

① 本段根据梁振兴、卢观发《淇澳岛简史》的材料改写（原文见政协珠海市委员会文史资料委员会编：《珠海文史》（第十辑），1991 年，第 53－54 页）。

② 陈志国、倪根金：《政府主导下的华南乡村建设——民国广东"中山模范县"的个案研究》，载《中国农史》2010 年第 3 期，第 102－115 页。

当时淇澳岛为乡，设立警察所，警员新旧交替频繁。警察所为国家机关，表明淇澳岛的重要地位。下引两件已公开的解密档案，均为组合件，皆有函有附件，函用小楷毛笔字写在信笺纸上。一件是"全街"（中山县警察局局址）下达的委任令，其附件是 1946 年淇澳乡的村警察所前任后任所长办理交接手续的公物名单和警员花名册。[1] 另一件是两封公函[2]，其一为下栅警察所长钟棣民呈中山县警察局局长梁某，其二为梁某呈中山县县长孙乾[3]，附件是介绍 1942 年至 1947 年发生在淇澳村的一个民事案件。先看第一件档案：

钧[4]所第弐号委令内开：

兹权委[5]吕文为淇澳乡乡村警察警长，须将前任警长经管各项公物克日[6]接受，认真供职，仍将到差日期连同接收情形具报备查。

此令

等因奉此[7]，自应遵照，遵于本（三）月十五日到差任事，并将前任警长移交各项公物枪枝械弹接收清楚，理合[8]备交，连同花名册乙份[9]呈请钧察，伏恳[10]准予备案，实叨公便[11]。

谨呈

---

① 《中山县警察局委任函》，藏中山市档案馆，案卷号：900/K99/143。
② 《伪造田契强霸公尝立案侦办函》，藏中山市档案馆，案卷号：16/A12. 3/131/2。
③ 孙乾（1908—1999），孙中山侄孙，10 岁起寄养在孙中山家，1927 年入读上海沪江大学，1928 年进日本士官学校，回穗后任燕塘军校教官，1931 年任中山第一区公安分局局长，后调到南京参谋部，不久被派到意大利都灵陆军大学进修，归国后任中央陆军大学教官。1938 年任 187 师少将副师长，参加指挥粤北、湘赣战役，抗日战争结束后转业，1946 年底任中山县县长，1949 年赴台湾，晚年数度回乡。
④ "钧"，有隶属关系的下级对上级的公文中常用此词。
⑤ "兹权委"是"现在授权委托"之意。
⑥ "克"指严格限定的期限或日期，"克日"就是在约定的日期里。
⑦ "等因"和"奉此"都是旧时公文用语，"等因"用来结束所引来文，"奉此"用来引起下文。"等因奉此"泛指文牍，比喻例行公事，官样文章。
⑧ "理合"，即"理当、理应"之意。
⑨ "乙份"就是"一份"的意思，在民国时期的档案中经常使用这个词语。
⑩ "伏恳"是公文中下对上的谦语。"伏"有"俯身、颔首、低头"之意，十分谦卑。"恳"即请求、恳请，有"希望采纳，为此致谢"之意。
⑪ "实叨公便"是清朝、民国时期常用的公文结束语，意为"以上所言均为实情"。

第六区下栅警察所所长梁○○

附呈花名册乙份

淇澳乡乡村警（察所）长钟吕文（盖章）

中华民国三十五年（1946）三月拾八

中山县第六区淇澳乡乡村警察派出所（所）长、警员花名清册

另一封公函（此处未引）则说明，中华民国三十五年（1946）六月七日淇澳乡乡村警察派出所呈下栅警察所所长梁○○，请求批准钟锦明为淇澳乡乡村警察派出所警长，未提钟吕文的去处安排。而钟锦明并不在三月拾八日呈递的花名清册中。

复看淇澳警察所名册（见表 5 - 1），里面的姓氏（钟、蔡、姚、苏、王、郭、江）表明从警者全部是本村人，如村中发生争斗纷扰，村长不能解决时，则请警察处理，可见村庄与国家的关系密切。不仅如此，这还表明当警察是一个"铁饭碗"。1937 年罗开富等 4 人上岛调查，提及畜牧、采樵、做小生意、当船夫、打短工、走私、当警察是淇澳村民的副业，列举了短工和警察的薪俸："田地较多之家，在农忙之时，雇佣村中耕地较少之农民为短工，每日工银三角，但不供饭。""本岛设有中山县第六区公安局分驻所一所，其中警察皆由本岛居民选出担任，约有二三十名，月饷银四五元，若非值日，可自由回家。此种副业既极清闲，又可兼收名利，村民人人欲为，故每年轮换一次，先由大众选出，再到祖庙神前抽签决定。"[①] 这说明当警察比打短工好得多。

---

① 罗开富、刘国雄、徐俊鸣等：《淇澳岛》，载国立中山大学理学院地理学系《地理集刊》（第一号），1937 年 6 月，第 27 - 28 页。

表5－1　中山县第六区淇澳乡乡村警察所（所）长、警员夫役花名清册

中华民国三十五年（1946）三月十八日（共28人）

姓名	级别	年龄（岁）	姓名	级别	年龄（岁）
钟吕文	警长	35	蔡辅坚	二等二级警士	40
钟胜恒	文书	44	钟业英	二等二级警士	26
钟国民	文书	34	蔡殿安	二等二级警士	40
钟志广	庶务	48	钟悦仁	二等二级警士	38
钟汝安	二等一级警士	26	郭渐吉	二等三级警士	30
姚社松	二等一级警士	34	苏权	二等三级警士	22
钟渐荣	二等一级警士	40	钟振瑹	二等三级警士	39
钟可源	二等一级警士	38	王合和	二等三级警士	47
王义贤	二等一级警士	29	钟为六	二等三级警士	28
钟液延	二等一级警士	32	江耀祥	二等三级警士	38
钟观培	二等一级警士	24	蔡辅兴	巡逻	46
江耀兴	二等二级警士	46	钟善泉	巡逻	36
苏逢发	二等二级警士	45	姚罗东	伙夫	39
蔡炳垣	二等二级警士	32	蔡志	杂役	38

　　乡村警察是警察体系中的最底层，不仅工资待遇低，而且没有城市警察享受的津贴、资助、加班费和生活补贴及其他收入。尽管如此，乡下收入不高，当警察仍不失为收入稳定的职业。中山县经济较好，乡村警士月饷8～10元，警长可达13～14元，符合民国二十五年（1936）六月行政院公布《整理警政原则》的规定。[①] 当时城市店员每月只能拿到这点工资，由于村警的家在本地，食宿一项可以节约，故村警的开支要比城市店员的少。

　　第二件档案为民告"官"，由于事态严重，一级报一级，一直报到中山县县长孙乾处，表明村警承担处理民事纠纷的责任。原文如下：

---

　　① 参见鄢定友：《民国时期警察的工资待遇考论》，载《沧桑》2014年第6期，第12页。

发付机关：县府

文别：呈

事由：据呈"钟育新伪造指模踞田霸耕案"

转呈核办由

民国三十六年（1947）元月廿日

发文归档：法字第 340 号三十六年（1947）十八（日）

现据下栅警察所本年一月十八日不列字号呈称："现据辖淇澳保保民王保贤妻钟氏呈称：'窃民①先翁遗下尝田云云'叙至钧局讯办"等情，据此查该案。被告钟育兴乙名②经本月十八日以雄警法字（339）号呈解：钧府核办在案，兹据前由，理合将情备文转呈。察核办理。

谨呈

中山县县长孙乾

全街局长梁〇〇

收文 2623 号

呈　据辖属淇澳保王钟氏呈诉钟育兴伪造指模踞田霸耕一案，转呈讯办由（盖印"附件"）

查该案被告经解县府拟将情转呈县府核办　元月廿日

草拟　元月廿日

中山县警察局下栅警察所　呈

中华民国三十六年一月十八日

现据辖属淇澳保保民王保贤妻钟氏呈称：

窃民先翁遗下尝田壹亩式分，正坐落保属土名"婆湾"，为三子轮流之需，历安无异，不料于民三十一年间，伪巡官钟育兴与乘民夫保贤三叔佑贤远征，藉敌伪势力踞田霸耕，胁迫签字不遂，则诪张为幻，冒氏指模③，当经一再投诉乡公所，证明确系伪造，着令将田交还，讵钟育兴恃

---

① 此处"窃"是自谦语，如"窃以为"即"我以为"之意，"窃民"自谦"小民"。

② "乙名"就是"一名"或"一人"之意，在民国时期的档案中常用此词。

③ "诪（zhōu）张为幻"，出自《尚书》，"以欺骗迷惑别人"之意；"冒氏指模"，指冒充本人按手印。

强弗恤①，仍然霸耕，莫奈伊何含冤受屈，五载于兹，今幸国土重光，恢复自由，故敢披沥下情，呈请钧所伏恳饬，传钟育兴到所责令将田交还及追回历年所骑踞该田之收益，并治以冒名背签之罪，以维弱小而彰法纪。

等情据此查该伪巡官钟育兴经职于本月十六日拿获呈解钧局讯办

谨呈

中山县警察局局长梁〇〇

中山县警察局下栅警察所所长钟棣民（盖章）

军队、警察、监狱、法庭、官吏是国家机器的重要组成部分。② 国家是怎么扎根淇澳岛的乡土社会呢？明清时期在岛上编户口、练乡勇，设汛营、建炮台，派巡检等举动，以及民国时期的乡村警察所，这些派出机关的设立及其机制就是国家权力向下延伸的过程，客观上加快了应急事件的处理。民国三年（1914）发生劫持广安轮事件，淇澳岛处于事发海域，大批军警上岛搜索。民国二十六年（1937），华南战事吃紧，香山县警卫大队奉命组织各乡壮丁队，淇澳乡亦效仿，队员是农民，乡公所自购枪械，遇有不测时才配发，分组站岗放哨，平时扛锄头、扁担训练，经费不多。民国三十四年（1945）十二月二十日，淇澳村有人驾船往唐家湾等大陆沿岸打劫，事毕驶回本岛。中山县警察局命令淇澳警察所破案。③ 抗日战争爆发以前，珠海渔港有大小渔船三四百艘，生产正常。战争期间，日军占据三灶岛，进犯淇澳等岛屿，绝大多数淇澳村民逃往大陆，先到大茅岛、涌口门（今横门水道旁的龙穴村）、唐家和官塘（今金鼎市场旁）一带，再转移至石岐郊外的牛起湾（今起湾村）、西桠、大环等村庄。在日本海军的炮击和抢劫下，至1944年，中山全县仅余四五十艘破烂不堪的小渔船，渔民饿死者十之八九。当时，盐场停产，因渔民不能打鱼，就不需要盐来制咸鱼，有盐不能出售，盐工变为失业游民。唐家湾当时成为敌占

---

① "讵"即"岂知、怎知"，"弗恤"即"不理睬、刁难"，全句意为"岂料钟育兴仗势罔闻，不理不睬"。

② 参见《国家与革命》，载《列宁选集》（第三卷），北京：人民出版社，1995年，第115页。

③ 《奉令转饬协缉淇澳之歹匪》，藏中山市档案馆，案卷号：1-A.1.5-864-4-1，1945—12-20（政事第145号）。

区，日本人没在岛上驻军，游击队常来活动，日军闻讯即来扫荡。

1950 年以后，淇澳岛有了新型的军政组织。"政"即基层政权，淇澳设乡，1958 年之前称"乡人民委员会"，1958 年至 1988 年称"人民公社"，淇澳岛最初归张家边公社，1959 年划回唐家公社。"军"即驻军，1952 年在珠海建立守备队，名"万虎独立水警区"，1960 年改名"万山要塞区"，司令部驻唐家，下辖 5 个守备区。淇澳岛的驻军属于第三守备区，长驻陆军教导队，1964 年调来陆军水上运输教导队，驻在今赛车场山窝里，1975 年部队换防。

1970 年，岛上共有 3 个新旧码头。新码头一个是陆军的，一个是海军的，旧码头在东澳湾西面的港尾，是淇澳村的。部队每天安排一班渡船来往唐家，村民常坐登陆艇渡海，军民关系相当融洽，有军人进村找对象或收养孩子的现象。前者如，李×泉，曲江客家人，1974 年入伍到珠海当兵，1980 年与淇澳村一位女民兵结婚，退伍后入赘上门，曾任第八生产队队长，1982 年"包产到户"，因生产队无活可干，承担了维修水利设施、分配种子、打预防针等活计。后者如，1963 年出生的钟×广，排行第五，年幼时被送给岛上部队的一位军官抚养，不久他母亲以"亲骨肉，舍不得"为由将其接回家中，而军官夫妻已对钟×广产生感情，舍不得他离开，遂反复请求其母："你家中孩子这么多，留一个在这里，我帮你养活，待他长大再还你！"最后仍无转机。

当时淇澳和唐家两个生产大队共有 1 257 户（4 901 人），其中划出"地、富、反、坏"121 户（404 人），占总户数 9.6%，划出有港澳关系的 728 户，占总户数 57.9%，划出有海外关系的 8 户，占总户数 0.6%，此乃阶级斗争扩大化的表现。中国第二部宪法规定：人民公社既是经济组织，又是政权组织。这就为公社之下的各生产大队、大队之下的各生产队卷入政治在法理上埋下伏笔，"文化大革命"时期，各地城乡无一能躲过政治冲击。因此部队参加地方政治很自然，如军民联防，驻军协助训练民兵；又如部队组织政工队到周边各村发动阶级斗争，向淇澳村派出毛泽东思想宣传队。再加上公社派出的工作组，许多事情被上纲上线，它们不过提起来千斤重，放下去四两轻罢了。例如，某位社员说："在生产队开一天工才几角钱，下海捞一天鱼虾可以搞到七八元钱，粮食少分一点没有关系，有钱不愁无半炊。"他还说："我们淇澳大队吃饭靠集体，花钱靠自己，不去摸鱼捞虾是傻仔。"① 此类言论反映了一种真实性，社员的思想有"上、中、下"和"左、中、右"之分，各种思想是相比较而存在、相斗争而发展的，本来不足为奇，却上升到走资本主义道路的问题。1987年底，第三守备区在"百万大裁军"中被撤销了建制。目前岛上还有海军码头，保留了少量军事人员，有个军人的家属在淇澳村的托儿所工作。

1985年，万山要塞区和珠海市武装部合并为珠海市警备区，司令部仍驻唐家。1995年，东星轮事件发生后，大批武警上岛，在灯塔一带搜查罪犯，这是广安轮事件粤港澳合作的重演。② 现在岛上还有海事局、渔政部门、边防水上派出所，村民感到国家权力离自己更近了。

2012年8月20日傍晚，淇澳村外来渔民的一只船经过海军码头对面1 000米处时，船底撞到蚝桩，海水涌入，船上两人落水。行驶在后面的另一只渔船见状，欲上前搭救，想把遇险的渔船从水里拖出来，结果两艘船4个人一起沉入水中。晚上10点48分，在淇澳大桥旁边的一位渔民见状马上拨打水上搜救中心的电话，珠海海事局接到报警后立即通知有关部门，十几分钟内，唐家海事处、渔政支队、边防水上派出所和警备区水运大队派出的三艘船艇先后到达渔民落水区域搜索。晚上11点半，三名落水者被"44233"号船救起，另外一名自行游上岸。2018年5月22日凌晨，有关部门在休渔期联合执法，在大澳附近海面查获一宗违法捕捞案，两名男女涉案人是淇澳村的广西籍外来渔民。这些案例证明了国家权力向下延伸的力度。

---

① 《对唐家、淇沃两个大队阶级斗争的调查报告》，藏珠海市档案馆，案卷号：永 – A.1.5 – 0472 – 013 – 1970.9。

② 1914年4月27日晚，载着363名旅客和40名工作人员的广安轮船公司属下的泰安号轮船从香港驶往江门。当船行至淇澳海面时，混在旅客中的数十名劫匪持刀枪抢劫，并纵火烧船，致使数十名旅客死亡。后粤港澳警方通力合作，在三地先后捕获案犯20余人。1995年6月13日，载着129名乘客的香港东星号水翼船被劫持开往淇澳岛海面。劫匪抢走1 000万港币现钞后，由一艘中型摩托艇接走，后来全部被捕。这两件事反映了伶仃洋上的不安定，也反映了粤港澳警方维护海上治安的合作精神。

第六章
村民的渔捞生计

淇澳岛的岸线长 20 公里，岛西的岸线显得平缓，岛北、岛东和岛南的岸线曲折，前面已经说过，主要原因有二：一是珠江水系有八大入海口，其中之一由横门水道而出，流经金星门入大海，因水势平稳，沿途沉淀的泥沙大量淤积在岸，对岛西海岸线起到保护作用；二是季风对同一物体的不同方位影响不同，岛西朝向大陆，常年背风，岛北面、东面和南面朝着大海，大海迎风起浪，严重侵蚀海岸，以致山麓崩缺不完，形成岬角湾澳错落的景观。

海中有机物质多，盐分与温度适中，利于鱼类和藻类生长。近来情况有些变化，由于重污染危害，营养盐的含量趋高①，但水中丰富的饲料依然吸引着各类生物，每年秋天，大量鱼群从太平洋洄游到珠江口过冬。村民为了便于作业，将全岛海域分为"下海"和"上海"，前述第一章假设了一条 AB 斜线（见图 1 - 1），斜线左侧的海域淤泥沉淀，浅海区宽阔，弹涂鱼（亦称"跳跳鱼"）众多，深海区为沙泥质海床，为虾、蟹、蚝类所喜，适合滩涂捕捞，是为"下海"；斜线右侧的海域沙滩、石滩居多，深海区为岩石质海床，常有鱼群洄游、产卵，适合洋面作业，是为"上

---

① 参见杨婉玲、赖子尼、魏泰莉等：《珠江口近岸水域营养盐现状调查与研究》（未刊稿），主要观点载于 2007 年中国水产学会学术年会暨水产微生态调控技术论坛论文摘要汇编。

海"。"下海"适合以滩涂作业为主、洋面作业为辅，"上海"适合以洋面作业为主、滩涂作业为辅。

金星门水急，后环水稳，急缓交替的水域氧分充足，为鱼类所爱。后环因淇澳岛屏障季风，利于停船。岛上地文多样（沙滩、石滩、沼泽、澳湾都有），水文复杂（沙泥质海床和岩石质海床都有），适合多种作业。全岛积雨面积大，地质结构利于储水，地表溪流纵贯，有淡水鱼、螃蜞、蛙、螺等。由于洋流不太大，没有远洋捕捞，单纯是近海捕捞和滩涂利用，淇澳岛的渔业不算复杂。而近海捕捞又是他处渔民所为之事。岛上主要有两种类型的渔民：定居性渔民和季节性渔民。前者以前是疍民，主要住在鹤咀、井湾、大沙澳、牛婆湾一带避风的澳湾，现在是来自广西、湖北、湖南等地的外地渔民。后者是驾船赶海的香港、澳门和阳江等地的渔民，他们季节性地追赶鱼群，一年有几次暂时待在淇澳岛的海边。不同人群获取水产资源的方式不同，仍展示了"环境—技术—人口"的整合作用，既有社会转型引起的劳力交替和技术交融现象，也有市场作用和传统作业方式的困境。

淇澳岛附近区域最多的鱼类为鲈形目鱼类，其次是鲉形目和鲱形目鱼类，鲽形目和合鳃形目鱼类最少。淇澳岛的鱼类组成明显呈空间变化，借鉴崔磊等5人的考察数据①做成图形（见图6-1），可看出这种变化与水中盐分有关：Ⅰ区靠近主航道，盐度较大；Ⅱ区因珠江水从横门入海，盐度较小；Ⅲ区在金星门以外，咸淡适度。Ⅱ和Ⅲ这两个区域的鱼类群落结构比较相似。三个区域主要由鲈形目、鲉形目、鲱形目鱼类构成，其中鲈形目鱼类各区分布最为广泛，数量也最多；鲉形目鱼类多集中在深水的Ⅰ区，鲱形目鱼类在Ⅱ区较多，鲤形目鱼类多集中在Ⅲ区等近海区域。鲈形目鱼类主要有三种，即花鲈（分若干亚种，如星鲈、寨花等）、平鲈和金目鲈（见图6-2a、图6-2b和图6-2c），最多的是第三种。

---

① 崔磊、吕颂辉、董悦镭等：《围填海工程对淇澳岛附近水域环境因子与生物群落的影响》，载《热带海洋学报》2017年第2期，第96-105页。

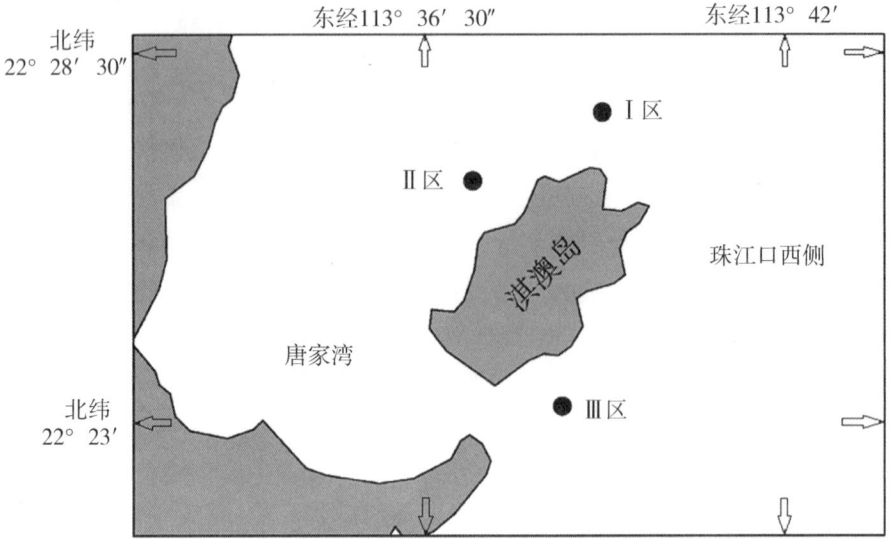

图 6-1 淇澳岛周边海域的捕鱼区

图 6-2a 花鲈

图 6-2b 平鲈

图 6-2c 金目鲈

岛上土地充裕，淡水丰富，植被厚实，环岛水域生机勃勃，其利用价值是无穷的，并且很早就为人们所发现，考古工作者在亚婆湾、东澳湾和南芒湾发现的沙丘遗址，出土器物反映了夏商周时期的渔猎采集文化。不过这些早期先民与后来的淇澳村民没有丝毫关联。淇澳岛周围海域丰富的水产资源同样受到现代人的关注，利用者除了淇澳村民外，更多的是中山、番禺、阳江的流动渔民。

抗日战争全面爆发前夕，中山大学几位师生数度上岛调查，记录了村中渔农的从业情况：

……海岛居民，每多以渔业为正业。本岛情形则异是，以捕鱼为专业者实极少。渔业不过为农家副业中之最重要者而已……岛民之捕鱼，仅在岸边张罾棚，驾船出海者绝无。而张罾之人数全岛亦不过二三十人而已。唯采蚝事业则颇发达，因渔具之购置甚易，故虽妇女在农忙后，亦多业此。[1]

过去，从夹洲屿到金星门的海边多有蚝场，钟氏曾雇佣宝安县蚝民在夹洲、夹洲角广殖蚝场[2]，本书图 2-1 和罗开富等 4 人写的调查报告中的图片[3]，均标出今淇澳大桥北向东走的海域尽是蚝场，现在则被外单位占据了[4]，但岛上的海水养殖并未走上绝路。1978 年，珠海水产公司与淇澳生产大队合办海水养殖场，围垦面积 2 000 多亩，还有埝堤。此后权属关系几经转换，经营始终没有中断。村民也在石井湾、东澳湾、南芒湾以及金星门海军码头以上的岸线附近养蚝。除了海水养殖，还有淡水养殖，如马溪海至大堤的凹地开辟为一块块鱼塘，两个山塘也在养淡水鱼。

---

① 罗开富、刘国雄、徐俊鸣等：《淇澳岛》，载国立中山大学理学院地理学系《地理集刊》（第一号），1937 年 6 月，第 26 页。

② 参见《钟氏雨溪房谱》第 27 页。

③ 罗开富、刘国雄、徐俊鸣等：《淇澳岛》，载国立中山大学理学院地理学系《地理集刊》（第一号），1937 年 6 月。

④ 共有 8 家单位，从北向南为海军码头/海军船舶修理厂、珠海唐家海事处/广州航标处淇澳航标管理站、海军七处人工鱼礁预制厂、桥梁厂、珠海嘉润混凝土厂、中铁十五局混凝土厂（"/"代表一个场所两块牌子）。

1992 年，珠海市政府在淇澳岛设立管理区，要求 3 年完成土地预征任务，农业穷途末路，渔业靠大海还能坚持。2000 年，珠海市政府把淇澳岛列入旅游生态区规划，不许发展工业，保留原生态，作为特区的"后花园"。但部分淇澳村民觉得海岛本来就比大陆落后，这个定位会使它更加落后。2001 年建成淇澳大桥，水泥路修到村头，密切了海岛与大陆的关系，村民继续从事浅海作业，外地人也到岛上捕鱼、养殖、种植。珠海市政府在保护岛上的自然生态，治理"脏、乱、差"时，无意中给传统文化留下生存空间，而工程下马，外界冷落，反倒给渔业带来生机。珠海经济特区的海面上散布着 147 个岛屿，渔业是重要的生产门类之一，但是，这方面的研究较为薄弱。随着社区管理的加强和对外来人员的限制，不可避免地影响到原有的生计方式，有些研究资料已经消失了，有些也将很快消失，下面分别加以阐述。

生产要素主要包括以下类别：第一项是水中可以利用的动植物资源，它们作为劳动对象，如鱼、虾、蟹等，有咸淡之分，咸者涉及海中渔场，淡者指岛内各条溪流中的渔产。第二项是生产资料，如渔船、罾棚、渔网等生产工具和渔港（码头）等基础设施。第三项是辅助性资源，如制作渔具、网具时涉及竹木、藤蔓、薯莨（作染料）等原料，它们可能来自本岛，也可能要与岛外交换。第四项是劳动力，这是生产力中最积极的要素，不仅包括有生命的人，劳力也可以再生，而且指有经验、有文化、有智慧的从业者。第五项是综合项，指作业方式或经营方式，用来协调前述四项。以上各项均有分别叙述之必要。

1. 渔业资源

（1）海域中的水产。

①海藻类。以红、褐两色居多，主要分布于岛屿北部海区，那里濒临海门，咸淡水相交，海床平缓，潮流畅通，阳光充足，温度适中，十分利于海藻生长。

②软体动物和甲壳动物。主要有虾类、蟹类、贝类等，分布较广，但以岛屿北部海域为多。

③季节性洄游鱼类。常见的有 41 种，主要有棘头梅童鱼、凤鲚、七

丝鲹、广东鲂、海鲈、中华海鲇六种鱼。[①] 捕捞方式也有很多种，有些鱼（如鲈鱼、黄鱼、马鲛鱼、黄鳍鲷等）的经济价值较大，渔民尤其喜欢捕捞。

季节交替引起温度变化，会使鱼类由浅海至深海或由深海至浅海转换栖息地，它们冬季从深海洄游到伶仃洋浅海觅食过冬，春末产完卵后游回深海。所以，起北风时，村民常在岛礁周围拗罾，为家里准备菜肴，要是碰上鱼群，拗罾的人会累得手抽筋！如果能拗上较多大鲈鱼，则交给鱼贩换钱，或者赶往大陆圩市卖掉。

鲈鱼以鱼类以及虾、蟹等节肢类动物为主食，凶猛贪婪，食量很大。鲈鱼还有一个习性，即繁殖时间早于其猎食对象的产卵时间。鲈鱼在早春产卵，喜将卵产在低盐度的沿岸缓流水域，比如河流入海的交汇处或河流中，使幼鱼可以安然地度过危险期，长大后再回到海中。鱼类都喜欢在近岸产卵，因为曲折的海岸线让水流比较平稳，而礁石又给了鱼类栖息的地方。围海造田最大的问题是，让鱼失去了产卵的地方。

（2）溪流中的水产。

主要是塘鲺鱼（亦称"胡子鲶"）、生鱼（亦称"乌鱼、黑鱼"）、鲫鱼和四大家鱼（青鱼、草鱼、鲢鱼、鳙鱼）。就数量而言，塘鲺鱼无疑是最多的，继而才是生鱼，然后是鲫鱼，四大家鱼较少。此外，山坑、泉水中生长着中拇指长的小金鱼，因味道不好，仅作为观赏。溪流中有丰富的蛙、贝、螺。螺类有米碎螺（指甲盖大小）、田螺、花螺等。溪流中的水产为村民提供了丰富的动物蛋白，缓解了海鱼汛期未到时人们想吃鱼的需求。

2. 基础设施

（1）渔港、码头。

如图 2-1 所示，全岛共有 7 个大小码头，其中 6 个是海岸码头，1 个是内河码头。从淇澳西南的青社角，按逆时针方向，依次为水产养殖场码

---

① 参见陆奎贤：《珠江口底拖网渔获物分析》，载《水产科技情报》1993 年第 20 卷第 2 期，第 82-83 页。

头、海军码头、亚婆湾码头、海豚湾码头、关帝庙码头、大澳湾码头和红树林码头。因水文条件不同,"上海"的码头多于"下海"。6个海岸码头当中,条件最好、规模最大的是海军码头和亚婆湾码头。以前,海军码头允许村民使用。

通桥前,岛上的重要物资皆由亚婆湾码头出入,通桥后,公路与码头相连,使亚婆湾码头的位置更加凸显。海豚湾码头和大澳湾码头水浅,只能泊小型渔船。人民公社时期,大澳湾码头是疍家和香港、澳门等地渔船购买补给、停泊休息的泊靠点,后因边境管理的需要而废弃。海豚湾码头靠近村口,便于村民出海,每天有20多艘渔船停泊。红树林码头位于淇澳岛围海大堤西端与红树林交叉出口处,主要为"下海"区域的生产提供方便。从事生蚝、白蚬养殖的村民皆泊船于此,在该海区从事海滩作业的广西人也以此为渔港。

(2)渔船、罾棚。

立于望赤岭四顾,山下渔舟盈百,风帆高挂,游弋于碧水青天间,一派繁忙之景。殊不知这些大小渔船百分之九十不是淇澳村民的,其中,小船(有风张帆,无风棹橹)约有1/3是本岛的,大船全部是舶来的。它们多数来自香港、澳门、中山、番禺和东莞,少数来自粤西(如阳江)、粤东等地。常见的大船有两种:一是"虾罾拖",驾驶楼后面有个门形桅,作业时桅顶左右张开两支长臂,用索具吊着固定,两臂上每隔2米拴一条绳索,每条可挂一张小网,网底贴着海床,每艘能拉20余张小网,慢慢拖动,收集渔获(鱼、虾、蟹等);二是"普通拖",船上安装了探鱼器,发现大鱼群即放下小艇,牵引网绳,迅速兜住鱼群,慢慢收网,或者把鱼群赶进海湾,再布网封锁,待到退潮时鱼群随水退进网中再起网。"普通拖"也可当作钓网艇使用,例如,章鱼是软体动物,网捕所获甚少,钓捕所获甚多。虽然淇澳岛居民没有这些大渔船,但是否定性的资料也有重要的价值[1],它们反衬出淇澳岛当地的渔船特色:没有大船,不能远洋作业,依靠小船在近海捕捞或从事运输。

---

[1] Cornelius Osgood. *Village Life in Old China*:A Community Study of Kao Yao, *Yünnan*. New York:The Ronald Press Company, 1963:p. 370.

本岛的小船主要是芦苞艇和木帆船（见图6-3、图6-4）。人民公社时期，它们是集体财产。集体经济解体后，船只归私人所有。20世纪90年代，本村打鱼人越来越少，外地人开始涌入。他们除了买旧船以外，也购置快艇下海打鱼，或者向厂家订做新型木船。方才说了驾船捕捞，下面说罾棚捕捞。

图6-3　芦苞艇

图6-4　木帆船

罾棚（见图6-5）是一种复杂的大型渔具，由框、罩、架、索、寮、绞盘、跳板等构件组成。框即罾框，方形，边长十米许。罩即罾网，挂于框上。架即罾架（千斤），用两根耐腐蚀的坤甸木，分开立于海中罾框后面七八米处，起拉杆作用。索即绳索，绳径1.5厘米，穿过罾架上安装的铁环，一头系住罾框，另一头拴着岸上的绞盘。绞盘为辘轳形，俗称"车仔"，直径1米左右，以麻绳缠绕。因罾网硕大，拉出水面颇费力气，故用绞盘收放。寮即寮棚，面积6平方米许，内置。跳板即独木桥，从棚寮之外伸入海中，罾罩落水处与棚寮相距20余米，跳板也需这么长。作业时，转动绞盘，放松绳索，使罾网沉入水中，少顷，收紧绳索，将罾网吊出水面，这时渔夫须仰面半躺，伸腿用力踩动绞盘，待固定好绞盘，才手执长竿，竿头系着小兜，沿着独木桥走近罾罩，舀起网中渔获。整个过程称为"拗罾"或"扳罾"。

图 6 - 5　罾棚素描（黄立沛画）

据云，明清两朝，珠江西岸水域多罾船，县志称"缯艇"（见图6 - 6），却无一处"罾棚"的记载。罾棚、罾船二者都是扳鱼工具，罾船是活动式的，罾棚是固定式的。罾棚何时出现在淇澳岛没有文字记载，从零星的史迹推测，可能是一位叫"钟宝"的祖先从福建介绍来的，至今已有两百多年。20世纪60—70年代，淇澳岛迎来罾棚的鼎盛期。报道人称，六七十架罾棚沿着曲折的海岸线排开，远看鳞次栉比，好不壮观。当时全村分成15个生产队，各队的耕地远近不同，耕地位于"上海"附近的几个生产队拥有较多的罾棚，第一、二、六、七、八生产队拗罾的社员最多。而耕地在"下海"附近的生产队的罾棚都不多，其中最少的是第四生产队，土地在灯塔附近的浅海区，这些生产队面对滩涂，不宜建设罾棚，如果社员去"上海"拗罾，便顾不了田间劳动。据说，1963年至1975年，唐家公社多次派工作组进驻淇澳生产大队了解罾棚情况。据1975年11月召开座谈会和现场走访获得的数据，共有70架罾棚，上级认为此非正道，责令整改，限期全部拆除，从此淇澳岛的罾棚便没落了。2015年调查时，岛上仅有10余架罾棚，安装在牛仔湾，供旅游者娱乐。目前罾棚的技术发展了，许多部件使用钢材，并以电力驱动，工作效率大为提高，然而，罾棚已经风光不再。

图 6-6　罾艇（引自《香山县志》）

根据档案材料可知，20 世纪 60—70 年代，淇澳岛的罾棚风光无限，可惜硬是被活生生地拆除了：

> 淇沃大队拥有私人罾棚 70 架，其中安装埗位较好，收入较多的有 8 架，收入一般的有 18 架，埗位较差，拗鱼较少，仅够家中做菜的有 44 架。拥有私人罾棚户的各类人员分布如下：党员家庭占 8 架，团员家庭占 1 架，生产队长家庭占 4 架，队委家庭占 4 架，社员群众家庭占 51 架，现管分子家庭占 1 架，劳改释放犯家庭占 1 架。①

从档案中可知，全大队的私人罾棚初时只有一两架，是公社体制下放以后逐渐搞起来的。由于一些人搞罾棚赚了钱，购买了单车、衣车（缝纫机）、收音机等，每顿饭菜有鱼虾，使另一些社员羡慕起来，后来凡是家中劳力多，稍有余钱的人纷纷想办法添置罾棚、网具。生产队时期，平均 4 个劳力耕种 1 亩田，下午两点钟就下工，社员有很多时间去拗罾。

---

① 《关于淇沃大队私人罾棚问题的调查》，藏珠海市档案馆，案卷号：永 - A.2.7 - 0731 - 009 - 1975.12。

表6-1 1963年至1975年罾棚的发展

年份	1963	1964	1965	1966	1967	1968	1969	1970	1971	1972	1973	1974	1975	小计
新增建棚户（户）	1	4	3	4	8	7	4	18	7	4	4	4	2	70

从表6-1可见，13年间，私人罾棚从1户发展到70户。建棚最多的年份是1970年，达18户，是历年来少见的。第六生产队独领风骚，25户之中，除9户没有私人罾棚外，其余16户都有私人罾棚。不计1963年，建棚最少的年份是1975年，只有2户，说明此时全岛罾棚已达饱和状态，再无良好埗位可以设置罾棚。

（3）罾棚的材料来源及经营办法。

一般来说，每架罾棚需要松木20条至30条，最多的足有五六十条。第十生产队的钟×添、蔡×辉的罾棚就用了60多条松木。每架罾棚还需要铁线15斤至20斤，多者用四五十斤；需要胶丝缆绳三四十斤，多者用五六十斤。这些材料的来源，松木主要是靠偷砍大队山林的松树；铁线和胶丝缆绳主要是靠交换自己的渔获，如虾米、白春干、鲈鱼干、黄燥子等，一般拿到香洲等地，作为"走后门"搞私人罾棚材料的"礼物"。有村民说，有了这些"礼物"，香洲废品站的职员会想方设法为他们留胶丝缆绳，他们搞私人罾棚材料比生产队容易得多。

私人罾棚的经营时间与方法有三种：一是大多数人利用早晚空余时间搞；二是部分村民家中有自留人，可以白天整天搞，有些罾棚户子女读完小学或初中毕业回来，不出工，在家天天搞，有个别村民甚至未到退休年龄就借口身体不好，不出集体勤，留家搞；三是极个别人不出勤，家中劳力轮流拼命搞。总之，凡是有私人罾棚的，家里的劳力都比较多。

工作队指出私人罾棚给集体经济带来五大危害：

第一，资本主义泛滥，造成粮食减产。调查材料说明，1970年全大队发展罾棚18架，是建罾棚以来最多的一年，加上从前建的30多架，共有40多架，致使不少社员群众无心向集体，精力都用在考虑怎么去搞罾棚，出现"人在田头心向海"的不良现象。同年全大队粮食总产 18 万 5 千余斤，减产 14.6%，是最近几年来产量最低的一年。社员分配平均每人 89 元，也是分配最低的一年。

较之于第六生产队，1970 年第十一生产队只有 1 架私人罾棚，队领导坚持社会主义方向，用大寨精神去宣传群众、组织群众、发动群众起来抵御资本主义倾向，使社员心往社会主义道路上想，劲往集体劳动上使。尽管当年遇到十三号、十四号强台风的袭击，粮食总产仍达到 16 万 7 千斤，比 1969 年增产 8%；亩产 1 138 斤，比 1969 年亩产增 72 斤。总产和单产都超过历史最高水平。第六生产队有 25 户人，将近 80% 的农户都有私人罾棚，每天出集体生产劳动的占总勤的 70% 左右，如果遇到台风袭击，只顾抢收个人的罾棚，只有一半劳力出勤，出现劳力由个人支配，不是由集体安排的现象。领导班子不敢批，不敢斗，不敢管，资本主义泛滥，先进经验学不进，落后思想推不开，加上十三号、十四号台风袭击，造成全年粮食总产只有 10 万 6 千斤，比去年减产 17%，是整个淇沃大队最低产的一个生产队，也是成绩最差的一个队。事实表明，哪个队私人罾棚发展了，粮食生产就下降。

第二，社员不服从排工，无故缺勤，影响劳动力的合理安排，延误农时季节。

据部分来自第二生产队和第六生产队的社员反映，每逢春耕大忙，正是罾棚旺季，凡是有私人罾棚的社员，经常不出工，甚至有些工作队长已经安排，他们也擅自把挂出的工牌摘掉，打乱了生产秩序。……据初步统计，凡有罾棚的社员，每年缺勤可达八九十天。

第三，造成收入悬殊，两极分化，影响社员生产积极性。

从调查材料来看，凡是有私人罾棚的社员，大部分都比没有罾棚的收入高，造成收入悬殊，有些社员就产生无心向集体（的心理），没有失去劳力就提前回家当自留人，仅六队就有 6 人。从收入来看，六队姚×基家里 3 个劳力，加上 1 个自留人，共 4 口，去年从生产队分得 533 元，平均每个劳力 177 元，罾棚收入 1 000 元以上，合计 1 533 元，平均每个劳力 383 元，而该队同等劳力最低收入 134 元，两相比较，少收入两倍多。

二队钟×蔡一家 4 个劳力，去年从生产队分得 860 元，加上私人罾棚收入 1 000 元左右，合共 1 860 元，平均每个劳力收入 465 元，对比该队同等劳力每人收入 160 元，相差 301（305）元。

由于收入悬殊，有些坺位好、收入大（高）的罾棚户添置了不少家具，"三转一响"（单车、衣车、手表、收音机）样样俱全，而一些热心搞集体生产的社员，由于生产队减产受损失，分配水平不高，个人家庭副业搞不到，有些连生活吃饭也成问题，影响了一部分贫下中农①的积极性，个别人就说什么"思想通，钵头空，思想不通，钵头大虾公"。

第四，乱砍滥伐，破坏山林管理。

每年修理、安装罾棚都要用大量松木，这些林木都是未经大队同意，私自上山砍伐山松的，据不完全统计，今年砍伐的松树有 1 500 多棵，最多的一架罾棚就砍了松树 65 棵。……

第五，腐蚀青少年思想，滋生资产阶级思想的土壤。

淇沃生产大队十多位读完小学或初中的青少年，未够社员出工年龄，家长就让他们在家搞罾棚搵钱，使这些青少年从小就产生了发家致富的思想，埋头搞自发，追求个人吃好、穿好，不愿上学读书。有的甚至认为多读一年书不如多搵几个钱。有些青年人还利用在石角搞鱼无人之机收听反动广播、黄色故事，羡慕港澳生活，个别人还产生偷渡外逃思想。

1971 年 11 月 15 日，私人罾棚已经被全部打倒了，据工作队说，一些人的思想问题还未解决，虽然拆了罾，但棚架还未拆，网具保存得很好。一些人认为运动当头就不搞，运动过后再搞。有贫下中农反映，为了解决岛上群众的生活需要，要求大队对资本主义的东西打倒了就要大立社会主义，罾棚私人不能搞，集体就要经营，大队虾艇应发挥作用，出海捕鱼捞蚬，有条件的生产队要选一两架坺位好的罾棚，选择热爱集体、大公无私的人，由集体经营罾棚，解决社员生活需要，增加集体收放，树立集体生产的优越性。②

---

① "贫下中农"指贫农、下中农，意为苦大仇深的农民群众。这个名词是相对于"地主""富农"而言的，具有时代性和政治性，1978 年给地主"摘帽"以后，日常语言逐渐丢掉这些政治词汇。

② 《关于淇沃大队私人罾棚问题的调查》，藏珠海市档案馆，案卷号：永-A. 2. 7-0731-009-1975. 12。

3. 辅助设施

岛上广种竹木。竹类有粉丹、广灵、黄杆及棘竹、黎竹等品种。黄杆为细竹，各条山箐都有。淇澳不产麻竹，此竹粗壮，常用于寮棚的柱子或支架。罾棚所用之竹采自摩天岭东南谷的箐沟，那里雨露少，竹子长得粗壮。岛上竹林茂密，附近大陆的竹林稀少，过去常有外人偷砍竹子的现象。

在推广家用石油燃气之前，每到秋末入冬，户户割草采薪，野生树木难免受摧残。唯宗族的风水林不能动，如竹鸡山和"燕子归巢"等处，草木完好，那里有樟、棕榈、石南、芸香、大戟、桃金娘等科，且无花果、木棉极为繁盛，灌木以茜草科及五加科为最多。[①]

1955 年开始人工植树。到 20 世纪 70 年代，树木成林，罾棚随之而增加。岛上罾棚最多的是 1975 年，当时社员有罾棚 70 架，大队有罾棚 10 架，以每架罾棚用 40 棵松树构建计算，则需要砍伐 3 200 棵松树，基本上能把一片山林砍光了，可见没有林木资源是不行的。推广家用石油燃气以后，再也没有人割草采薪了，岛上草木葳蕤，一派郁郁葱葱的景象。

竹制渔具，如竹竿、竹篓等是捕捞不可或缺的生产资料，其制作一般是就地取材。例如，出门须带竹笼装渔获，常见的有两种：一种是圆形大鱼笼（见图 6 - 7），实测高 50 厘米，口沿内径 41 厘米，底端外径 43 厘米，提耳外径 52 厘米，因体积较大，鱼虾咸宜；另一种是装螃蟹的（见图 6 - 8），口小体大，螃蟹不易爬出，各部分尺寸如下：A = 19 厘米、B = 44 厘米、C = 18 厘米、D = 64 厘米、E = 95 厘米、F = 36 厘米、G = 29 厘米。两种竹笼都显得颇为敦实，这无非暗示了两点：一是岛上渔业资源丰富，二是村庄离作业点较远，如果笼子小，恐有不够装之虞。

---

① 参见罗开富、刘国雄、徐俊鸣等：《淇澳岛》，载国立中山大学理学院地理学系《地理集刊》（第一号），1937 年 6 月，第 19 页。

图 6-7　圆形大鱼笼

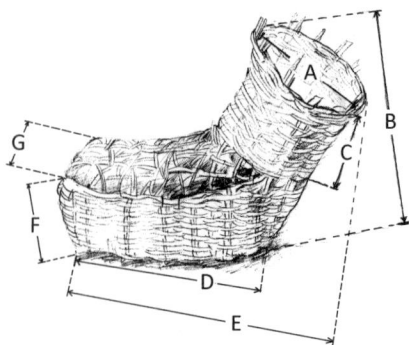

图 6-8　鸭舌形蟹笼

　　村中老人都懂得一些篾艺，钟结是个活例。他自幼以耕田、拗罾、编织为生，因逃避战乱错过读书，而立之年任第五生产队的副队长。孩提时代，他经常给邻居的篾匠帮忙，那位老师傅性格开朗，手艺极佳，教会钟结编鱼篓、做纸扎。编织难在锁边，这对钟结来说微不足道。年中有许多习俗，如游花灯、给老人做寿等，人们遇到此事皆要举灯相庆，于是就需要编灯笼的人。他家里总是摆放着一些编织成品，如果觉得中意就可买走。钟结在大澳的山丘上种了一片粉丹竹，作为编织的原料。

　　藤条是继竹篾之后的最佳编织材料。岛上野生藤蔓到处都是，粗条可做畚箕的抬手，细条可给箩筐、鱼篓锁边。此处要说薯莨，此为藤本植物，别名很多，如"染布薯、赭魁、血母、朱砂七"等，外皮呈紫色，块茎状如毛芋，基部裸出地面，一株多者可挖出三十斤以上，又有两亚种，切开一呈赭色、一呈黄色，水分有 73% 左右，含少量单宁酸，富含胶质，不可食用，常用于蒸染渔网、麻布，染制品色泽红褐，使用价值超过藤蔓。岛上有野生的薯莨，数量不多。经黄海水产研究所实验，薯莨染网的防腐效果比栲胶高两倍。[①]

　　岛上的沼泽地长有芦苇和咸水草，十分茂密。山上长着葱草，高 1 米以上，它们都是良好的编织和捆绑用材。村民未用芦苇做编织品，但采集芦苇根食用。老一辈人喜欢用咸水草和葱草打草鞋，其中葱草优于咸水

---

① 谢振宏、王忠英：《薯莨浓缩染网试验》，载《中国水产》1959 年第 11 期，第 16-17 页。

草，割下来用石碾压扁，再煮一次，晾干后十分柔韧。

4. 从业人员

本岛人口是女性多于男性（见表 4 - 1），外来人口则是男性多于女性。本岛从事采蚝、水产养殖的人大多数已不事渔，仅流动人口中有青壮年 880 人，其中男劳力 513 人、女劳力 367 人；此外，有孩子者 440 人，60 岁以上者 8 人。打鱼者占八成男劳力，约 410 人，表明这个群体的生产力很强。他们在"下海"和"上海"从事滩涂作业和洋面作业，顶替了淇澳村民过去从事的工作。当前淇澳村民的渔捞工作只保留了打蚝和养蚝两项。

岛上流动人口数量居多的有三个群体，即广西人、湖北人和湖南人，其他省市的人数较少。广西群体来自桂林市的全州、兴安和百色市的田东等区县，共有 295 人，他们形成了三个聚居点，彼此间有一定距离。湖北群体来自荆州的洪湖等市县，共有 178 人。湖南群体来自益阳等地，共有 58 人。他们的故乡湖泽水库众多，河网密集，许多人过去从事渔业，来到淇澳岛以后，男人依旧打鱼，女人依旧补网、卖鱼。有的妇女还兼营餐馆、店铺。也有一些过去没有从事过渔业的流动人口，他们来到岛上以后，有的人开始学习捕鱼，有的人养蜂、养鸡、种地等。

流动人口很多是通过亲戚介绍来的。血缘亲情是他们的纽带，方言是他们类聚或群分的标准，亲朋好友成为创业的资金来源，铁皮屋、木板屋、烂尾楼就是他们的住宅。他们的娱乐生活比较单一，男子经常聚在一起打牌赌博，消磨时光。

5. 作业方式

在近海从事渔捞的人们根据水域和鱼类情况，有选择地使用渔具和技术。大体来说有两种：一是在岸上或船上捕捞；二是下水捕捞。

（1）岸上或船上的捕捞方式。

①垂钓法。垂钓是一套扬竿作业的动作，钓具担任着首发任务。村民的钓具比较简单，如鱼竿、钓丝、钩、饵、线轴、鱼卡等。鱼钩有单钩、双钩、三钩之分。鱼饵通常用活饵。

垂钓者既可驾船出海实施（如钓鲈鱼），也可在岛上溪流旁守候。溪流中生长着各种鱼类，塘鲴鱼和生鱼特别多，生鱼是肉食型鱼，动作敏捷而凶猛，因村民缺乏先进的钓具，很少有人捕捉。常以突袭方式捕捉小鱼小虾。

"抛鱼陈"的出现改变了这一被动局面。他用鲜活的小鱼小虾作饵，并且改良了钓具，每天都有渔获，多时二十来斤，少时也有十来斤，家人吃不了，他就拿到市场上卖。当时，生鱼卖1毛钱1斤，塘鲴鱼卖1毛5分钱1斤，基围虾和有膏的螃蟹也是1毛5分钱1斤；而在生产队劳动，每天只有四五毛钱的收入。这说明新技术能解决老问题，并且必须依赖丰富的资源才能发挥作用。

②设笼法。广西渔民带来了淇澳岛原来没有的两种笼具，一曰长笼（见图6-9），一曰蛇笼。长笼呈圆筒形，口径将近1米，长两三米，前端为开口，末端为闭口，开口端有三个口。渔夫于涨潮前驾船出海来到放置点，先将长笼的闭口端固定在插入滩涂的竹竿上，再用三根竹竿撑开三个开口，绷紧长笼，开口端对着潮水上涨方向。待潮水上来淹没长笼，鱼蟹游进笼里便被困住，届时便可驾船来收取渔获。

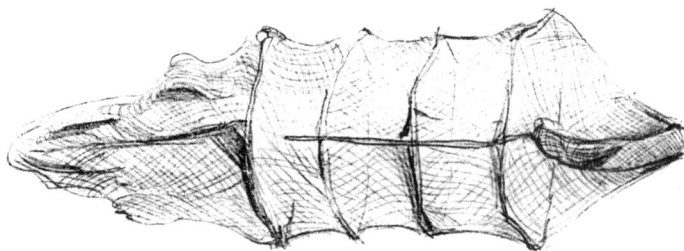

图6-9　长笼

蛇笼专用于捕蟹，方形，口径1尺，长七八米，还有更长的，两端各为开口或闭口，两道箍之间还有一个入口。退潮时贴着滩涂放置，前后绷紧，用竹桩固定在地上，绷紧后呈方柱形，螃蟹爬进去就出不来。收藏时晾干叠放。

　　岛上有三个鱼汛：春节过后几天就是海狗鱼汛期，冬天有鲈鱼汛期，夏天主要是抓螃蟹。每当鱼汛将至，人们就开始准备。例如，海狗鱼汛期快到了，人们修补长笼、搭建烘烤鱼干的棚子，准备翌日凌晨去特定的水域放置长笼。放笼通常是放一百多个，最多可放两百个，三四小时后收起来看看是否有鱼。海狗鱼本来极为普通，但由于近年市场需求增加，价格上涨。售卖方式有二：一是卖鲜鱼给鱼贩，二是烘烤成鱼干再卖。加工成干货时，1斤鲜海狗鱼只得4两。

　　③扳罾法。华南沿海通常有三类罾：岸边罾、船头罾和拦河罾。淇澳岛只有岸边罾。村民称"扳罾"或"拗罾"。作业视潮水涨落情况而定，涨潮时开工，一刻钟左右收一次网，退潮时收工。据报道人介绍，20世纪90年代以前，海洋生态良好，鱼类丰富，不同季节用罾棚捕捞都有收获，如冬春打鲈鱼，夏天打马友鱼、追仔鱼、春姑仔和白虾，秋天打乌头鱼、黄追鱼，冬天刮北风时打白鳗鱼和鳗鲡。

　　罾棚的产量取决于选址好坏。选址要注意四点：一是水底条件，海底要平坦、泥土多、石头少，避免石头棱角或附生于上面的硬壳类生物损坏渔网；二是下网点离岸要远，鱼儿胆小很少靠岸；三是注意水流及其深浅，最好面向水流，有利于顺水游动的鱼群入网，不宜在水流湍急之处架设罾棚，也不宜在水浅之处架设罾棚，水位低则浮力不够，容易损毁罾棚；四是岸上条件，最好有平坦的巨石，方便运送渔获。

　　罾棚建好后不要轻易搬迁，但在台风来临前要取下罾网，不然整个罾棚都会被台风卷走。

　　④旱地捉蟹。夏天，螃蟹会在滩涂上、石缝中、石洞里或草丛内藏身。通常石缝的螃蟹个头大，草丛中的螃蟹个头小，前者需要熟练的技艺才能捕获，后者在退潮后人人都可捕捉。报道人钟社容跟父亲学到"钓蟹"的技术。作业时，他先从洞口泥土的新旧判断里面是否有螃蟹，然后用直径5.9毫米的4号铁丝做成的钩子伸入洞中，钩子一长一短，视洞深浅来选用，当铁钩触及螃蟹时，螃蟹会自卫，这时轻轻勾住它，缓缓拉出来。石缝的螃蟹主要是在交配期（农历二月）出现，然后会死去，其中交配后的雄蟹肉少、味不佳，容易抓捕，而雌蟹肉多、膏多、蟹籽多，重约1斤，味道尤为鲜美。

（2）下水的捕捞方式。

①橇板妙用。滩涂上到处都是淤泥，举步维艰，为了采集海产品，淇澳村民发明了一种既能负重又能提高行走速度的工具——橇板（见图6-10），在采集白蚬、抓螃蟹和弹涂鱼时，很能解决问题。村中每4户人家就有1副橇板。作业者一手扶柄，一只脚踏在橇板上，另一只脚往后蹬，杆上可挂鱼篓，连人带物承载百余公斤。橇板一般用杉木做底板，通常厚2厘米，经实测，一副标准的橇板各部分尺寸如下：A=63厘米、B=45厘米、C=168厘米、D=46厘米、E=75厘米、F=28厘米。底板要是薄一点，窄一些，整体就比较轻巧，滑行速度也快些；如果厚一些，宽一点，整体会沉重些，滑行速度变慢。淇澳岛转型多年，外地渔民学会了驾橇板作业的技术，本地村民基本不事渔业，但淇澳村的游神仪式还是要表演橇板作业。

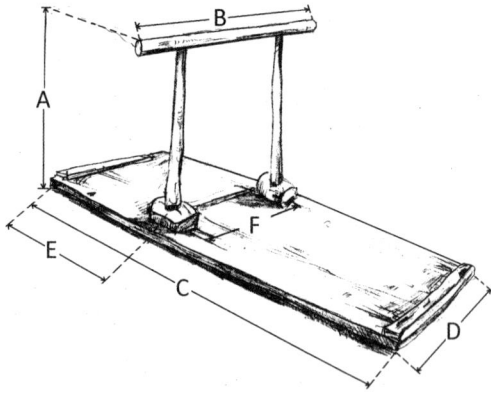

图6-10　橇板

②滩涂抓鱼。滩涂及生长红树林的沼泽地带栖息着很多弹涂鱼，六七厘米长。抓鱼时，捕捉者滑动橇板，带上一串花鱼笼（见图6-11），笼长20厘米左右。鱼见人之后，会受惊钻入泥土，捕捉者将小篾笼倒扣在冒泡处，笼沿内含倒须，弹涂鱼能进不能出，稍后过来取笼收鱼即可（见图6-12）。除了抓弹涂鱼，还可徒手捕捉那些没有跟着退潮水退走、藏在低洼地方的鲈鱼，个头比较大，小的两三斤重，大的七八斤重。

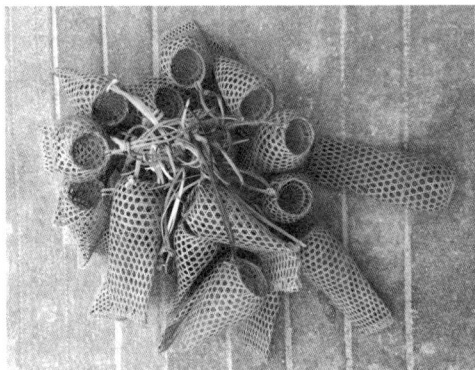

图 6 - 11　花鱼笼

图 6 - 12　抓弹涂鱼

　　③挖乃鱼。乃鱼，学名"红狼牙鰕虎鱼"，别名"红亮鱼、麻皮头、赤乃、瘦条"等。全身粉红色，呈带状，长 9~20 厘米，重 20~35 克，栖息于浅海，爱在泥沙中钻穴营居。性凶猛，食小鱼或小虾等，成鱼喜跳跃，可用钉耙（见图 6 - 13）捕捉。钉耙的钉为铁制，长 16 厘米，耙身长 43 厘米；木柄为圆柱形，长 1 米许，大头直径 1.5 厘米，小头直径 1 厘米，与耙身的铁柄相连接，用细绳绑紧。耙上钉子多少不一，多则六七个，少则三四个。退潮时分就可下海作业，操作者像挖地似的单手举起，急速砸向泥中，随着手臂上下舞动，每次扬起耙时，若看到有乃鱼卡在钉与耙相交的缝隙处，就取下来放入木盆或鱼篓中。木盆可盛少许水，上面覆以网罩，防备乃鱼逃走。

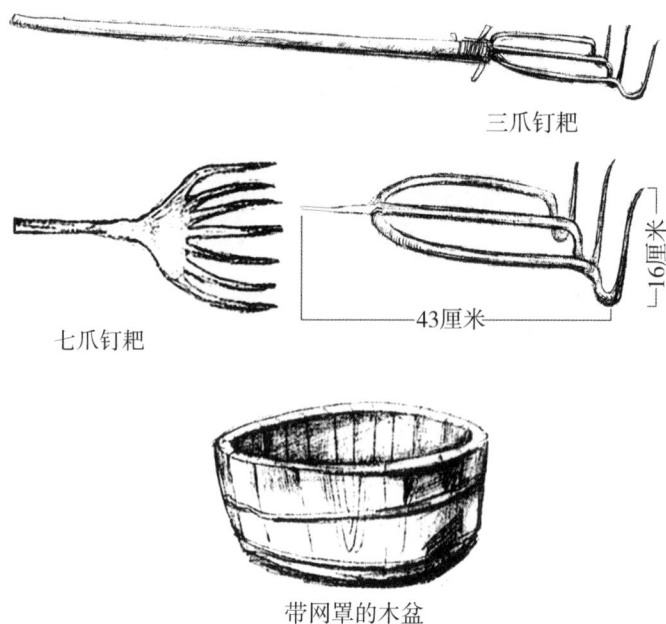

三爪钉耙

七爪钉耙

16厘米

43厘米

带网罩的木盆

图6-13　挖乃鱼和装乃鱼的工具

④赶鱼虾。小白虾的学名是"脊尾白虾"，为珠江口咸淡水水域中重要的经济虾类，喜欢随潮水涨落而觅食，村民常利用这一习性用虾罾（见图6-14）拦截捕捞。虾罾用竹子和渔网制作，先选两根长约2米的细竹（或将一根粗竹剖开取出两条），继而交叉弯曲成弓形，弓高1米许，四个落点之间的距离宽0.7米、长1.6米，再把渔网挂在竹竿上，四个落点在平面上形成的张力会将网绷紧，再用绳子将网沿与四个竹脚及竹弓中部的悬挂部分扎紧。然后竖起一根长1.4米左右的木棍（或竹棍）起中柱作用，棍子上部与两根竹子交叉时用细绳扎紧，棍子下部处于活动状态。使用时，人手持木棍扛着虾罾行走，放入水中时，人在浅水里左右蹚水，造成驱赶之势，继而迅速提起虾罾，将所获倒入虾篓中。

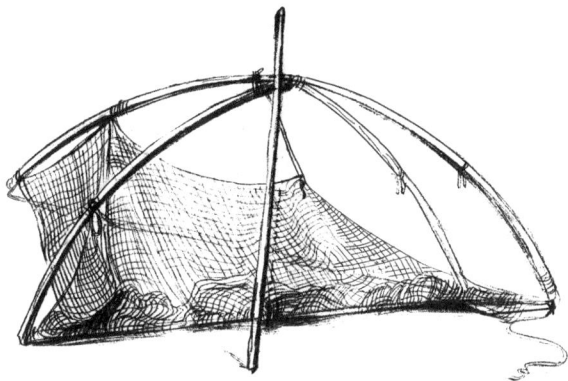

图 6-14 虾罾

⑤水中捕蟹。全岛有三种捕蟹方式：一是搜捕海滩上石头缝或石洞中的螃蟹，二是捕捉滩涂上的螃蟹（俗称"推蟹"），三是"瓮"中捉蟹。方才叙述了前两者，现在来说后者。

"瓮"即脚印。此法先要做脚印。退潮之前光脚走到齐腰深的海中，随意在一个地点插上一根竹竿，以此为起点开始迈步，在海中呈直线行走，每走一步淤积中都会留下一个脚印，走到 1 公里处插上另一根竹竿，两根竹竿之间标记的直线意味着足迹可循，再选另一个方向用相同的方式行走，又走 1 公里左右，插上一根竹竿，也可以选择停止作业。总之，走过的路程留下了脚印。一两天后，便可采集螃蟹了。作业者赤脚下海，手执一个带柄的网兜，肩挎一个鸭舌状的蟹篓，笼口齐腰。走到做标记的竹竿边上，沿着原来的路线再走一次。此次要小心翼翼地摸索着之前的脚印向前跨步，当脚掌触及原来脚印留下的凹坑时，会感觉到是否有螃蟹，如果有，马上用网兜把螃蟹捉起，迅速倒入蟹笼。用这种方式每次可以捕几十斤螃蟹。做好的脚印能维持约半个月，也就是一个大潮的周期。使用次数太多，脚印变得太深，或者大潮之后脚印被泥土填充变浅，会造成不能使用的状况。"瓮"中捉蟹法的原理在于，螃蟹喜欢吃白蚬，而白蚬又喜居凹坑中，踩出新的脚印后，螃蟹会钻入这些凹坑吃躲藏在里面的白蚬。圆头鱼也喜欢吃白蚬，故有时能捕捉到圆头鱼。

⑥水笕/屌斗捉鱼。水笕是一个桶，"耳朵"上系两根绳子。先把溪流

的一段堵起来，另开水道，然后两个人使用水笕，各握一根绳，分开站稳，一起松手或一起拉紧，松手时桶坠入水中，拉紧时桶被提起，内装半桶水，惯性令水泼出去。如此往复，直到舀干水开始捉鱼。还有两种戽鱼法：一是用竹竿和篾皮编成戽斗容器，呈倒棱台状，开一个孔，穿过木棍作手柄，每人一个，站在岸边向前舀水；二是用水车排干所阻挡的一段溪流里的水。戽水对于捉拿塘鲺鱼尤为有效。塘鲺鱼一般不游动，喜欢躲在水草下面，利用两根触须挂在水草上面。

这里引报道人的描述："星期六到了，我们4个人相约去戽鱼，我们建陂把一段溪流拦住，用水笕和戽斗舀水。舀干水后，捕获84斤塘鲺鱼，用生产队的木桶装满两桶，每人分了21斤。我们在回家的路上碰到一个人，叫他去捡鱼，他捡了一箩漏网的鱼。"

⑦稻田捉鱼。每年秋收时节，淇澳大队的5个水闸会打开，排干田里的水以方便收割，这时候男女老少都去捉鱼，各种鱼类都有，又大又肥。人们用自行车把鱼拉到海军码头，拿到唐家后环水产收购站销售，几十桶鱼，每桶十几斤。清理稻田中的鱼要一天，然后才收割。

⑧螺类和贝类。以前渔业资源丰富，人们对白蚬不屑一顾，而用来作为鸭、圆头鱼、蟹的饲料，许多螺类和贝类从海滩捡回来就卖给养殖户，或者给鸭子吃，提高产蛋率。现在人们日益重视白蚬，人工养殖以供应餐厅。野生白蚬依然是渔业的补充部分。滩涂都被承包了，因此白蚬不能随便捡拾，否则会出现争执。至于田螺，一般就是直接从田里捡拾回来吃，但是后来政府宣传吃田螺有食品安全问题，于是人们逐渐很少吃。米碎螺的体积很小，被当作孩子的零食。自从使用化肥、农药之后，螺类就很少了。

6. 渔获的加工与交换

前人提到缺乏资本、受澳门同行业的挤压和存在不劳而获（指剥削）的收入是岛上渔业萎缩的原因。[1] 可能还不止于此，市场的限制、走私分

---

[1] 参见罗开富、刘国雄、徐俊鸣等：《淇澳岛》，载中山大学理学院地理学系《地理集刊》（第一号），1937年6月，第26页。

散劳力也是原因。相对于国内市场和地区市场，海岛的封闭和保守得以凸显。通常大宗鲜鱼不能拿到岛外卖，只能减少产量以便与自身消费相应。少量剩余产品或作酱菜原料供给大陆客商，或者直接制成鱼干、虾酱、蚝油送到唐家、下栅和石岐等地。1963 年，淇澳岛设立了供销分社，情况也没有改变，直到淇澳大桥通车才有所改观。长期如此，也与鱼汛周期相吻，岛上的鱼汛始于 7 月，延至 12 月，过了渔期，村民就要做其他工作，如做虾酱、晒咸鱼、腌霉香鱼、捕淡水鱼等。

（1）鱼类加工。

①做鱼干。通常是剖开鱼腹，剔除内脏，用清水洗净鱼身，晾干后，将鱼放入瓮中，每放一层撒些许盐，或将盐调制成卤液，让鱼肉与卤液接触均匀，闭封后存放。腌制好后将鱼取出，鱼鳞向上，放在筛架上，晒干水汽，再翻面晒。暴晒过后适当冷却，如此反复两三天，鱼挤不出水分就算干燥了，这时鱼干显得透亮。

②做虾酱。虾酱是粤闽沿海的传统调味品，用于炒饭、蒸肉和焖排骨，也盛行于东南亚一带。方志推崇淇澳岛海域盛产的小白虾（又称"银虾"），是制作虾酱的上等原料。①

陆艳嫦是制作虾酱的能手，她先用手或擀面杖将原料银虾搅烂，在搅烂银虾时要放盐掺和。之后把一根竹子破开四瓣，中间打进一块木头，用藤箍紧，使得竹子不会分叉，竹子下端有空隙，是四瓣竹片，以增大摩擦力。然后用这根制作好的竹子继续搅烂银虾，隔一夜之后，置于芭蕉叶上晾晒，不必等干燥，微干即可。盐与虾的比例是 20∶1，即 10 斤（5 000克）虾放 5 钱（25 克）盐，以前是 10 斤虾加入 1 两（50 克）盐，现在人们口味淡，加 5 钱盐足矣，如果只加 3 钱盐，不够咸，虾酱容易发霉，且晒成的虾酱是白色而不是红色，颜色不佳。天气晴朗时可把一整桶银虾铺放在陶瓷或者芭蕉叶上晒，最好是放在陶瓷上晒，既方便又能减少浪费。

---

① 参见《〔光绪〕香山县志·卷五·舆地下·物产》第 243 页、《香山县乡土志·卷十四》第 17 页；珠海市唐家湾镇政府编：《唐家湾镇志》，广州：岭南美术出版社，2006 年，第 262 页。其中还提到蚝油、禾虫油，介绍了制作方法，说前者煎蚝汁为油，味胜盐豉，后者的制法如蚝油，又说白蚬以淇澳乡所产较佳。

③腌霉香鱼。当鲜鱼吃不完时，可制成霉香鱼。方法是先剖鱼，清除内脏，洗干净，再加少许盐腌制，之后将腌鱼包裹好，埋入沙滩，因沙滩有保温作用，利于霉菌发酵。霉香鱼像臭豆腐一样，闻起来臭，吃起来香，可口下饭。但并非人人都能够接受，故只有一部分人制作霉香鱼。近年来人们对于食品安全日益重视，霉香鱼因含亚硝酸盐（许多腌制品也一样有）被断定为有致癌性，所以制作者日益减少。

还有一种用瓦缸储藏的方法。选出筷子长短的鲜鱼，不用剖腹抠鳃，整条放入瓦缸，缸底有细孔，一层鱼，一层盐（半厘米厚），摞几层后搁一层稻草，如此重复，直到放满坛子，上面覆以稻草，鱼汁会从底孔流出，鱼半湿不干，过了一段时日就可取出食用。食用前先将鱼内脏清理干净，再入锅加工，可得醇美的鱼味。

④烤海狗鱼。据宣传，海狗鱼富含12种氨基酸，食用之具有多种治疗效果。随着温州市民的青睐，海狗鱼身价倍增。通常渔民捕获后直接卖给鱼贩，鱼贩再空运到温州，或者将其烤干（晒干也行），哪里鱼汛期海狗鱼量大，鱼贩便请当地渔民加工，然后收回。烤海狗鱼一般是用炉火，用铁丝将其串起来，类似于烧烤，整个制作过程需要小心翼翼，根据火候多次翻转鱼身以免烤焦。一般是男性烤鱼，女性处理海狗鱼并将其用铁丝串起来。

⑤餐饮业的加工。淇澳岛有大小餐馆约25家，有三四家规模较大。大餐厅都有私人鱼塘，可提供一部分产品，同时也开设鱼塘钓场，钓上来的鱼可以由餐厅加工，餐厅收取钓场费以及加工费。另外一些餐厅就是直接从岛外购买或者由鱼老板直接供货，淇澳岛的渔民大都是将鲜鱼交给鱼老板，虽然价格相对低一点，但是节省了去市场售卖的时间，这些鱼老板都是直接向各大餐厅供货。随着淇澳岛旅游业的发展，餐厅也日益发展壮大，它们消化掉了很多岛内以及岛外的渔业资源。

⑥牡蛎加工。"牡蛎"是蚝的学名。岛上刚采割的鲜蚝除了满足日常所需之外就是晒干，其中又分为生晒和熟晒，区别在于是否将其煮熟。生晒保留的鲜味更多，熟晒保质时间更长，晒制过程是一样的。天气晴朗时，将蚝肉从蚝壳里面取出，放在容器（一般是筛子之类或者网状平台）里，不能过密，直接放在阳光下面，要定时翻动，防止蚝肉黏在容器上。

直到蚝肉变硬，外膜不易擦破才算晒好。切勿在阴雨天或者湿度大的时候晒制。

（2）渔产品的交换。

①圩市。"圩"即农贸集市。原来村里有一座亭子是老市场，位于南腾街，后为新市场所代替，现在人们每天到新市场去交易。过去，出岛卖鱼是件头疼事，只在渔获丰收、内部难以消化时才会拿去大陆卖。大陆有三个圩市：唐家、下栅和前山。三者圩日不同。唐家圩离淇澳岛最近，下栅圩规模最大，淇澳村民最喜欢去下栅"趁圩"。下栅每月农历初一、初四、初七、十一、十四、廿一、廿四、廿七逢圩，圩日里人头涌涌，成交物有鱼盐、畜禽、果蔬、山货等土特产和糖烟酒、日用品等。

②中介人（收鱼者、保护人等）。淇澳岛滩涂全部被本村人承包了。这些承包人把滩涂划分为小块，分给流动人口租赁，定时收租，同时他们扮演着中介的角色来收购水产。承租的渔民有义务将渔获卖给他们，价格比市场略低。每次打鱼回来，这些鱼老板就派人来取鱼，省去了渔民售卖的时间，只有渔获极少时，渔民才让家人拿到市场出卖。鱼老板有义务为手下的承租者提供住房、水电等设施。这些渔民绝大部分住在村外码头附近，职业性质决定了他们很难搭建住房，加之政府的整顿已成常态，不时拆除违章建筑，推进了鱼老板和承租者间互为依赖的关系。除了鱼老板，还有一个群体扮演中介的角色，主要是收购与贩卖螃蟹，然后从中赚取一些差价，从长时段的交易过程来说，他们类似于掮客，专门解决供应和消费的供求矛盾，利于提高资本循环。这些中间商从渔民手中收购螃蟹，同时自己也从事捕捞，然后将其卖到地区市场乃至国内市场。他们掌握广阔的市场信息，一般会有一部小型货车。

归纳以上的情况，可知淇澳的渔业呈结构性，主要有四大块，共同承担着满足岛民生活所需的任务。这四大块是：①海岛周边海域的鱼类——以捕为主；②海岛周边海域的贝类（蚝、贝、螺）——以捞为主；③在特定水域或滩涂上建围——利用潮汐带来的种苗（鱼、虾、螃蟹、蚝）——以养为主；④淇澳岛上溪流、沟渠、山塘里的淡水鱼类（塘鲺鱼、生鱼、鲫鱼、小金鱼、黄鳝、泥鳅）、螃蟹、蛙类（如田鸡）和螺蛳等——以钓、舀（如在一段沟渠内堵上坝，用水笡或戽斗汲水）的方式获得。

由此可知，淇澳岛的渔捞业有咸水与淡水之分，前者发生在海洋，后者发生在江河湖泊，二者各自还可细分。就前者而言，由于海洋有近海和远洋之分，因此渔业也有海岛和海洋之分。海岛渔业是综合的，海洋渔业较为单纯。上面讲到的事例很有说服力：首先，淇澳岛的传统渔业渗透着农业和养殖的因素，村里没有专门捕鱼、不事农耕之人。传统生计是半渔半农，换言之，三分捕捞，七分稼穑；其次，不需要大型拖船，芦苞艇和木帆船足以应付，也不需要大型渔网；再次，作业场所和捕捞方式多种多样，既可在海上驾船下网，又可在岸上踞守罾棚捞鱼，还可踩着橇板滑行在滩涂上，也可在岛上溪流垂钓和戽鱼；最后，捕捞对象是多种多样的。反观海洋渔业则完全脱离陆地，依赖渔船和网具在海面作业。在向现代转型的过程中，外来的渔民只捕捞，不务农，渔业性质比较单纯。

除了水产资源以外，还应注意陆地植物资源。岛上植物多样，花蜜、果实、块茎、醉鱼草（亦称"毒鱼木、毒鱼草"）都有，还有大片竹林，一些山岭生长着油柑树。油柑，别名"余柑子、庵摩勒、圆橄榄"等，八九月成熟，果实可食，苦涩回甜，含有丰富的抗氧化活性成分。果核和树皮捣碎后熬成清胶，可用来染网，染出的颜色深沉柔和，为村民所乐用。

过去的渔网多用苎麻、棉纱织成，这种材料在海水中不坚实，为了增加耐用性，须经过栲染：第一步，备好血水，将猪（或牛）血块在水中搓溶，将渔网浸在血水中搅拌50分钟，捞出晾干；第二步，将油柑果核和树皮（有时是薯莨）放在石臼中用碓子捣成糊状，再捞起汁液置于大铁锅中，以文火煨数小时，打出汁液，冷却后即成胶状，按1公斤网线配0.7公斤清胶的比例，用20倍清胶的热水在大木桶中冲配，将新网置入桶中浸泡，搅动50分钟后捞起晾干，然后再冲配溶液，浸泡渔网，如此反复五六次；第三步，将染好的干燥网置入木蒸桶，用旺火熏蒸5~6小时后取出，蒸时不要揭开盖子，更不要朝着渔网泼水，以免冲淡胶质，此时禁止人走出蒸房，根据巫术的联想思维，主要是担心将来鱼儿漏网逃脱。最后取出晾干（最好是阴干，不可暴晒，以免影响网目强度），便能防腐，且入水易沉。新网染过晾干后会自动吸收空气中的水分，保持强度，下海生产后，网目的强度还会上升。新网不染可用2年，染了以后可用5年，若要持久使用就要经常染网，只要看到网线脱毛就是该染网的时候了。

海岛的环境、资源决定了渔具的特点与作业方式。淇澳岛西部"下海"的滩涂多，因此发明了橇板和弹涂鱼笼，东部"上海"的海湾、沙滩、石滩多，适合驾船垂钓、扳罾拗鱼，罾棚成为岛上的特色渔具。淇澳村里有十几户人家会打铁，还有几十户人家会编篾，家家都会织网染网，各种技术在劳动中公开传授，没有什么秘密可言。值得注意的是，淇澳岛的渔具不是原生态的，而是次生态的，都是开基建村时从岛外带来的，而后再根据环境的需要加以改良，糅入新的因素，达到提高渔获的目的。

第七章
农业生产条件

　　农业是利用动植物的生长规律，通过人工技术获得产品的营生。淇澳村民以稻作为主，水田植稻，晚造收获后，也播种豆类、小麦、甘蔗等越冬作物，旱地种薯芋、旱禾、蔬菜等。

　　上述产品，以稻谷为最大宗，每年早晚两造。薯芋、花生、蔬菜等亦可两熟。水果一年一熟。俗语"民以食为天"。这些农产依赖天气、土地、劳力、农具、种子和肥料等基本要素。天气纯粹是自然要素，后面五项则既有自然的性质，亦有人为的因素，兹分别阐述：

　　天气是光照、热量和水分的动态综合。岛上气候如何呢？

　　本岛属于华南，为亚洲季风带，故年中风向当受季风之影响。据乡民言，每年由四月至九月，天气炎热时，风向多在南至东象限内；至本象限内者亦有。而一、二、三、十、十一及十二等月，天气寒冷时，则多在北至东象限内；至西象限内者，亦复不少。来往淇澳与唐家之帆船，虽在短距离内，亦常利用此种风力以航行。即吾辈二次考察至此，亦见舟子乘风以渡海。

　　此外，本岛每年七八月间，尚有风暴之袭击，为害甚烈。此乃热带之台风……经香港在吾粤沿海上陆者，淇澳岛常蒙其害。台风为灾斯岛，平均年约一次，多则二三次亦不足。狂风暴雨，相继而来；村前海，洪水暴涨，作物盖为淹没，间或浸入村中，房屋倒塌，灾情剧烈。

斯岛年中雨量丰沛，尤以夏季为最；盖夏季，风来自海洋，夹带多量水蒸气，冬季则反是……本岛雨量与香港、澳门、广州三地略有不同，然下雨季节大体相同。

全年雨量，斯岛适在 1 700 至 1 800 公厘之间……全年下雨日数，则介于 140 至 150 日之内……吾人数次至淇澳考察，亦常见黑云密布，几隔日降雨；或则淫雨连绵，或则大雨滂沱；大有"天无三日晴"之叹！本岛雨量数六月为最多（20 日），雨量达 290 公厘；而一、二、十、十一及十二等月，则属降雨日数最少之期（平均 5 日至 10 日），雨量则以一至十二两月为最少，均得 20 至 29 公厘而已。故间或有天旱之虞。据乡民言："十年倒有三年旱。"前年（1934）稻米失收，即旱灾为害也。

斯岛雨量丰沛，故年中湿度极高。四季多雾。因此岛孤悬海中，面积甚小，受海洋之影响特深也。每当八九月间，晨光熹微之际，徒步岛上，汩汩露珠，遍地皆是。此乃夏末秋初之候，天气晴朗，夜则风静无云；地表因辐射极盛，与地表接触之湿气，则凝而为露。①

本书第一章提到广东省气象台公布的珠海气象资料，后来援引温长恩等 6 人的报告时也说到天气②，通过综合比较发现天气的变化确实不大。笔者自 2015 年到 2016 年的 4 个寒暑多次上岛调查，对岛上天气也有切肤之感。现在抄录田野笔记中的一段话："气温高，热力足，利于植物生长，放眼所望皆一片绿色，山峦树林起伏，多为亚热带乔木。农民在田间耕耘，作物种类较多。全年无雪，降霜多在农历十二月，为时甚短，于庄稼无大碍，一月的最低气温在 4℃～5℃。"

淇澳岛处于季风区，降水受季风影响，一年分干、雨两季。干季易出现周期性干旱，雨季会出现间歇性干旱。危害最大的是春旱（2—5 月）

---

① 罗开富、刘国雄、徐俊鸣等：《淇澳岛》，载国立中山大学理学院地理学系《地理集刊》（第一号），1937 年 6 月，第 14－15、17 页。

② 温长恩、陈琴德、张声骙等：《淇澳岛自然资源及其开发利用》，载《热带地理》1987 年第 3 期，第 211 页。

和秋旱（8—10月），分别影响春耕春种和晚稻生长收成。[①] 应对干旱天气，农田作业需要做好蓄水工作，提高水的利用率，对农田作物进行重点浇灌，也可采用覆盖地膜、渠道防渗等方法进行农田保水工作。

现在从天气转到土地。方志云："香山土田凡五等。一曰坑田，山谷间稍低润者，遇涝水流沙冲压，则岁用荒歉。二曰旱田，高硬之区，潮水不及，雨则耕，旱干则弃。三曰洋田，沃野平原以得水溉之先者为上。四曰咸田，西南薄海之所咸潮伤稼，则筑堤障之俟，山溪水至而耕。五曰潮田，潮漫汐干，每西潦东注，流块下积则沙坦渐高，以蒉草植其上，三年即成子田；子田成，然后报税，其利颇多。"[②]

淇澳村没有洋田（从冷水淤积的湿地改造出来的稻田），洋田在粤东今潮安县凤凰山区比较多。淇澳村只有坑田、旱田、咸田和潮田四种，由于第三种所占比例不大，可以简单地说，淇澳村只有坑田、旱田和潮田。

自康熙二十三年（1684）村民从五桂山返乡，335年间的天气变化微乎其微，而海岛陆地面积及利用程度却发生了质变。村里的耕地经过一个由少到多又由多到少的过程，各时段的耕地数据与人口规模、生产方式存在内在联系。人口是自变量，调节着土地的需求，民国以降，周边地区如香港、澳门、广州的生产方式不断从农村吸纳劳力，淇澳村的年轻农民不断出走，村里出现劳力不足、土地荒芜的现象。

以下在实地访问的基础上，结合文献补充，以民国三十六年（1947）前后为轴，以淇澳乃至香山为界，在特定的时空框架内叙述租佃的内容与形态。

1. 地租形态

地租乃佃农使用土地并付与地主的报酬，一般分为役租、物租和钱租三种。淇澳岛只有物租与钱租，没有役租。

①物租依内容可分为定额租、分租和折租。

---

① 梁必骐主编：《广东的自然灾害》，广州：广东人民出版社，1993年，第145页。

② （清）祝淮修，黄培芳纂：《香山县志·卷二·舆地下·风俗》，载陈建华、曹淳亮主编：《广州大典（296）·第35辑·史部方志类》，第58册，广州：广州出版社，2015年，第318页。

定额租是由主佃双方预先口头约定或以文契形式讲明纳租种类、数额，嗣后佃农每年依规向田主纳租。在契约框架下，依租额有无伸缩性又分为软租与硬租（铁租）两种。所谓软租指事先虽决定租额若干，但佃农所耕之地遇到意外而致歉收，佃农可请田主亲临现场视察灾况，酌情减免。所谓硬租指承佃前只要决定租额，无论年成如何，颗粒不减。淇澳二者兼而有之，尤其流行软租。一般来说，水利较佳、土质优良的农区流行硬租。

定额租以谷为主，年中分两次收缴，收割早造及晚造后各一次，第一次在农历七八月间，第二次在十、十一、十二月间。早造纳租的亏空由晚造补足，晚造纳租不足，翌年早造补足。

分租指事先只定比例，不定租额，待收割脱粒入仓前，主佃双方按收成均分。此租又有两种：一是分立式，承佃前商定分配比例，收获时履行协议。经营是佃户的事情，田主供给农地，甚或暂垫成本，其余概不负责，有关经营事项也无权过问。这种租佃形态在淇澳不太流行。二是合作式，田主出土地，佃户出劳力，双方均担资本，从事耕作，待到收获时，亦平分收成。这种租佃形态在淇澳十分流行。

折租指事先不定租额和分配比例，收获后，主佃双方依照附近街圩的市价酌议成现金作为租额收纳，采取折租的多数是族田、学田、会田或主人家在远方（城镇、外乡）的田地，一为避免租金滞交，由市价调节租额，二为避免运输困难，故折成款项。折租与钱租制有着天壤之别，是一种没有定额的钱租，价款由市价而定，折款时间在收获后商定。淇澳村在万顷沙的公田以及村民在外购买的田地基本采取折租的形式。

②钱租在物价稳定时期颇为普遍，尤以公田为然，它们多数置于外地，且多为收预租者，采用钱租形式，可避免运输交付的不便，免除折租时的评议手续，无论丰歉，分文不减。在抗日战争与国共内战时期，农村间有暴富或由佃农跃为地主者，原因不外承包了大量采用钱租的田地。由于不会订约频繁，而是数年一定，战前定约的佃农可利用约期较长和战时物价剧烈波动、货币贬值的因素，在缴纳钱租时有点赚头。

2. 租率与租期

淇澳村的租率因地租形态而异，主要有谷租、分租和钱租：

①谷租。以谷物为租，租率随耕地的土壤、位置与农产品而不同。山间坑田，远离村庄，交通不便，普通上等水田，每亩每年缴租 150~200 斤，中等水田 130~150 斤，下等水田 80~120 斤；旱地上等者 70~90 斤，中等者 50~90 斤，下等者 30~40 斤。在平地区域，水利设备良好、交通便利者，上等水田 250~350 斤，中等水田 200~260 斤，下等水田 150~180 斤；旱地上等者 150~200 斤，中等者 100~130 斤，下等者 80~100 斤。

②分租。因定义已见前述，这里只说租额。租额以分租的成数为转移，具体以租佃双方的条件为转移，在田主供给土地、佃农供给劳力以及其他资金、肥料由双方平均负担的情形下，分租率五五分成（各占 50%）。在佃农只提供劳力，其余由田主负担的情形下，往往实行三七分成（田主占 70%，佃农占 30%）。

③钱租。议定租率的标准分收预租（收获前预先缴纳）与不收预租两种，且都以订约时的市场谷价作为议定租率的基础。淇澳村不兴承耕前缴纳押金，在大陆某些村庄较为流行。

在不收预租的情形下，如果物价稳定，佃农吃亏不大；要是物价波动，田主除了根据谷租额折成现金以外，还要将金额提高两至三成，收预租者则可免。

缴租的地点可在晒场，也可在田主家中。倘若实行分租，多由田主莅临现场，与佃农分摊收成。倘若实行钱租，通常由佃农将钱送至田主家中。若地租为谷物，因租额早已确定，一般是由佃农挑到田主家中，若路途较远，田主要预备午膳招待挑夫，但不给工钱。

租佃期限有不同的约定，大体分为 1 年为限、长期租佃、永远使用、不定期四种：

第一种：田主每年有一次撤佃的机会，佃农每年有一次被撤佃的可能，通常分租制实行这种租佃期。

第二种：最少 1 年，一般 5 年，多者 10 年，甚至有 20 年的。

第三种：因佃农与土地存在特殊关系，佃农有无限制使用土地或转佃的权利，田主只有田底权而无田面权，田主可出卖田底权，然佃权不受影响。有报道人称，这种租期制以前听说过，但从未见过。

第四种：主佃双方没有规定租佃期，契约上只写明"欠租不缴者，任凭另佃"等字样，田主可任意撤佃。此种佃制在淇澳岛极为流行。一般不会无故撤佃，撤佃总是有原因的，多为欠租不清，间或有田主想自种，始行收回。

3. 契约方法

契约方法分为直接租佃、公开竞投和转佃。直接租佃者是佃农凭中介人介绍，直接与田主商议承租批耕。公开竞投的多为公田，每届招佃期间，出示招贴，定期公开招标投承，规定最低租额及承耕时期，公开竞投，价高者得。转佃是佃农向包佃人（寻常说的"二地主"）转租土地。包佃人资金较多，足以支付预租，或者与一方有身份地位者的关系特殊，获得担保。他们的土地多源自投标公田所得，一些贫穷户因无力耕耘，也会将自己的耕地典当给他们，当他们掌握许多耕地时，缺地的农民就会转向他们请求承租土地，包佃人则赚取投标与收租之间的差价。总体上淇澳村主要是直接租佃，次为公开竞投。

4. 承租手续

佃农恳求某位人士作中介人，请其代为向田主或包佃人传递信息，请求给予批耕，后两者查明了佃农的品行、信用，答应批耕，遂由田主、佃农、中介人三方当面协议租佃条件，订立契约，佃农即取得佃权，中介人获得少许佣金或其他好处，田主取得谷物登场后收租的预期。如果某人与田主稔熟以至有感情，则无须这套烦琐手续，径直与田主口头约定即可。

5. 租佃契约

租佃契约是规定主佃双方权利义务的重要文件，以下三种情况多采用书面契约以避免风险：田主居住较远以及实行定额租、钱租方式。租佃契约的一般形式如下：

立承租人×××今租到××田××斗××坵。

言明每年租谷××担××斤，分早晚二造清缴，租期××年为限。

恐口无凭，特立字为据。

承租人×××签押

中介人×××签押

代笔人×××签押

××年×月×日

前面说过，将孤屿连成一体，扩大岛陆，实与自然淤积及乾隆至道光年间（1736—1850）的人力参与有关。民国二十六年（1937），全岛面积14.6平方公里（238顷），全村耕地约20顷（2 000亩）。两个数字都不是基于实测，前者根据广东陆军测量局1：25 000的地图测算所得，后者是民众口传，中山县曾要求各区乡统一丈量耕地，核实户口，务使各村赋税合理，然本岛耕地面积向无正确统计。尽管如此，这两个数字都不虚，依此计算，当时土地利用率占全岛土地面积的8.4%。[①]

集体经济时期围海造田，全岛面积扩大为15.42平方公里，扣除涨潮淹没之地，折合23 130亩。当时淇澳大队不过2 000人，其中农业人口1 724人，占总人口的86.2%。全村耕地3 167亩，90%以上集中在中部海积平原。[②]

早先人口少，有坑田无潮田，坑田分布于丘陵谷底的冲积地带，坑口对着海岸，引泉水、溪流、山塘灌溉。那扪山坳中的坑田较多，犁扪、南坑和大坑等处的坑田较少，东澳湾和牛婆湾有一部分，叫"东澳田""牛婆澳田"。后来人口增加，有力量在滩涂外面修筑堤坝，在澳湾海岸围出潮田。潮田在马溪海沉积平原广为分布，前方建有一条围堤将海水隔开。潮田和坑田是村民的产粮基地。

[①]　本段的三个数字引自罗开富、刘国雄、徐俊鸣等：《淇澳岛》，载国立中山大学理学院地理学系《地理集刊》（第一号），1937年6月，第22页。土地利用率算式：$20 \div 238 \approx 0.084 = 8.4\%$

[②]　温长恩、陈琴德、张声粦等：《淇澳岛自然资源及其开发利用》，载《热带地理》1987年第3期，第210、213页。

　　岛上地表多红壤，含沙多，有机质少，土地贫瘠，同时坑田面临水温和土温过低的问题，潮田则面临土壤盐碱度上升的问题。村民用人畜粪便、厩肥、绿肥给坑田作基肥，适量补充油枯（榨油后的残渣），再撒些蚝壳粉改变土壤结构，禾苗成长中要施以粪便作追肥。潮田则在收割后简单地把稻秸秆踩进泥里，让其沤烂作基肥，插秧后撒些草木灰作追肥。[①]村民发展出一套沤肥方法：在田间挖一坑，以草棚遮蔽，平时将收集到的人畜粪便不断投入其中，混合杂草待其发酵。

　　由于采薪和伐木的需要，植被不断受到破坏，秋冬还放火烧山，增强土壤肥质和温度，所以地表水难以积留，导致容易遭受旱涝灾害。村民采取具体问题具体应对的态度：对于坑田采用开挖深沟排出积水、深翻土地暴晒土壤的方法，提高土壤温度，春耕时再放水入田。至于潮田本不缺水，而是容易盐碱化，所以在田外绕以堤坝，涨潮开闸引水，直至水量足够后关闸，退潮开闸排去余水。开闸引水时通过口尝或观察水色与风向，或通过鱼群来辨别水的咸度，咸则拒之，淡则引之。鉴于秋冬雨水少，易引起土壤盐度上升，村民尽量引春水冲盐，若是春季降水推迟或偏少，那就束手无策了。过去除了鸭仔塘、芒坑等天然储水池，未在任何山谷建设大坝蓄水，不兴蓄水工程，表明村民有靠天吃饭的思想，直到1956年5月才有根本的改变。

　　土地的利用呈起伏状态，有时充分，有时不充分。据云，民国时"尚有许多可耕地，未曾利用……不特几许沿海低地任其荒芜，在南坑与江树山二处，吾人且见昔曾耕种而今已荒废之田，由此可见本岛之人对于土地不特不加开发，已开发者尚且任其荒芜"[②]。土地利用不充分的症结何在？可能有几个原因：在澳门、香港的吸引下，村中青年劳力渐少为其一；懒惰为其二。1937年，从中山大学来的罗开富等4位调查者看到，一方面耕地荒芜，另一方面村里人整天捧着茶壶谈天说地，还有吵架骂街的，却不去修葺园地、疏通水利、保护堤坝。他们还看到家家都要吃菜，但种菜人

　　① 罗开富、刘国雄、徐俊鸣等：《淇澳岛》，载国立中山大学理学院地理学系《地理集刊》（第一号），1937年6月，第25页。

　　② 罗开富、刘国雄、徐俊鸣等：《淇澳岛》，载国立中山大学理学院地理学系《地理集刊》（第一号），1937年6月，第22页。

寥寥无几，西洋菜倒是随处可见，因费力少而收获多，至于别的菜都是园中结庐，生怕被人偷摘。他们把这两种现象归为村民懒惰。[①] 而懒惰的习性又被农渔的季节性以及淇澳便于走私的特殊位置所加重。农谚"人勤地不懒""人误地一时，地误人一年"说明懒惰者到处都有。

就劳力而言，民国时期，村民由自耕农、半自耕农和佃农构成。假如自耕农有多余的土地，就会出租一半，坐享地租，留下一半，或者自耕，或者雇工代耕，如钟××有田11亩，出租5亩，雇工6亩（自己半劳动）。半自耕农多不雇长工，只在农忙时雇请短工。在半自耕农和佃农中，一些人以前是自耕农或小地主，后来境遇不好，不得已而把耕地卖给本村或邻村的富户，只留小块耕地或者一点耕地不留。1950年冬实行土地改革，将自耕农划为地主或富农，又将半自耕农、佃农分别划为中农、贫雇农。淇澳村的自耕农较少，半自耕农和佃农较多。[②] 田间作业不分男女，不过在一个家庭中，粗活累活都是由男子担任。

淇澳村有一种情形：中农和贫雇农把自己少量的耕地出租给他人，但与上面"坐享地租"的涵义全然不同。他们之所以既不种地又不卖地，一方面因分家关系，或者家庭多故，或者受土豪劣绅的敲诈、高利贷者的盘剥，又有眷念乡土的情怀，不想继续漂泊在外，而耕地有限，想要老有所依，不肯变卖；另一方面，没有能力筹措资金购买良种、肥料、农具，于是只得把耕地出租给富户，接受后者任意规定的地租额度，自己在村里做长工、短工，或者出外做工、当水手、经营小本生意、拉黄包车，用血汗去换取工钱，甚至做丘八（当兵）以求一饱。过去村里有不少这样的人。[③] 农业生产力尚未充分提高，部分农民只得另谋出路，这种情形在改

---

① 罗开富、刘国雄、徐俊鸣等：《淇澳岛》，载国立中山大学理学院地理学系《地理集刊》（第一号），1937年6月，第22、24页。

② 1982年9月唐家公社淇澳大队实行农会会员登记，全大队新旧会员共1 034人，据登记册，第一生产队共99名会员，其中贫雇农58人、中农（含下中农）36人、富农1人、地主4人，可为佐证。

③ 《唐家公社淇沃大队第一生产队农会会员登记册》，藏珠海市档案馆，卷宗号：A1.03 - 0056 - 016 - 1982。

革开放之初仍然存在，当时村中务农人员仅占总人口86.2%。①

现在说农具。据调查所得，淇澳村的农具可分成大农具和小农具。大农具指耕牛、犁（含配件）、铁耙（依齿数有几种）、风枢（风车）、水车等；小农具指锄头、耘荡、铲子、桶（多种）、镰刀、水笕、戽斗、箩筐筛（多种）、竹木耙、竹围、竹搭、扫帚、石臼、草笠、蓑衣、箬帽、草鞋等。大小农具几乎是家家都有，唯有耕牛两三户才有一头，轮流喂养使役。如果太多家庭共有一头耕牛，农忙季节容易耽误农事，还会累垮耕牛。富户有一两头耕牛。耕牛的作用非常重要，农民一年四季无论刮风下雨都要悉心照料，农民只是一段时间才使役耕牛，专门养牛出租对于农户来说很不划算，这体现了农民理性的一面。关系较好的家庭互借耕牛使役，这与租牛不同，虽然不给现金，但并非无偿，借用耕牛的人家要通过劳动或者其他礼物作为一种隐性的租金来回报。

据罗开富等4人报道，淇澳岛的养殖业，除了海中养蚝以外，陆地主要饲养禽畜：

普通人家常有猪一二头，因可利用残羹冷饭等为饲料，且无须放牧，故农家多喜养之。牛则为耕作时必需，且本岛草茂，故养者亦甚多，均当作役畜。此外以养鸭为最盛。盖本岛多卑湿沼泽，最适于饲养也，除普通人家多有养畜外，尚有专以贩卖为目的的养鸭场四。南坑一场，有鸭约五百只，其余三场，一在村前，一在蔡家林，一在流水坑，各有三四百只。其饲养料为谷及生蚬。日间复驱往沼地，令自觅食小鱼虾之属。鸭蛋多运往石岐，闻全村每日可得蛋三四百只。鸡则多养于家中，然不及鸭数多。②

全村皆以小资本和家庭性质经营，投入少，产出亦少，一切农活皆全家合力完成。加之海岛狭小，耕地面积不大，多数水田离村庄不远，唯旱地较远，收获时，很容易将农产品担回家中。农产品除供本村消费外，剩

---

① 温长恩、陈琴德、张声粦等：《淇澳岛自然资源及其开发利用》，载《热带地理》1987年第3期，第213页。

② 罗开富、刘国雄、徐俊鸣等：《淇澳岛》，载国立中山大学理学院地理学系《地理集刊》（第一号），1937年6月，第28页。

余则棹艇渡海将农产品运至内陆下栅、唐家等圩市出卖，换回油盐酱醋、棉布等日用品。也可请人代卖，付其佣金。

小农经济剩余甚少，资金缺乏，不能改进农具和引入良种，耕地零散，也不能运用先进农机，只能从事简单再生产。若稍遇旱涝、风害或其他家庭变故，则需四处举债，以为应付。一般借贷用途，以粮食消耗为主，次为购买种子、肥料。农业资本富于季节性，生产上的借款多在播种前或中耕前，每宗借款为期不长，每届收获，即须清理。故多自三四月至1年不等，超过1年者不多见。间有流行短期，以5日为计算者，普通人称之为"圩利"。一经借出不足5日者作5日计算，利率每期约为5%。此种短期贷款，需用者多为在农村中之商贩，其用途多作农业周转。普通农家殊少利用。

在清明、春节等节日，或婚丧嫁娶，为适应俗例，可能又会举债。这类举债一般是通过合会方式筹措谷物或资金偿还。其运用方法，通常由需用资金者为发起人，邀亲友若干，合组一会。发起者为会首，余者为会脚，订期若干时间集会一次，需用款者可在会间竞投，以出息高者得之。得会者需宴请全体会脚，如是轮流至全体会脚皆得会时为止。

我国以农立国，1949年的人口数为四亿五千万，田赋是重要的税收，究其根本来源于土地。在华南地区，掌握土地者，除了私人地主以外，还有集团地主，土地改革时，分别称之为"活地主"或"死地主"。死地主乃宗族某一代祖先，其所购置的地产即族田。此外，族田、庙田、学田、会田等统称"公田"。字面是田，其实包括山林、池塘、渠道等。

清朝以前，历代政府按田亩编册，依地形、面积、肥力纳粮，是为田赋。香山县衙跟其他县一样，设有"钱粮房"，由师爷根据"鱼鳞黄册"所载的地丁、民米数字征粮，每年分早晚两造，派出粮差到村邑挨户催收，偏远村庄则由钱粮师爷委托当地"大天二"代征。"大天二"是恶霸的代名词，他召集马仔横行乡里，却未沦为盗匪，县衙经常给其区乡长或保甲长名义，利用这股恶势力保一方平安。粮户业主畏惧"大天二"的淫威，主动示好，不敢赖粮。"大天二"征收完毕，派人装船押运出岛，运抵县粮库。"大天二"敷衍上下，可以从中渔利。这种按"鱼鳞黄册"征收田赋的做法从前清延至民国二十三年（1934），后因地方行政区划调整。

旧册体现的赋籍制度，如都、图、甲等，与新出现的区、乡、保、甲很难吻合，只能按粮户姓名催征，而大部分业主的姓名或因产权继承，或因典当、买卖、转让、赠与，或因逃亡绝户等未办理交割更正手续，加上某些官僚退隐乡间，以占有大量腴田为荣，一旦家门破败，只好出售土地，为了保全忠于皇上的脸面，宁愿"卖田不卖税"。以上种种原因致使赋籍混乱，造成实际征收数额逐年下降。

为了满足地方财政支出之需，民国以降，香山县衙亦跟广东各县一样，不顾人民财力能否胜任，在田赋之外，巧立名目，擅自附加，以致怨声载道，迫使当局寻求解决办法。民国二十三年（1934），省长陈济棠下令撤销钱粮捐，改征临时地税。中山县照章执行，在省财政厅的监督下，按乡举办田亩调查（清丈土地、产权登记、平定地价），于翌年春造册征税。

抗日战争时期，国民政府为了供应军粮、公职人员定价购粮、调节粮食市场、平抑物价，决定将辖区内的田赋改征实物。在贯彻执行粮政时，各县成立田赋征实监察委员会，杜绝贪污舞弊。粮政虽然好，但物质诱惑大，确有"道高一尺魔高一丈"的意味。经办人员常把搜刮的民财进贡一些给监察委员，双方形成默契，久而久之，中饱私囊者甚多。

按国民政府粮食部的规定，验收稻谷用量器计算，每石重量折合83.171斤。具体为：10 合 = 1 升，10 升 = 1 斗，10 斗 = 1 石。斗用木板制成 4 种直方形，分别是 5 斗、3 斗、2 斗和 1 斗。合用竹筒制成两种圆柱形，分别是 2 合、1 合。有人撰文揭示农民遭受两次剥削的经过：[①]

农民把颗粒结实饱满、不含水分和杂质的稻谷挑到粮库，经办人员在验收时当面把稻谷倒入风车，摇动把柄，只需暗暗用点力气，风力就很强劲，不仅可将次谷吹出风口，也吹走一些好谷，每天只需扫拢地上的好谷便是一笔收入，于是农民遭到了第一次剥削。

农民把扬净的稻谷担到指定的库房过斗，将纳赋通知单交给斗手。比如上面写明交 2 石 4 斗 8 升 8 合，斗手须用 5 斗量器装谷 4 次，用 2 斗量器装谷 2 次，用 1 升量器及 1 合量器装谷 8 次，农民眼见斗手高声唱数入

---

① 卢子正：《民国广东征收田赋方法》，载《广东史志》2000 年第 4 期。

仓，似乎是正确的。殊不知倒的次数越多，农民受剥削越重，斗手倒谷入斗时，箩筐提起的高低，泻谷的急缓，用力的轻重，都可改变谷粒在量器中的密度，使农民多交或少交，幅度在 17 斤上下，于是农民受到第二次剥削。

此类雕虫小技瞒得过一人，瞒不过大众；瞒得过一时，瞒不过永久。当农民怨声沸腾时，政府的威信也就扫地了。抗日战争结束后，一度改为衡器，但秤的砣、杆、绳同样可以搞花样，难以克服弊端。

土地改革的前奏是清匪反霸。淇澳村清理公尝，剥夺了富户长期占为己有的死地主财产①，把清理出来的租谷分给农民。当时有两种做法，一种是先清后斗，另一种是先斗后清。前者容易停留在经济问题的纠缠上，忽视政治方向，后者效果较理想，群众得到经济补偿，政治上翻了身。

淇澳的土地改革分两段进行：第一段始于 1951 年冬，终于 1952 年春，以便赶紧播种，本村在港澳谋生的人纷纷赶回家乡参加分田；第二段是复查，始于 1952 年夏，终于 1953 年。分到田以后，1953 年村里出现了互助组。一位报道人说："当时三五户合得来的家庭就成立一个互助组，你帮我，我帮你，不记工分，收成归自己。"由此直到 1957 年是合作化时期，在互助组的基础上依次出现初级社（小社）、高级社（大社）。

1956 年 5 月 14 日，淇澳村召开了围海造田动员大会，决定在今红树林至东八头角修筑一条长 1 100 米的拦海大坝，在五项围以外区域造田2 300 亩。1957 年 8 月竣工，15 个月的工期，没有任何大型机械，全靠社员一双手，在海泥里打松树和杉树桩，树桩直扎到坚硬的海床，各段深浅不一。坝基平均深 25 米，基宽 60 米，堤面宽 3 米，高出海面 3 米，高出围塘水面 4 米。

---

① 卢权和禤倩红提到"村中公尝等物业被地主豪绅苏雨田、王凤和、唐三才等任意霸占私分的情况"。参见传记文学《苏兆征传》（广州：广东人民出版社，1993 年）第二章"步入人生"的描写。

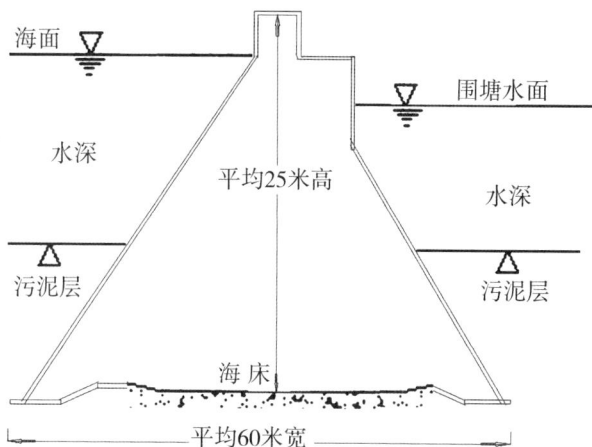

图 7 - 1　从三二排横亘八角头的大围基堤坝横截面

1956 年 9 月，淇澳 9 个小社通过"三评"[1]合并成南华、五四、东方 3 个生产大队或"片"，1958 年 10 月 25 日划归张家边人民公社[2]。公社经过三年调整，1962 年实行"三级所有，队为基础"的体制，这时淇澳村恢复了一度消失的自留地和家庭副业。

此处根据档案叙述二社的情况，该社由钟胜源、钟奕基两个互助组构成[3]：

1956 年，全社有 26 户，其中贫农 17 户、老中农 1 户、中中农 2 户、老下中农 3 户、新上中农 1 户、新下中农 2 户。总共 82 人（男 40 人、女 42 人），其中筹委 9 人[4]，内有党员 1 人、乡干部 2 人、团员 3 人。全劳动力 39 人，半劳动力 17 人，丧失劳动力 26 人。

---

① "三评"即评耕地及产量，评大农具、耕牛、评劳力，以此决定土地入股、分红及耕畜农具使用办法。

② 参见《珠海县唐家公社淇澳岛扑灭口蹄疫工作总结》，藏珠海市档案馆，案卷号：永 - A. 2. 7 - 0731 - 009 - 1975. 12。

③ 参见《淇澳乡一组二社"三评"检查报告》，藏珠海市档案馆，案卷号：永 - A. 1. 01 - 0054 - 004 - 1956. 10；还可参见钟金平、钟华强主编：《淇澳的前世·今生》（未刊稿），淇澳老人协会，第 63 页。

④ 各地农村成立高级社、人民公社时，均事先组织了筹备委员会。

从中似乎可以窥见农户的构成颇为复杂，有按经济条件划分，有按政治条件划分，有按自然条件（劳力）划分。生产资料方面：耕地面积——自耕双造田 130 亩，单造田 11 亩 8 分 3 厘，开荒田 5 亩 1 分 7 厘，合共 147 亩，原评亩产 525.03 斤，新评亩产 716.67 斤，比定增产 36.5%；农具——耕牛 9 头、犁 9 张、耙 8 张、禾桶 8 个。

入社时先确定"劳动分红五五，土地分红四五"的分配比例，然后由筹委田间估产确定方案。评产以实际产量为主，以自然条件（土质、水利、阳光、耕作难易）为辅。有些人办事太积极，未吃透政策就去动员别人。例如：筹委钟××对郭××的母亲说："土地四五分红，即每千斤分给 450 斤，吃晒（光）米是百顿事，便无米。"郭母一时傻眼，喃喃自语："我不入社每年收入有三千多斤，入了社只给 1 350 斤，怎么够吃？我都说过不入社了，有什么好处？"于是筹委会另外派人去解释政策，说还应加上"劳动分红五五"的部分，郭母才消除顾虑。

英国古典政治经济学家威廉·配第说："劳动是财富之父，土地是财富之母。"意谓土地和劳动是社会财富的根本要素，课税最终只能取自地租及其派生收入，故地租是剩余劳动的产物，也是最终的税源。[①] 淇澳村的分田是解决劳动和土地不相配的问题。而公平地分配土地先要公平地评级，依据一块土地通常所能生产的产品来评定每单位土地的质量。评级分四步走：第一步，确定耕地优劣，以正常年间的产量为标准，亩产 800 斤左右的定为上等田，亩产 650 斤左右的定为中等田，亩产 450 斤左右的定为下等田。第二步，提出补充标准，扩大上、中、下三级田地的范围：800 斤至 700 斤允许 40 斤的差额，700 斤至 580 斤允许 35 斤的差额，580斤至 450 斤允许 30 斤的差额，450 斤至 300 斤允许 25 斤的差额，300 斤至200 斤允许 20 斤的差额[②]。第三步，三墩沙的评产单列，有三种情况：①能改翻耕的评到实收入；②不能改翻耕的评到占实收入的 90%；③既不

---

① ［英］威廉·配第著，邱霞、原磊译：《赋税论》，北京：华夏出版社，2006 年，第 29 –30、39 –40、57 –58、61 –62 页。

② 辅助标准的提出有利于归并耕地级别，快速分田。例如，一亩水田去年两造产量共 765斤，它究竟应算作上等田还是中等田呢？由于误差仅 35 斤，未超过允许范围，故应算上等田。其他以此类推。

能改翻耕，常年收入又不正常的，评到占实收入 90% 以下[①]。第四步，三墩沙的评产标准也作为垦荒造田和围海造田的评级参考。

农民入社后称"社员"，是否允许他们拥有少量自留地呢？筹委会在处理这个问题时又碰到了一个难点，那就是冬耕田入社[②]。全社有冬耕田 21 亩，用来种冬薯与旱禾，补充家庭的开支，其中 10 多亩已播种，农户希望划出一部分冬耕田作自留地，要是全部入社恐怕造成思想抵触。钟晃久的父亲说：

> 我的地价值一只猪仔，就因为无钱才留下冬种田，即使无钱，猪仔长大明春杀了就去买粮，所以冬种田入社我不太安乐。

9 位筹委连续开了三晚的会，决定冬耕田全部入社，耕地入社等于进当铺，对受损的田主按耕地等级给予补偿：上等田补还 50 斤谷，中等田补还 40 斤谷，下等田补还 20 斤谷。只留了 2 亩 1 分作为自留地。

二社有 9 头耕牛，3 头是水牛，6 头是黄牛。评耕牛时，起初社员认为学老社折价充公比较好，农户可以干手净脚地安心生产。贫农钟喜祥说："我年老劳动力弱，顾到耕牛便赚不到工分，不如将牛入社为好。"经过讨论，社员认识到耕牛私有租用好，折价归社有三点不好：①还款期长，个人吃亏大；②全部耕牛折价为 700 元以上，无形中增加了社员的负担；③集体保管耕牛会彼此推诿，达不到保护耕牛的目的。此时钟喜祥的思想也转变了，他说："我今年 60 多岁，还款要三年，怕无命吃，还是租用好。"耕牛入社的问题解决了，私人租用及租用报酬的问题就好说了，毕竟二者可以挂钩。筹委会在社员意见的基础上决定：

第一，耕牛私养，租用者向提供饲料者交租。

第二，不论耕牛劳力强弱如何，一个牛工 12 亩，给租谷 200 斤，多 1 亩或少 1 亩以 10 斤谷为单位计算增减量；后期的饲料、禾秆由社里供应，

---

① 如前所述，三墩沙位于番禺县万顷沙，土地改革时期，淇澳村民分到那里的沙田有两种结局，一是全家搬迁过去，二是将沙田转给万顷沙的人。

② 冬耕田亦称冬种田。淇澳村原是种两造稻谷的，晚造收割后不久就进入冬季，稻田将闲置，人们为了不浪费土地，引入冬小麦播种，也可以利用这三个半月种蔬菜。

水牛给红薯 12 斤、米 8 两，黄牛给红薯 10 斤、米 6 两。经评定，若二牛抬杠，9 头耕牛中，两头水牛犁 5 亩，每头水牛得谷 250 斤，若一牛挽犁，则一头水牛犁 2.5 亩，得谷 250 斤；黄牛方面，若二牛抬杠，犁 4 亩田，每头牛可得谷 190 斤，若一牛挽犁，则犁 2.5 亩得谷 160 斤，犁 2 亩得谷 150 斤，犁 1.5 亩得谷 120 斤。

第三，看牛工资，照看 1 头水牛得谷 200 斤，照看 1 头黄牛得谷 100 斤至 120 斤。

如是，牛主都认为合理。钟益基有水牛 1 头，每天能犁 2.5 亩田，可得租谷 250 斤，除了付看牛谷 200 斤以外，足可赚到 50 斤谷。较之互助组时租牛已相当合理了，当时他只得 200 斤谷，自己负责饲料 100 斤谷，付看牛谷 200 斤，算下来要倒贴 100 斤谷。

筹委会对耕牛特殊处理，而对其他农具一概采用折价归社的办法，认为这些农具每家都有，一起评低既不使个人占便宜也不会吃亏，还可以减轻社里的负担，结果评低入社。如郭加章母亲的禾桶，花 18 元买回，才用了 1 年多，评得 9 元，她想不通，逢人便讲农具评得不合理。

之前村民在互助组阶段生怕碍了面子，评劳动力时有意低报，有鉴于此，筹委会采用新方法避免：先由筹委根据社员劳力强弱、技术好坏、劳动态度商定初步方案，再由社员讨论决定是否通过。结果出现一些情况，如钟玉棠之母，筹委评她的劳力底分为 6 分，但她觉得自己劳力弱，只要 4 分，筹委经过再研究，认为她是怕劳力弱影响收入，不敢说真话，最后在 6 分的基础上加 1 分，即 7 分，照顾其劳力弱，不影响她的收入。

5 年过去了，据资料，1961 年 9 月，淇澳村耕牛发展到 185 头，平均每 3 户 1 头，其中水牛 95 头、黄牛 90 头。当年发生口蹄疫，经过 1 个月的防治基本控制疫情，过了大半年彻底扑灭瘟疫。当时"三个大队共有 524 户（1 916 人），其中全劳力 445 人、半劳力 283 人、丧失劳力 157 人；有耕地 2 554.46 亩，其中水田 2 303.27 亩、旱园 84 亩、自留地 61.65 亩、围基 8 亩"[①]。

---

① 参见《珠海县唐家公社淇澳岛扑灭口蹄疫工作总结》，藏珠海市档案馆，案卷号：永 -
A.2.7 -0731 -009 -1975.12。

实行集体经济以后，生产队实行劳动计酬分配制，生产的粮食除了交公粮、做种子以外，其余根据社员挣的工分来分配，包括人口粮、劳动粮、土杂肥粮。各生产队产粮不同，分配的数量也不一样，但是百分数是统一的。这三种粮食的比例大约是 7∶2∶1，其中七成是劳动粮，二成是人口粮，一成是土杂肥粮。劳动粮和人口粮按人口进行分配，但要按年龄段分为不同的等级：16 岁以下是小孩粮，吃得比较少；16 岁到 50 岁需要较多粮食保证有力气干活；51 岁至 54 岁，甚至还要年长几岁的村民根据实际条件酌情处理；55 岁（女）或者 60 岁（男）以上是老人粮。将总收益的 70% 作为劳动粮提供给青壮年劳动力，20% 给参加农业生产较少的小孩和老人，剩下的 10% 作为土杂肥粮，供生产队与农户交换肥料。俗语有："有肥就有粮，肥多粮满仓。"在同等的自然条件和耕作技术之下，肥料的多少好坏对于生产起到关键的作用。肥料短缺是增产的要害。当时全国普遍缺乏生产资料和生活资料，农村主要靠供销社来获得生产资料，按计划和指标下拨，有钱都买不到。从土杂肥粮可以看到生产队在想办法鼓励农户积肥，调动养猪的积极性。反过来看，为生产队积累更多的肥料，对社员来说也是一笔收入，因此对促进农民的生活起到一定的作用。当时家家养猪，生产队有专人收集厕所的粪便。每天下午收工后，可以看见社员挑土杂肥到记工员那里过秤。

把南华、五四、东方 3 个生产大队（片）合并成 1 个生产大队，体现了"一大二公"集中资源便于做事的优越性。1972 年，把三二排到八角头的大围基加高培厚，扩大堤面，可行拖拉机。工作极其艰辛，任务压力大，出了几起工伤事故。队干部更加着急，报道人蔡×仔说，这时他患了感冒，请假一周，被扣了 6 天口粮，只好预支"过头粮"（下月的口粮）吃。1975 年整治排灌系统，裁弯取直旧溪道，新开挖五项围西至五个斗水闸、东至暑仔的河涌，堤上形成泥沙路面的公路雏形。在农田基础设施的建设中，队干部想出很多点子，如在每天收工的路上，让当日工效最高的生产队高举红旗打头阵，让工效最低的生产队举着画有乌龟的白旗殿后。这种激励政策在当时的环境下起到了极好的效果。

改革开放初期的 1978 年，淇澳大队有大中型拖拉机 1 台、自行车 134 辆。1989 年，有大中型拖拉机 2 台、手扶拖拉机 21 辆，摩托车 91 辆，家家户户都有自行车、手表、电视机，多数家庭建了新房，用上电和自来水。以上数字说明了生产工具的发展。

1983 年，淇澳生产大队有水田 2 500 亩、旱地 300 亩、蚝田 350 亩、山林 10 000 亩、山塘 4 个、平塘 3 个、大围 1 个、防洪堤两条（共 4.5 公里①）、电排站 2 座、排灌河 2 条（共 1.5 公里）、三面砌石板的引水渠多条（计 3.5 公里），九成农田旱涝保收，每年向国家交售公余粮 50 多万斤，成为唐家公社交售公粮最多的生产大队。②

1989 年，水田亩产从 800 多斤增至 1 160 斤。蚝田发展到 940 余亩，大队年总收入 25 万元，人均收入由 1979 年的 127 元增至 729 元。③ 经济基础厚实了，村里的幼儿园、敬老院和医院也都办起来了。这时已经开始实行家庭联产承包责任制好几年了。

一位报道人回顾当时分田的情景："全大队 15 个生产队，不论男女皆按人头分，全劳力每人可得 2 亩至 3 亩，老人和孩子折半，即 1 亩 2 分左右，多数生产队全劳力是 2 亩半，少数生产队可分 3 亩，每户能分到 12 亩左右。"钟社妹举例说，当时她家里 7 口人，2 个全劳力，2 个老人，3 个孩子，全家分得 15 亩耕地。

1989 年，岛上村民的生活开始受到影响。珠海市政府经过数年酝酿，多次组织专家论证，公布了兴建伶仃洋大桥的设想：大桥全长 28 公里，由金星水道、伶仃水道、矶石水道上三座特大桥组成，西起珠海金鼎镇金凤路口，向东跨越金星水道、淇澳岛、龙穴水道、伶仃水道、矶石水道，与香港九龙半岛烂角咀连接，直到屯门；将采取统一规划、分期实施的办法，建设期预计 5 年，即 1994 年下半年动工，争取 1998 年竣工。④

淇澳岛是桥头堡之一，土地的商业价值飙升。⑤ 为了防止村民变相出

---

① 具体为马溪海的大堤长 1.1 公里，海水养殖场的围堤长 3.4 公里。

② 《珠海市唐家公社管理委员会关于要求拨款解决淇澳岛（乡）架设电话的报告》，藏珠海市档案馆，卷宗号：A1.03-0056-008-1983。

③ 梁振兴、卢观发：《淇澳岛简史》，载政协珠海市委员会文史资料委员会编：《珠海文史》（第十辑），1991 年，第 57 页。

④ 参见鲁修黎、顾祖明：《全国海洋桥梁专家研讨会认为建设伶仃洋跨海大桥意义重大》，载《珠海特区报》，1993 年 11 月 13 日第 1 版。

⑤ 参见陈素璧：《淇澳，招商引资正其时》，载《珠海特区报》，1998 年 2 月 1 日第 4 版。

售土地，1993 年 10 月，珠海市政府在淇澳岛设立管理区，三年完成土地预征任务①，只给村民留下 200 亩地种菜，其余耕地悉数征用，村民按人头每人获得 4 500 元补偿金，20 年内逐年付清。一个严峻的问题出现了：没有土地，留着耕牛、农具有什么用？禽屎畜粪用来干什么？于是，预征的田地种上了芭蕉、莲藕，不然就任其荒芜，水利设施遭到废弃，到处茅草摇曳，碎石遍地。昔日农民在稻浪翻滚的金色海洋中收割的景象不复出现。没有资金和其他生存技能的农民将如何生存？村里没有企业，出租一间空房每月只有 50 元租金收入，怎么维持生活？2003 年，伶仃洋大桥项目下马，同年 6 月 30 日，管理区撤销，升值的地价骤然降温，各路工程队也都走了，村民借伶仃洋大桥通车获得就业机会的希望濒临破灭②，反而给自身农业打上了休止符。

从 1994 年到 2013 年，20 年间，村里有多宗土地交易，如批宅基地、中新集团、和记黄埔集团、淇澳游艇会和珠海北大附中及珠海国际学校等单位开发建设用地，政府预征但未开发的土地已租赁给企业或个人。土地离开农民，不可能再回到农民手上。淇澳岛的农业生计是村民对岛上生态环境的主动选择与被动适应的结果，并且吸收了周边社会乃至更大范围内的生产技术，成为村民生产方式的底层。淇澳岛地广人稀，耕地虽然有限，仍比大陆村庄人均耕地多。当淇澳岛的农业走入死胡同，表明有些优势没有转化为胜势，而是变成了衰落的前兆。

---

① 参见邓永飞、李琳：《迎接伶仃洋大桥立项准备——淇澳区加快基础设施建设》，载《珠海特区报》，1997 年 7 月 15 日第 3 版。

② 参见万静波：《淇澳岛，被大桥改变的命运》，载《南方周末》，2003 年 7 月 17 日。

第八章
农业生产周期

　　岛上栽培的农作物以水稻为盛，播种面积占全岛耕地七成以上。所产水稻，因环境使然，品质甚佳。早造的品种有乌督仔、挂犁望、赤米仔、红头迟，晚造的品种有油黏、广西王、大赤、大糯、细糯、黑米糯等。早造插秧在清明前后，妇女参与犁耙田，用灰粪和以谷种点播，经除草、中耕两三次，农历六月前后收获，每亩产量一百六七十斤。晚造插秧在农历七月中旬，收获在十月前后。栽培方法与早造无异。

　　旱稻多在水利较好的方位栽植，尤其是牛蹄湾至东八角围堤以内的平地。有些耕地采取稻子与花生轮种。花生为越冬作物，秋后种植，精心管理，亩产 1 石（83.171 斤）左右。花生是榨油的原料，清朝至民初栽培甚盛，自从火油①出现后，村民种植日渐减少。村里没有榨油坊，所产花生除饮食外，要拿到唐家、下栅榨油或换油。花生惹虫子，多病害鼠害，在一块地种植过久产量就会下降，必须轮作，改植旱稻。

　　有一段时期村民兴种甘蔗，现在只少量栽种。据老农讲，淇澳所产甘蔗，品质良好，制糖竞得高价，多拿到圩市出售。民国时期，岛上有几间糖寮，随砍随榨。为何后来种甘蔗的人少了，考其个中原因，不外甘蔗耗费肥料、劳力，为集约产业，甘蔗成熟时，如果治安不靖，晚上需雇工守

----

　　①　火油是生火或照明的油，广东农村以前采用花生油，后来逐渐用煤油代替。

望，着实令农家感到麻烦。

岛上有一种芋头形似鸡爪，与普通之芋不同，其茎直生，顶端发叶，叶有缺刻。其栽培所需之土质，以坚硬而黏性强的土壤为宜。老农云：在硬地植者，味常佳；在松地植者，味常劣。此种作物不能连栽，种植一潮，须经两三年后，始可复种，故多与旱稻、番薯等作物轮作。种植期在雨水前后，栽培法与普通芋相同。唯种植时，须将芋种倒转，使芋芽向泥下，届时芋头生长极大。植后施肥，沃土、除草各两次。收获期多在八九月，苗已残谢，便可收获，每次植千余株，每株收量半斤左右。此项作物，为本岛粮食作物的骨干。因其淀粉丰富，甚能充饥，中下家庭多将其作为主食。尤其在青黄不接、粮价高涨时期，用之如正餐，所以年中栽培及消耗量颇大，无论大小，农家必有栽培。

番薯亦称甘薯，岛上栽培面积甚广，农家无论经营规模大小，必有种植。甘薯的重要性与鸡爪芋相同，农家无论何时，皆将其作为粮食，并切片蒸熟晾干作为干粮，年中消耗量甚大。除自给外，还大量输出岛外。

岛上蔬菜种类有芥菜（大头菜）、白菜、君达菜、萝卜、韭菜、蒜、葱、香芹、芫荽（香菜）、金瓜、节瓜、冬瓜、苦瓜、丝瓜、茄子、豆角、青豆等。农户至多在屋旁村边园地少量种植，自种自给，需求不大，没有大规模经营，因四面环海，蔬菜价格低廉，拿到圩市上出卖并不合算。

岛上园艺不发达，果树种类不多，主要有荔枝、龙眼、黄皮、番石榴、桃、柑橘、波罗蜜等，多为零星栽种，没有大宗产品，除了本岛消费量不大的原因之外，农户对果树不谙栽植也是缘故。

岛上山峦起伏，竹木茂密，既可为屋舍和渔农提供用材，又可为村民解决燃料、野菜之需。

1964 年，"以粮为纲，全面发展"的口号推广到淇澳岛。它既强调粮食生产，又注重农、林、牧、副、渔五业以及粮食作物与其他作物的协调，渔业前面已经叙述，下面仅就粮食作物、蔬菜和果树展开叙述。

1. 粮食作物

粮食作物的生长周期以农历为准（见图 8 – 1）：

	一月	二月	三月	四月	五月	六月	七月	八月	九月	十月	十一月	十二月
单季稻												
双季稻												
小麦												
玉米												
甘薯												
山芋												
木薯												
粉葛												
薯莨												
赤小豆												
黄豆												

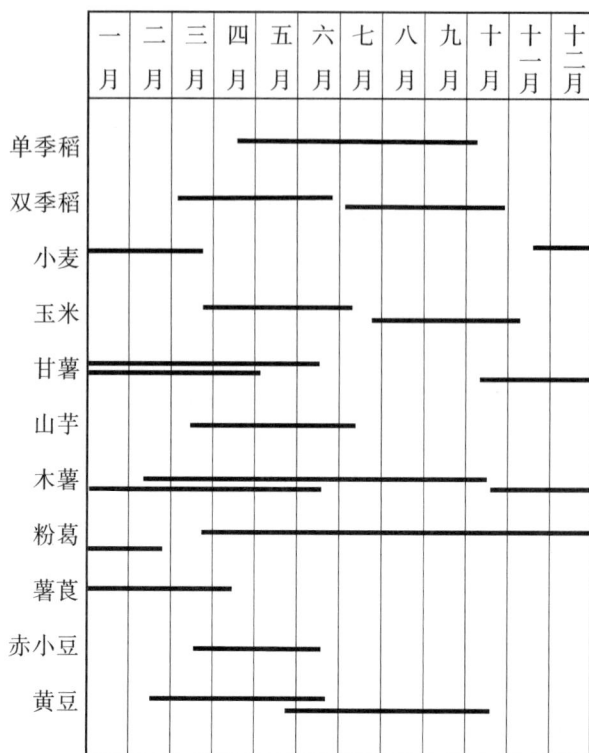

图 8-1　粮食作物农历生长周期

（1）主粮——稻米。

淇澳岛高温多湿，利于稻谷生长。植稻耕地分为单造田与双造田。以前田地高低不平，凡受溪流冲洗、沙质较多、不易蓄水的为坑田，可种两造稻；由海中填起不久、盐分过高、土性过咸的为潮田，只能种一造稻。集体经济时期，用拖拉机平整土地，减少了单造田的面积，稻米产区集中于五顷围东北岔路口附近。与此相应，双造田始终占多数。

稻米的生产过程大体有9个环节：秧田规划→播种→管理→插秧→田间管理工作→收割→打谷→晒谷→碾米。

首先是选择水源便利、土壤良好的秧田，撒下谷种。方才说过，以前水稻品种颇多，报道人钟有根说："后来，稻种基本是外地引进的，岛上再没有本地种。"通常坑田与潮田播种的稻种不同："坑田所种，早造有龙牙尖、东莞白等，晚造则有丝苗、麻包等。潮田所种则为具有较强抵抗咸性之赤壳。"①报道人姚观添说："集体经济时期有八月红、粘米、罗谷、糯米等，生产大队每年下达播种计划，分田到户以后，选择什么品种由各家自己确定。1983年到1991年推广'高产稻科六'，亩产达千斤。"当时应唐家公社的要求，淇澳大队种过"板长秧"，后来搞了两亩秧田，拔稻秧插了四五亩田。该品种密度大，要求水源与肥料充足，很难达到要求，稻秧长到六寸死了，无禾可割，试验失败了。由于一造都没有收成，后来就没有再种了。

单造田的稻种在小满时播种；双造田的早造在惊蛰前后播种，晚造在芒种后、夏至前播种。播种后，为保证出苗顺利，需要进行盖膜、除草、施肥、防治虫害等田间管理工作。其中盖膜这项工作，具有保蓄水分、减少灌溉量、防止水分蒸发而导致的盐碱上升和土壤板结的作用，从而减少幼苗出土的阻力。一般可用塑料薄膜、稻草、秸秆、草帘、泥炭等，其中塑料薄膜顶盖的效果最好。盖膜除了保水，还有保温的作用。俗语有："禾至怕霜降空，人至怕老来空。"禾的保温工作是种稻的重要一环。报道人钟教说："上造时要用尼龙膜，因为正月播种容易冻伤。以前生产队已用尼龙膜。上造的管理比下造更加严谨，下造就不用尼龙膜了。下造在山地的田里也可以种，管理比较随便。"

秧苗生长出来就要及时拔秧和插秧。单造田的插秧在夏至后、小暑前的农历五六月。双造田的早造插秧发生在清明前，农历二三月；晚造的插秧则在立秋前后，农历六七月。村民有句话："立夏下，插唔插都罢。"意为早造的插秧如果拖延到立夏之后倒不如不要插秧了，以免耽误晚造的种植。

拔秧有铲秧和拔秧两种方式。铲秧在秧田和稻田距离较近的情况下使用。铲秧转移的秧苗底下带着一块泥土，这样的秧苗发苗多，但是颗数少。铲秧一次移动的秧苗数量少，由于距离近且动作简单，只需将秧苗铲起放进稻田里，所以移动的频率高。拔秧则用于秧田距离稻田较远的情

---

① 罗开富、刘国雄、徐俊鸣等：《淇澳岛》，载国立中山大学理学院地理学系《地理集刊》（第一号），1937年6月，第23页。

况，用箩筐等工具将拔下来的秧苗移动到稻田的位置。拔秧的效果和铲秧正好相反，秧苗发苗少，但是颗数多。因为拔秧一次移动数量多，但移动频率不高，所以铲秧和拔秧不会导致作物产量的明显差异。

插秧后进行的田间管理工作包括扶起稻苗、灌护苗水、防止冻害、合理施肥、加强病虫害防治、除草、补苗等。此类工作比较辛苦，钟教回忆："以前除草要花很多时间的，到了80年代，分田包产到户的时候，有了除草剂才快了很多。"水稻除草的传统方法，常用的是施肥时并用耙子除草，而除稻田中的稗草多是在水稻快成熟时期，要用刀割或手摘。有了除草剂就大大提高了水稻除草的效率。

稻穗灌浆一个月，收割就指日可待了。单造的收割在小雪前后，双造的早造收割有"小暑小割，大暑大割"的说法，而晚造则是"小雪小割，大雪大割"。村民说：收割晚造之前需要晒田、防水，收割早造则没有这项工作。一位报道人说："生产队时期我们用镰刀收割，每人一天最多能割1.4亩，现在我们没田了，而大陆村庄用小型收割机，一天能割9亩。"人的效率是不能和机器相比的，从这位报道人的话语间可以听出他依旧怀念镰刀霍霍向稻田的场景：

> 包产到户后，各家的生产各家包，要割稻了，头天晚上就把镰刀磨锋利，凌晨三四点，全家都起床，吃完早饭，别着镰刀走向稻田。清早露水正浓，空气清新，可以躲避毒热的太阳。赶早的乡邻借着寥寥星光的点缀，各奔自家稻田。每家人合理分工，两人一组，每组一垄地，敏捷地干起来，随着镰刀的挥动，"沙沙……"声响起，倒下的稻秆均匀铺在地上，等着太阳晒干之后，再捆起来，运回家。寂静的田野除了割稻声，偶尔夹杂蟋蟀的一两声鸣叫，什么也听不见。人们尽量少说话，保持体力，累了才直起腰，扭扭肩膀，甩甩手臂，稍作歇息，拉低草帽又投入到紧张的劳作中。

单造田与双造田采用不同的稻种，单造田一造需要5个多月，双造田每造约3个月，其中早造和晚造的成长快慢不同，故米质也不同。早造在过年后播种，那时阳光强烈，水分不足，早造米较为粗糙，且有些米粒尚未成熟。晚造的生长期较长，米粒能熟透，吃起来米味浓、口感好。

年中无论植稻还是种其他杂粮，抑或种菜、种果，都要面临气候的变化，为了避免洪涝和湿渍，要做好农田清沟排水工作，防御湿渍害。已到插秧期的稻秧要适时移栽，进入分蘖期的稻秧要保持浅水勤灌。要做好病虫害的监测防治。土地未平整前农田多积水，需要用戽斗舀水，正所谓"各勤戽泄"①。

运到场上的稻谷需要脱粒，据钟社容介绍，村民长期使用"摔桶"方式打谷。打谷桶由桶、簸、短木梯三部分组成。桶面呈椭圆形，将近1米高，桶沿的弧形300°范围围拢着簸席，60°为空缺，桶内上沿挂着一把小木梯，梯上几排横档，尖端朝上，人站在空缺处，举起一捆稻谷伸向桶里不停地扬起打下，稻穗一碰到木架横档，谷粒便脱落掉进桶里。

桶里的谷粒装满后要铲出来晾干才能去掉谷壳。晒干的谷粒能避免长芽、发霉。报道人姚观添说："通常晒三天，每天12小时，从上午七点到下午六点。"这时广场上摊满稻谷，以竹竿或耥板相隔，耥板是翻动谷粒的器具，长约1.2米，顶端连接一块长方形木板。

最后一道工序是用砻破谷取米。这种粮食加工器分为几部分：砻墩用竹篾围成圆柱体，再用泥土填实，砻沟很容易被磨平，砻齿是薄薄的木片，也很容易被磨损，需要经常修理。通常碾1小时米足够四口之家吃1个月。糠用来喂养畜禽。20世纪70年代村里有了碾米机，土砻逐渐淡出大众的视野。

（2）杂粮——小麦、玉米等五谷。

①小麦。1972年至1973年，村民连续两年种植小麦。播种计划是公社下达的，生产大队组织各生产队实施。小麦播种在下造禾收割之后，翌年三月收割，紧接着是上造禾插秧。就是说小麦是抢在双造田的下造和翌年上造之间的空余时间种植的，一年一造。当时种植小麦带有实验性质，每个生产队种四五亩，看看效果。有的生产队亩产100斤，有的才几十斤，因产量不高，以后就没有再种。小麦收割后，拿到城里换成面粉，再拿回来分给社员。

---

① 葛全胜主编：《清代奏折汇编：农业·环境》，北京：商务印书馆，2005年，第138页。

②玉米。玉米一年两熟。三月底四月初播种，七月中上旬可以采摘，此为春播玉米。七月底八月初播种，十月中下旬可以采摘，此为秋播玉米。玉米种植面积很小，一般种在房前屋后、村边的菜园等处。

③薯芋类。杂粮还包括薯芋类、豆类等，甘薯和山芋在杂粮中所占比例较大。① 甘薯一年两熟，早造过完年下种，六月收成，晚造十月下种，翌年四五月收成。山芋喜温湿，在水田或潮湿的土壤中种植，一年一熟，三月中旬下种，七八月成熟，收获后可放到新年，水分自然蒸发，糖分留下，吃起来很香甜。

薯芋类除了甘薯、山芋，村民还种薯莨、木薯、粉葛等。薯莨为染料作物，年中亦有相当之消耗，多种在旱地。薯莨六月中旬果实成熟后晾干剥壳，七月上旬播种，翌年五至八月采挖。已见前述，此处不赘。木薯有春秋之分。春植薯在二月初播种，秋冬薯在十至十二月播种，生长期八九个月。粉葛三月中旬至四月下旬种植，栽种三年开花，九、十月为花期，开花后十一二月为果期，翌年二月收成。

④豆类。虽然人们都说岛上很少种豆，偶尔种也是跟山芋一块儿套种，但是根据东莞、香山两县县志的说法，是普遍种豆的，各地气候、土壤大体相同。经笔者再三访问，得知淇澳岛以前曾种过赤小豆和黄豆。赤小豆喜温，抗酸能力强，可在各类土壤中种植，土壤微酸时也能生长，在排水好、湿度大的疏松土壤中生长期约100天，春夏播种都可，一年两熟。如果套种，赤小豆常与玉米等禾本科作物相伴，而不是与豆科作物重迎茬。黄豆有时春播，有时夏播。春播在二月下旬至三月上旬，六月中旬成熟。夏播在五月下旬至六月上旬，九月底十月初成熟。

2. 蔬菜

淇澳岛没有种植蔬菜的传统。据罗开富等人记载："蔬菜本为农家最普通之副作物，但本岛种植者却甚少，日常销售者几全由对海下栅运来，诚为一奇怪之现象，询之村人，则皆谓本岛烟民太多，彼等懒惰成性，常

---

① 罗开富、刘国雄、徐俊鸣等：《淇澳岛》，载国立中山大学理学院地理学系《地理集刊》（第一号），1937年6月，第24页。

喜做不劳而获之事。"① 民国时期不种蔬菜的现象到新中国时期发生了变化，尤其是集体经济时期，蔬菜生产占有一定比例。报道人钟教说："当时岛上驻军四五百人，把蔬菜卖给部队是一笔不小的收入。因此每个生产队都划出几亩至十几亩的土地种菜，每个生产队都有一个蔬菜组，社员收割蔬菜后挑到供销社，供销社再把蔬菜优先卖给解放军的伙食堂。"

岛上所种蔬菜种类繁多。此处分绿叶菜、瓜菜和其他蔬菜三类来叙述。蔬菜的种植可选择育苗或直播。经过育苗的作物成长虽然需要时间更长，但质量更好，故三类都以育苗为起点。

（1）绿叶菜。常见的有西洋菜、菠菜、芥菜、韭菜、绍菜、椰菜和生菜。

①西洋菜。抗日战争之前就普遍种植。罗开富等人写道："唯西洋菜一种，则本岛出产颇多，因其喜生于卑湿之沼泽地，蔓延极速，且无需多费劳力，故种者特多。"② 西洋菜性喜阴凉湿润环境，20℃左右最为适宜。栽培或野生，喜生水中及水沟边、山涧河边、沼泽地或水田中。一年可种两茬，一次在四月中下旬，一次在八月上中旬，采收期各为五六月和九十月。也可只种一茬，每年五月中下旬利用闲散水沟栽种。

②菠菜。生长期在七月至十月间，播种后 1 个月或 1 个半月即可采收。

③芥菜。可在春季种，二月下旬播种。也可在夏季种，七月上旬至八月下旬播种。还可在秋季种，九月上旬至十月上旬播种。芥菜的适应性较强，但是生长阶段（孕蕾、抽薹、开花结实）需低温春化和长日照条件，故以秋季种植为主，早播可在八月底九月初，晚播可到九月下旬，收获一般要到翌年三四月。

④韭菜。适应性强，抗寒耐热，因秧苗生长缓慢，应早种早收，以三月下旬至四月下旬播种为宜。六月下旬至七月上旬移栽定植后，每十几天就可收割一次。

---

① 罗开富、刘国雄、徐俊鸣等：《淇澳岛》，载国立中山大学理学院地理学系《地理集刊》（第一号），1937 年 6 月，第 24 页。

② 罗开富、刘国雄、徐俊鸣等：《淇澳岛》，载国立中山大学理学院地理学系《地理集刊》（第一号），1937 年 6 月，第 24 页。

⑤绍菜。又名"大白菜"，播种期较严格，播种过早，则生育前期处在炎热季节，会抑制幼苗的生长发育；播种过晚，则生育前期处于炎热季节的时间缩短，病害大大减轻，但由于收获期固定，生长期大大缩短，叶球不能充分生长，包心不紧实，则产量、品质大大降低。一般在八月至十一月播种，2个月或2个半月就可收获。

⑥椰菜。又名"卷心菜"，种类有绿、白等不同颜色。椰菜耐寒耐热，岛上一年四季皆可种植，开花期30天至40天，结果期40天至50天。报道人王杰恩说："80年代我们种椰菜，一个有四五斤重，人吃不完就给猪作饲料。"

⑦生菜。俗称"鹅仔菜、唛仔菜、莴仔菜"。也是一年四季皆可种植的蔬菜，生长期为3个月至3个半月，秋季最适宜生长，夏季播种较宜。

（2）瓜菜。瓜菜是瓜类蔬菜的简称，岛上有冬瓜、南瓜、黄瓜、丝瓜、木瓜、蒲瓜、苦瓜等二三十种。村民如是说："冬天的菜比夏天的菜好吃，虫少了，菜叶也青翠。瓜就不是这样了，要等到二月才能种。"说明瓜菜是季节性最强的蔬菜。

①冬瓜。分春植和秋植，以春植较多，通常一二月播种，在采取防寒措施前提下，早播比迟播好，如在正月上中旬播种，可延长生长期，利于冬瓜吸收营养，雨季前后的空气湿度较大，温度在20℃以上，这时冬瓜为坐果。秋植冬瓜在小暑前后播种。冬瓜生长周期因品种而异。小冬瓜需要3个半月至4个月，大冬瓜需要5个月至半年。

②蒲瓜。蒲瓜是喜温品种，生长适宜温度在25℃～28℃，因此在淇澳岛多有种植。通常二月下旬至三月上旬播种，4个半月左右即可采摘。雌花开花授粉后10天或半个月，果皮和胎座组织柔软多汁，此时采摘品质最好。

③苦瓜。苦瓜源于热带，耐热不耐寒，经过长期选择，在10℃～35℃均能适应。岛上种苦瓜一般是在冬至前后。也有秋植的，通常在七八月，此间气候适宜，易管理，采摘时间长，产量高。冬植苦瓜宜采用薄膜覆盖秧苗10天以上，之后生长1个半月即可采摘。

④丝瓜。丝瓜属喜温、耐热、怕干旱、对土壤要求不严的作物，生长发育的适宜温度为20℃～30℃，种子发芽的适宜温度为28℃～30℃，温

度再高一点时发芽迅速。从早春即年后三月开始种植，七月开花，秋天是成熟季节。

（3）其他蔬菜。除了以上两类蔬菜以外，淇澳岛还有几种常见的品种：

①萝卜。半耐寒性作物，全年均可种，但以秋冬为主，种子在2℃~3℃便能发芽，适宜温度为20℃~25℃。幼苗期能耐25℃的高温，也能耐−2℃~3℃的低温。冬萝卜于八九月播种，十月至十二月收获。春萝卜于晚秋和初冬播种，翌年二三月收获。夏秋萝卜于春夏播种，夏秋收获。过冬萝卜的食用品质最高。

②茄子。喜高温，挂果以前需要水量少，挂果后生长迅速，需要较多水量，收获前后耗水量最大，要勤浇水。茄子一年四季均可种植。春茄九十月播种，十二月定植，翌年四月至六月采摘；夏茄、秋茄和冬茄的播种及采摘时间顺次后延3个月、6个月和9个月。过冬茄子的食用品质最高。

③豆角。亦称"豇豆"。分春季栽培和夏秋季栽培。前者于二月下旬至三月下旬育苗，三月下旬至四月下旬定植，六月上旬至八月中旬采摘。后者于五月中旬至八月上旬播种，七月上旬至十月下旬采收。广西人魏勇承包了一个10亩的园子，经常拉菜到淇澳市场摆卖，他说："豆角收成要45天，从清明到八月十五都可以种。收成好时，一天可采摘二三百斤，起虫害时，一天仅几十斤。"

④辣椒。通常在春季种植，适宜温度在15℃~34℃，水分要求严格，既不耐旱也不耐涝。育苗需1个月，到收成又需1个多月。

⑤青蒜。喜冷凉，适宜温度在−5℃~26℃，喜欢疏松透气、保水排水性能强、富含有机质的沃土。栽种时间在白露末秋分初，即九月底十月初可收青蒜，次年六月叶枯时可挖大蒜，将蒜仁除去泥沙，通风晾干即可收藏。

⑥生姜。喜温暖、湿润，适宜温度在25℃~28℃，耐寒和抗旱能力较弱，植株只能在无霜期生长，一般在二三月种植，七月至九月可收嫩姜，十月至翌年二月可持续收老姜。

⑦竹笋。岛上多均竹、麻竹和水竹，食用部分为初生的健壮幼芽。冬笋量少，春笋极多。一般从无花的竹丛中选取直径4~6厘米的一年生幼

竹，养育到白露后，于清明节下雨前后挖出移栽。植后注意除草、中耕、灌溉、施肥、覆盖和选留母竹等。先出土的竹笋可收获两月，晚出土的竹笋可采收 1 个半月。

（4）蔬菜通常吃新鲜，也可晒干和腌制，存到淡季使用，这就是菜脯的制作。

①菜干。常见的菜干有白菜干、萝卜干等，是淇澳饮食的特色之一，用于煲汤、煮粥，有清热祛痰和通便的功效，对上火、流鼻血有一定疗效。刚收获的蔬菜，可挑选肉质肥厚、叶梗粗大的成品加工，这样得菜干率才比较高。

白菜干的制作要先热烫，如在沸水中漂两三分钟，水中加入少量苏打，再自然晾干，天气好时需要晒三四天。

萝卜干的制作要经过"晒、腌、藏"三道工序。将萝卜洗净，在阳光下暴晒，去掉一些水分，然后用盐围实，一层萝卜一层盐，装满筐后上盖，再压上大石块，让汁液渗出，晚间收回，以免吸收露水。一周后取出晾晒，搓去水分，再暴晒，直至挤不出水为止。然后将盐水煮开，倒入萝卜干浸泡，趁热再揉擦一次，又挤去盐水再晒干，等到变为黄色，就将萝卜干装入瓮内压实，用黄泥封口，半年之后取出。

②腌菜。常见品种有腌芥菜、腌茄子、腌蒜头、腌豆角、腌黄瓜、腌生姜等，均是用高浓度盐液、乳酸菌发酵保存的蔬菜。此处只说腌芥菜，先挑出整丛芥菜，将菜身剖作两半，大丛的当剖作四半，晒至干软（晾两天）收入盆内；再按照比例配盐，将菜料晒蔫后放入缸中，一层菜一层盐，压实，腌 15 天后捞出晒干再装入坛内。用芥菜或小白菜制作梅干菜与此相同，此不赘述。

新鲜蔬菜以销售为主、二次加工为辅。通桥后的淇澳岛成为陆连岛，蔬菜外销十分便利。报道人钟教说："以前则不然，很少人种菜拿出去卖。从唐家渡口到唐家市场走路 40 分钟，担着七八十斤的菜不仅累，去晚了还要减价卖出，赚不了多少钱。1982 年至 1983 年，严格整治'偷渡'，更无人敢用船运菜。"可见交通对蔬菜生产的影响。岛内的市场成为贩卖蔬菜的一大场所，直至今天仍然重要。在村圩卖菜的魏勇说："早春是最忙的，七月份天气热，只有早上 9 点到 10 点有空，其他时间在卖菜和干农活。"

淇澳岛山坡平缓，向有种果的传统，但没有形成规模，一般是在村角、山边、自家的庭院或者小型果园零星种植。依罗开富等人的描述，"村人果木之种植实寥寥无几，只江树山、竹鸡山后及二山之间共有三处果园而已，然规模亦极小"，所种植的果物"均不敷本村消费，村中所售，仍以外来者为多"。① 不过很快情况变了。有位报道人说："40 年代，钟棣文任中山县第六区区长，在家乡推广种果，从外地运回果苗，组织村民在两条东西走向的土堤上栽培，在离村近的一条堤上种荔枝，在三二排和八角头间的一条'勹'字形堤上种番石榴。果树很快成林，到六七十年代，已成老树，1978 年被全部砍光，腾出土地种植其他作物。"到了 80 年代，土地使用权改变了，种什么是个人的事，有人承包两座山头种果，岛上的果树种植逐渐扩大，种类也多了。

苏××在自家后院种了几十棵果树，她说："正月太阳猛，种果树不行的，要等到三月份天气阴阴时才会发根。养树苗每天浇一次水，下雨不用浇水。"春天土壤化冻，树木发芽，种植果树容易达到地上与地下的生态平衡。

从种苗到挂果少则 2 年，多则 7 年，有些荔枝品种 10 年才能挂果。为此采用嫁接、扦插、压条的技术来缩短坐果时间，还可提高果质。例如番石榴，用籽种植至少要 6 年才开花结果，用结果的石榴树枝高位压条获得的种植苗只需三四年就能开花结果。

岛上常见的果树是黄皮、荔枝、龙眼、番石榴、波罗蜜、柑、橘、木瓜、香蕉、芭蕉、火龙果、无花果。前 7 种是常绿乔木，树冠高达 10 米以上。后 5 种或为棕榈树属常绿乔木，或为草本作物，树高 5～7 米。黄皮过年后开花，七月前结果。荔枝二月下旬至三月下旬开花，五月下旬至六月上旬结果。龙眼二月下旬至三月下旬开花，四月下旬至七月下旬结果。番石榴四五月开花，八九月结果。波罗蜜五月开花，七月结果，果期半年。木瓜三月开花，八九月结果。火龙果、无花果是最近几年引入的品种。

---

① 罗开富、刘国雄、徐俊鸣等：《淇澳岛》，载国立中山大学理学院地理学系《地理集刊》（第一号），1937 年 6 月，第 24 页。

水果一般趁新鲜吃或卖掉。岛上很少人制作果干、果脯，主要原因是果树种植不发达，产量有限，一直没有水果加工的传统。比如，很多人种植荔枝、龙眼，但很少人对其进行加工以长期保存。有位报道人说："以前我们不会晒龙眼，果熟后卖不出去，全落在树下，果园满地都是，很吃亏。1985年左右，有人来岛上教我们晒果干，从此浪费就少了。"

淇澳岛的农业是一种综合农业，包括养殖畜禽。猪提供动物蛋白和肥料，又是日用品等开支的来源，故家家户户都养猪。在正常情况下，从猪仔养到出栏要一年，重量可达100多斤，喂得好的猪可长到200斤。猪每日喂两餐，野菜、薯芋边角、咸鱼头都可作为饲料。过去会用铡刀将草斩断，混合其他饲料一起煮给猪吃。报道人郭×仔说："我们以前养猪养200斤的话，只有140斤的肉，就是差不多70%。出栏猪必须交给食品站宰杀，按照计划经济的价格卖给国家，1块1毛多钱1斤，一头猪能卖百多元。"出猪粪时，将肥料挑到地里，根据生产队的规定，每担（100斤）猪粪给予1分半的工分奖励，等于一个强劳力一天所挣工分的1/7。

岛上养黄牛（菜牛）和水牛。水牛力气比黄牛大，主要用于犁田耙田。黄牛肉质比水牛好，更多被用于食用，如果用于农耕只能耕旱田。本地黄牛宰杀后一般在村圩卖出，供不应求。将牛犊养到成年需要两三年，每天把它们赶上山吃草，适时喂盐，每隔一定时日清点数目，防止失窃，因此放牛并不耽误时间。有些人家还会养狗来看牛，淇澳岛很少发生偷牛事件，故牛群处于放养状态，只需在断崖处建栅栏防止牛群误入即可。

为什么偷窃畜禽的事件很少在岛上发生呢？因为通桥前淇澳是一座孤岛，交通不畅，赃物很难秘密转运出去。淇澳岛是个熟人社会，街坊邻里相互认识，外来人很容易受到注意，内部人员一般不干这种傻事。再说，畜禽的饲养并不难，家家户户都有，何须去偷？

前面说了农产品的生产周期，下面说集体经济时期和分田到户以后的劳动作息。

传统农业本质上是靠天吃饭的生产门类，所以既要追求天时、地利，又要谋取人和。人和就是劳动组织和社会秩序。人民公社成立后，淇澳村是一个生产大队，全村人划分为15个生产队。"文革"时期，公社为"营"，大队为"连"，下面为"排"，共5个排，每个排辖3个生产队。

整个海岛呈现出农民种地、工人做工、军人戍边、老师教书、学生上课、白天促生产、晚上抓革命的局面。

那时候，每到旱季，社员早上 8 点出工，下午 5 点收工，中间很少休息。雨季，从早晨干到下午两点日头毒辣时收工回家。报道人蔡×仔说："农忙季节，吃完晚饭还要到田地开夜工，9 点钟才收工，有些耕地离家远，晚上 11 点钟才能回到家。"当时日食两餐，一早一晚，不像现在吃三餐，改革开放后经济条件好了，才恢复到以前的吃三餐。

工分分为三级计算，男工每日 10 分，女工每日 9 分，散工每日 8 分。生产队之间，每个工分兑换多少工钱是不一致的，有些每分 4 毛钱，有些每分 5 毛钱。第一、第六生产队的收入较少。除了六个传统节日（春节、清明、五月五、七月十四、八月十五、冬至）和刮台风等恶劣天气，每天都要出工。每年可以得到 1 个月的假期。这些时间"分红"不受影响。"分红"是指一年八次分钱的机会，包括两造收割时的分钱，是变相的"预支"行为，从个人的工分总值中扣除，不是奖励。

在"左"的政策影响下，岛上一度割"资本主义尾巴"，不准养畜禽，不准种"硬口"（杂粮），不准捉鱼虾。人们肚子饿了，或者需要钱，常常半夜时分偷偷到海边溪边摸鱼捉虾。回忆起那段时光，一位报道人难过地说："一旦被人发现，种好的芋头都要拔出来。抓住摸鱼捉虾者，迫使他到处打锣，呼喊自己是'走资本主义道路'，后面有民兵押着。"

政策转变以后，九月至次年三月农闲时期，生产队组织村民发展副业。第三生产队的钟×根说："组织社员烧木炭，炭窑在关帝庙附近，90 年代搞开发被拆除。发展副业填补了生产空隙，能更好地利用劳动时间，提高了劳动效率。"

1982 年"包产到户"，农户自主安排生产，交替出现了劳动极度紧张的"硬时间"与可以自由、放松的"软时间"。① 告别了集体经济的强制化管理，村民在自己的时间框架内安排生产。例如秧苗问题，过去上级认为老秧更好，要求养秧（播种和插秧的间距）40 天以上，追求亩产量。

---

① ［法］孟德拉斯著，李培林译：《农民的终结》，北京：社会科学文献出版社，2005 年，第 68 页。

这种方法引起村民的议论:"人要是三四十岁结婚就晚了,植物像人一样,老了就不好了。"分田后,村民倾向使用嫩秧,夸耀嫩苗的优势,将养秧调整为15～30天(推迟了播种)。又如,小暑割禾与立秋插秧的间距有十几天,自主经营后,人们会充分利用这段时间精心管理,提高劳动效率,每造亩产六七百斤,明显高于生产队时期。钟教聊起分田后的作业,满怀信心地说:"我们用的是自己的时间,加上有除草剂的辅助,空闲时间变多了,可以用来捉鱼虾。不像过去出工收工那么死板,现在我们更自由,收入更多。政策越来越好,政府给育秧每亩补贴450元,想种蔬菜或其他作物的人可以去'开荒',这是政策允许的。"

"更自由并不意味着更轻松",自主经营体制下,村民经常为了获得更多收益而延长劳动时间,如"双抢双种"时节,既要割早造,又要犁地、耙田、种晚造,人们从早到晚每天工作10小时以上,每个劳力一天只能割1.3亩。田间管理同样繁忙,有时一天要花12个小时。集体经济时期,有分工,有协作。不同的人做不同的活计,劳动效率的提高意味着劳动负荷的减轻。分田到户后,自家劳力包揽全部生产过程的各个环节。一位报道人说:"摊开了劳动过程,时间变长了,感觉更加辛苦。"

温长恩等人在调查报告中曾经提出淇澳岛宜走农、工、商综合发展的道路,重点是以牡蛎为主的水产业以及热带和亚热带水果种植业。[1] 全岛土地预征以后,这个设想就泡汤了。山地多、湿地多,草木葳蕤,老鼠、青蛙多,蛇也多。人们丧失土地后,捕蛇成为转型期的一种谋生方式。过去是本村人捕蛇,现在是外来的广西人捕蛇。蔡打仔十几年前开始捕蛇,捕过各种蛇,如长标蛇(水律蛇)、饭铲头(眼镜蛇)等。他用纤维网和铁丝笼作工具,有时还会用手来捉。蛇经过网就会被缠住,有时一张网可以捕到十几二十斤重的大蛇。他自己做铁丝笼,半小时可做一个。笼子的入口向内有倒钩,使蛇"有进无出"。蛇笼里会放一只青蛙、田鸡或蟾蜍充当诱饵,再放些水给它们饮用,保证诱饵存活。因为蛇喜欢吃新鲜的食物,所以每周换一次诱饵。诱饵的大小和捕捉到的蛇的大小是相对应的,

---

[1] 参见温长恩、陈琴德、张声粦等:《淇澳岛自然资源及其开发利用》,载《热带地理》1987年第3期,第210–218页。

因为蛇在进食之前会判断自己能不能吃得下这个食物，例如 100~150 克重的大田鸡就可以用于捕捉 2~3 斤重的大蛇。网和笼一般设在阴暗角落，更多依靠捕蛇人的经验，根据气味和痕迹判断蛇出没的位置。用手捕蛇时手掌要柔韧，能准确地捏住蛇头，用力不能太大，否则容易引起蛇攻击。面对毒蛇时更要小心，如果毒蛇是仰着头的话，那就不是捕捉的时机，要等到蛇头低下不动才能行动，瞬间按住它的头。

无毒蛇喜欢上午活动，下午待在洞里不出来。毒蛇则多在夜晚活动，傍晚是觅食的时间，最为活跃。蔡打仔将纤维网和铁丝笼放在山上，每天上午 10 点上山检查一遍，见到里面有蛇就取出来。有时运气好，一天可捉到两三条蛇。每年公历 3 月至 8 月是捕蛇的佳期，11 月天气渐冷，蛇就躲在洞里冬眠了，这时有些捕蛇者会用烟熏，把蛇从洞里逼出来，这样做必须小心，以免引起山火。

蛇根据季节而表现出不同的习性。天气炎热时，水边青蛙、老鼠多，蛇爱在湿地猎食。气温下降时，蛙、鼠向山上移动，蛇也跟着上山。入冬后，蛇就在山顶避冬。因此不同的季节，捕蛇人需要根据蛇的位置改变作业场所。

由于冬天捕到的蛇少，捕蛇人会提前将捕到的蛇养起来，待到冬天价格上涨时再卖出。捕蛇人一般将蛇卖给当地的茶餐厅、大排档或自己联系淇澳或外地需要蛇的老板。蔡打仔曾卖过 160 元/斤的价格。人们通常用蛇来煲汤，用长标蛇之类的蛇来做蛇羹，用一些毒蛇泡酒。有时候捕蛇人捕到的蛇是卖不出去的，例如一种青蛇，开膛后气味腥臭，很少人食用。

显然，捕蛇只能是一种临时性的营生，随着海岛的开发加速，这种营生很快就会退出历史舞台。

第九章
三圈式的民居布局

至今仍忘不了对淇澳岛的第一印象。那是2014年的一个夏日，我们立于望赤岭之巅东眺，远山含黛，近海湛蓝，令人想起宋伯鲁"四山吞浩淼，一碧拭空明"的诗句。然而回首西顾，却是别样景致：屋舍密密匝匝，相拥在方圆不足一里的坳谷。这是想象中的淇澳村吗？不见青砖、灰瓦、短屋檐、两面坡的小房，目力所及皆平顶水泥砖房，而且比肩接踵，高低错落，从两层到五六层不等，还有一群烂尾楼啊！村庄的位置是优越的，三面负山，一面临水，五项围就在近旁。自然景观如此清澈，总觉得有些美中不足（见图9-1）。

图9-1　远眺淇澳村（刘畅摄）

淇澳村有 775 年的历史，不计清初迁海的灭顶之灾及抗日战争的破坏也有 750 多年。村民为了满足社会生活之需，利用所掌握的物质技术手段，并运用一定的科学规律，包括风水理念和美学法则，营造出岛上各种人工环境，最主要的是房屋、庙宇、道路和水利，构成岛上的建筑整体，结构上呈大圈套中圈、中圈套小圈的布局。

建筑学上有一条"三靠一爽"的原则。任何时代的移民，来到一个陌生之地开基建村，均以适宜生产为首要选择。淇澳村的先民以渔农为业，而农业不如渔业发达。移民尚渔，因而在江树山建村，彼处濒临东澳湾，便于海上作业，加上占有水源、土地与山林等生产因素，基本能够自给自足。由于未注意到地形因素与气象因素的不协调，难以形成自然和谐的小气候，如因受季风的侵扰而必须选择新村址，人们渐渐才对"三靠一爽"原则有了新的认识。

"三靠一爽"指村庄选址靠近水源（河流、浅海），靠近耕地，靠近山岭和树林；地势要平坦干爽，地形要有坡度，但不占用耕地。淇澳岛的地势如何？从图 1-1 可知，岛西南、岛东北为高处，岛中央为低处，地形呈簸箕状，这就意味着要想为生活起居提供一个干湿得宜的环境，必须将房屋建于西南和东北两列山岭之间。此外，水文气候等相关条件对岛上的居住条件提出更高要求，即如何有效地在夏季应对东南和西南季风，在冬季应对东北季风。马头巷一带的房屋依山而建，其所依靠的山体位于岛东北，面朝西南方，因西南季风已为岛外唐家湾一系列山地所抵御，故面朝西南的坡地必须应对的自然灾害风险小于其他朝向。

祖先获得这个认识并非一步到位，而是用深刻的教训换来的。自从祖先在江树山吃了季风的亏，才认识到濒临大海，村庄应依山脚而建的重要性。更加重要的是台风定期侵扰，必须考虑风向，利用地势避风。同时，选址要考虑周边是否有足够的土地开垦，是否有良好的台地建房，以利于子孙繁衍昌盛，满足宗族拓展、财源广进的希冀。

从江树山搬迁到簸箕谷后，新村场因循风势、依山而建，村庄凿有多口水井，道路沿着水井纵深，民居呈带状/网状交织结构分布，不同姓氏形成村内的亚群。从碑刻、路名和房屋门牌以及口述的相互印证中似乎可以得知，钟氏村民定居于马头巷，梁氏居于附近，修缮并供奉今天的淇澳祖庙，蔡氏则定居在蔡家巷；沿着南腾街向南推移，姚氏定居在姚家巷；南腾街别名"上街"，白石街别名"下街"，这两条窄街之间的一条小巷就是江氏聚居的地方，民国时期的街牌标明"江家巷"。各代随着人口增殖均有建房举动，或建于旧房地皮上，或拓展新居。

为了便于看清岛上的民居，最好依照同心圈关系来把握。长期以来，岛上民居只有内圈和外圈两层。内圈是从江树山搬迁到簸箕谷后至今一直存在的村庄，外圈是原野和海岸地方的生产性建筑，两圈一样久远、一样重要。

内圈的房舍密集，路径相连，为村民的基本生活区。本来无所谓层次，但是最近30年的建房潮造成一个新层次，故用现实的眼光必须看作两层：一层是存在了700年的小圈，由老式建筑构成，为村庄的核心；一层是中圈，为村庄借着最近30年的建房潮所膨胀的部分。后者屋群受地形限制，循着村庄周边的台地、山坳铺展，这些房屋由新式建筑构成。

外圈是野外乃至环岛散落着的一些建筑，这片地域本为村民的生产基地，寮棚、罾棚、茅屋、梁津（水坝、拱桥和渡口）、道路等为生产要素，间杂于田野、山林和海岸，构成岛上建筑整体的大圈。

综合以上所述，我们便看到一个三圈式结构，在时间轴上依次是内圈、外圈和中圈，在大小关系上依次是小圈、中圈和大圈。

小圈（见图9-2）的起点较早，因房屋道路的变更缓慢，直到20世纪80年代中期还是个狭小的村庄。在世代相续的过程中，不同阶段的建筑采取的形式和使用的材料有些差别，基本上保留了传统的工艺。需要注意的是，岛上民居的布局长期以来只有两圈而无三圈。在抗日战争全面爆发前夕，中山大学4位调查者莅临淇澳岛，他们看到的民居建筑，一圈是集合的村庄（见图9-2），一圈是分散的屋舍，即原野中的寮棚、罾棚和茅屋，前者为村民的生活区，后者为便于农事和渔捞的临时居所。他们用集村和散村这对范畴描述岛上民居的双圈结构：

本岛屋式集村与散村完全不同，散村之居民既属暂时性质，同时经济能力亦极薄弱，故其建筑材料注重于价廉而不甚注重于耐久。故皆剖竹交织成莍，外涂黏土即以作墙，屋顶则以葵叶为之。至于集村者，则因系永久之住居，故其建筑材料较注重于耐久性，多砖墙瓦屋，且其经济能力亦较富裕，故除实用之外，间或加以装饰之壁画，此等砖瓦均来自外处，唯亦有用本岛自产之蚝壳以为墙者，然为数不多。①

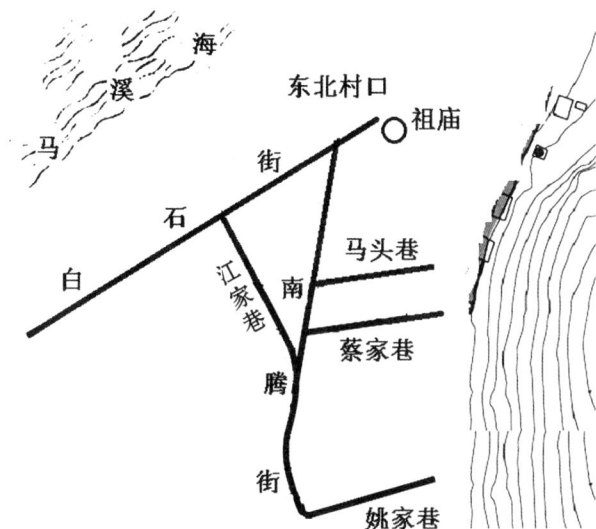

图 9-2　原来的村场（小圈）

这对范畴即指方才说的内圈第一层次和整个外圈，因为当时还没有中圈。集村沿着月牙形的簸箕谷村场分布（见图 9-2）。屋舍根据用途可分为四类：

（甲）家祠　此种样式颇为划一，大都二进，后进放在（着）无数祖宗牌位，厅堂高大，而住房甚少，由（有）二个至四个，甚至有全无房间者，盖此种屋宇乃专为死人而设，故大都死寂阴森，毫无生气，虽间或有一二人看守，但亦不能打破严肃之空气。

（乙）普通住宅　每因地制宜，成方或圆，颇不规则，其中较整齐者

---

① 罗开富、刘国雄、徐俊鸣等：《淇澳岛》，载国立中山大学理学院地理学系《地理集刊》（第一号），1937 年 6 月，第 32 页。

亦作二进，房亦不多，只敷一家五口之用，然均矮小简陋，秽污不堪，比诸家祠，有小巫见大巫之叹，村人如此尊重死者而轻视生者，在提倡孝弟等旧道德之人看来，固觉古风盎然，叹为不可多得，然在注重"现在与此地"（now and here）之人观之，又觉其愚不可及矣！

（丙）杂屋　本村因房屋密集之故，故牛栏及草料场另设他处，此种杂屋之建筑自极简陋，竹墙葵瓦，与散村之居住类似。

（丁）商店　村之中心有商店二三十间，贩卖日常用品，其外观大都作长方形，矮小黑暗。甚为简陋。[①]

从 2015 年至 2016 年，连续 4 个寒暑假，我们在淇澳岛调查时看到以上四类房屋各有几处，它们依旧完整。这里只说乙类（见图 9 - 3）和丙类。普通住宅通常为二进式，屋顶为两面坡，一层式，共 6 房 1 厅 1 晒坪，楼上搭有阁楼，可摆放杂物或让孩子睡觉。M_1 是外大门，M_2 是内大门，S_4 是晒坪，W_1、W_2、W_3、W_4、W_5 和 W_6 是 6 个房间，其中 W_5 是仓库，也可摆放 1 个卧榻供人睡眠，主人一般住 W_1，W_6 是厨房，里面摆放着两件加工谷物的工具，M 是石磨，C 是舂碓。Z 是猪圈，T_1 是厅，T_2 是天井，S_1 是供奉祖先的神台，S_2 是供奉门神的神台，S_3 是供奉当天（天神）的神台。根据风水理念，进数与层数越多，门面与装饰越繁杂，则人丁越兴旺。人气有阴阳二分，室内的房间与室外的院落，暗处的神龛与明亮的厅堂，采光效果和热量分布跟各处的空间布局相衬，同时强调排水、防潮、防蛀、通风和抗风的性能。如在庭前挖井，兼顾降低地下水位、利于排雨和日常用水等；在墙上铺蚝壳灰，既是因地制宜的用料，也为墙面的防潮防蛀提供了一层保护。[②] 这些功能以顺应屋址所从属的环境为首选。集村很少有三进式，蔡家祠是唯一的例外，一般人家都是二进式。

---

① 罗开富、刘国雄、徐俊鸣等：《淇澳岛》，载国立中山大学理学院地理学系《地理集刊》（第一号），1937 年 6 月，第 32 - 33 页。

② 陆元鼎、魏彦钧：《广东民居》，北京：中国建筑工业出版社，2005 年，第 243 - 269 页。

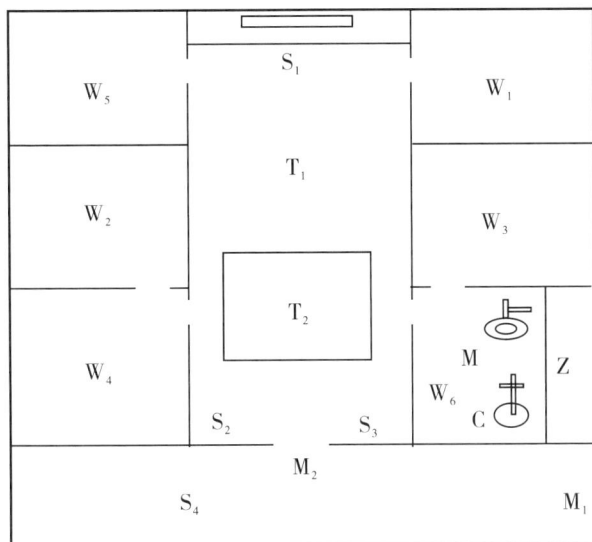

图 9 – 3　普通住宅俯视

　　散村的寮棚、罾棚、茅屋散布于野外。譬如月公山、三姑庙两处就有几间寮棚和茅屋，至于罾棚，亚婆湾海岸就更多，牛棚、鸭棚及各种看护棚建于林地或水边，都是村民按实际需要自行加建或改建的，带有很大的随意性和季节性。岛上杂草丛生，适合养牛羊，但村民只养牛，从来不养羊。他们以农为生，尤为重视牛，若有空闲又要赶海，没有时间照顾羊，何况羊对植被的破坏要大于牛。淇沙湾又名"牛仔湾"，曾有农户在此丢失牛犊，一年后小牛却长成肥牛，表明岛上耕牛（黄牛和水牛）繁多。因小圈地皮紧张，村内宅第拥挤，若养牛户占全村家庭 1/3，绝对没有空闲之地修建牛圈。虽然家家户户养猪，但是猪圈占地小，养猪也是为了积粪，积攒的残羹剩汤需要和以糟糠煮熟，随时喂养，随时除粪。鸡棚也像猪棚一样设在家中，因占地狭小，便于拾鸡蛋。畜禽的养殖，还有鸭子。岛上多沼泽，滩涂多弹涂鱼、白蚬，割稻后有些余谷撒落田间，这些都可成为鸭饲料。前面第二、七章提到，民国时期全村有 4 个鸭场，南坑约

500 只，流水坑、村前、蔡家林各三四百只。[①] 集体经济时期继续办鸭场，几乎每个生产队都有个鸭场。全岛有十来个鸭场，例如，鹤咀湾就有一个，窝棚建在鸭棚旁边，鸭倌与鸭子比邻而居。以上各种棚屋、茅舍与嶙峋海岸或葱翠树木相映成趣，共同形成古朴的田园风光。

散村还包括生产队的粮仓、部队的营房、野外庙宇等。既有寮棚、茅屋，也有水泥砖房，它们随着政策和体制的变化而转给外地养殖户，只要不在公路干道旁边都不会被取缔，靠近公路的养殖场则厄运难逃，会被当作影响市容的典型并被勒令关闭。

单就寮棚和茅屋而言，茅屋要结实得多，有 40 年不倒塌的茅屋。寮棚最多只能经受 20 年。寮棚和曾棚皆以竹篾为墙，以毛毡覆顶，墙与顶都很单薄，并以简易的柱子、檐檩接墙承顶。茅屋为实墙搁檩结构，没有柱子，顶上可覆野生茅草，也可覆麦秸秆、稻草等农副产品。屋顶层由夯土墙或砖墙承重，墙厚 0.3 ～ 0.5 米，有夯泥墙和土坯墙两种，屋架用"人"字形或"金"字形大斜架，直接承受檩条和屋面的重量，再将荷载传递到墙体。有人认为，"金字梁架的斜梁做法可能在原始社会就已出现，最初与方便茅草屋面的绑扎有关……后来，由于陶瓦代替了茅草，使屋面荷载增加，才促使这种斜梁式屋架向正规的抬梁式屋架转化"[②]。由是观之，这几间寮棚和茅屋再现了岛上民居体系进化的一环。毋庸置疑，早先筚路蓝缕的开基祖就是这样结茅于江树山的，他们搬迁到簸箕谷后，农业有了发展，倾向于完满的定居生活，开始建灰窑烧蚝壳，渡海购买砖瓦，开启茅屋与瓦房并用时期。

在集村，现存的房屋不少建于民国时期，个别房屋兴建于清朝。民居多为一层式的硬山两坡屋面，石砖木结构，屋顶高矮不同，交错穿插，房屋间配有封火墙，墙之间设有防盗装置，或为砖砌胸墙，或为水泥墩，或为钢筋门，既有防火、防止窃贼藏匿的实用功能，又产生不同的视觉效果。

---

① 罗开富、刘国雄、徐俊鸣等：《淇澳岛》，载国立中山大学理学院地理学系《地理集刊》（第一号），1937 年 6 月，第 28 页。

② 汪永平、王盈：《苏北泗阳花井村茅屋调研》，载《艺术百家》2012 年第 8 期，第 145 页。

这些房屋的外观墙体由青砖砌筑，簇新时为青灰色，随着时间推移，受海风携带的盐碱成分腐蚀而转变成浅褐色。屋檐下的砖防条、屏风墙的抛枋和一些门窗的过梁用白色粉刷，间杂少量的白色蚝壳墙壁，灰白色与青灰褐色形成温柔的对比。有一户钟姓人家，两兄弟是打蚝能手，经过精心筛选，选出长 13 厘米至 16 厘米的蚝壳，盖起一间蚝壳房，墙面用了 12 000 多个蚝壳。1983 年，他们在旁边盖起一栋青砖楼房，搬出蚝壳房。村里原有七八间蚝壳房，现已坍塌，只有这一间保留完整。某些经营旅游的人相中这间"孤品"，竞相报价，房主开价第一年租金 600 元，第二年 800 元，第三年 1 000 元，往后每年都是 1 000 元，须交足 10 年。集村有夯土墙，锁定两块夹板，放入土料夯实。经查看夯墙的断垣残壁，发现素土里面掺杂蚝壳、卵石、篾条，为的是增强墙体的拉承力量。直到 1947 年，村中的一层式建筑形式才被打破，曾任中山县第六区区长的钟棣民用公尝修建了一栋裙楼，前面一层作祠堂，称"敦睦堂"，内部高阔，颇有气势，后面两层作为老人会和理事会的办公室。

集村的民居装饰主要是建筑外部的砖雕、石雕及与建筑密切相关的木雕，且图案具有地方性。砖雕主要用于屋顶的瓦当、滴气孔、影壁等处，一般通过民间喜闻乐见的形式表达家族兴旺、生活富裕、家庭和睦的希望。石雕主要体现在石柱础、门枕石、门过梁、地砖、上马石、基座等处。木雕多用于门窗隔扇、梁架、柁墩、透气孔、木栏杆等处。最有特色的是雕砖门楼，用于建筑入口和大厅内院门楼装饰，形式多样。

在节奏缓慢、发展迟缓的年代，人们忆苦思甜、知足常乐，原有的空间设施只求最低限度的满足就可以了，现在则追求高大、舒适、豪华。当我们把 1937 年的调查报告说村里有三四千人口的消息告之于人时，年长者大都不相信。报道人钟×恬振振有词地说：

> 书上的数目可能是为了吃空饷报虚数，当时疍民在村边搭棚住，可能把疍民也算进去了。凭天地良心说，村里的人口绝对不超过两千。我做会计的时候每天接触人口数据，过去社员被土地束缚住，不能自由行动，外出必须持有路条，人口比较稳定。天气炎热时，晚饭后大家都会出来纳凉，只要到各个地点瞥一眼，就能估计全村有多少人。现在房子建得大，

还有院子，关门就看不到里面的人。房子狭小，不用计划生育，某种程度上就限制了生育，孩子多的家庭居住相当紧张。

村民以大量事实说明他们以亲友为依托，在有限的生存空间中互相扶持的精神。过去房子没窗，里面黑漆漆的，一间房子贴着另一间。现在这么盖房肯定不行，彼此隔得很开。如果批到村边的土地，还可以盖出村去。以前村子小，就算住满人，人口也不多。郭家兄弟的老屋是父亲跟兄弟两家人合用的，两房一厅，共40平方米，每家人一间房加半个厅，有9口人（父母和四男三女），入夜打地铺睡。夏天，狭窄的老屋相当闷热，于是大哥到朋友家睡，曾经还摸到别人家楼顶上睡，被当作贼赶下来。过去蚊子少，不少人睡在露天的石条凳上。打谷子的时候，场上没有蚊子，直接睡在场子上。有位年过六旬的报道人，十年前从老屋搬出来，他回忆说："那间老屋只有4平方米宽，去掉楼梯只够放张床，因地方狭窄，家人吃饭宁可端着碗坐在门口的石条凳上。"另一位报道人说，她家是两层楼房，早年建成，一楼的天花板较高，二楼较矮，算作小阁楼，成人要弯着腰才能进去，下大雨时接近屋顶处水汽较多，天气放晴时要是一楼太挤，就会让孩子上阁楼去睡觉。

最近30年，受经济浪潮的冲击，一部分村民突破集村的边界，在周边的农田和坡地上清理地皮，平整地基，建起积木块式的方形楼宇。村民认为这是必然趋势。报道人胡××说："若将房子建在旧村，实在找不到地皮，即使有也很小，因此房子建成将又矮又小。若要改善住宿条件只能批地皮到村外建。"一席话说出大家的心声，此乃中圈的群众基础。

南腾门是南村口的标志。在三次建筑潮的影响下，老南腾门随着村道的扩张不断南移。它原来在今南腾街市场前的十字路口处，后来迁至今南腾街与环岛路的交界处，变为新南腾门了。依照老观念，房屋建在村外不吉，那里四面是原野，晚上青蛙呱呱叫，冷清而凄凉。改革开放使村民大步走出南腾门。而村庄最北端，以淇澳祖庙和白石街炮台为基础，也在不断地向北、向东推移。北村口和东北村口曾经围墙伫立，炮台对面是一片墓地，修筑大坝之前马溪海涨潮时水会漫到围墙附近。今日，这两个方向连接着便捷的交通线，北通红树林，东达大澳，北线和东线又都通达淇澳大桥。

一些村民乔迁到中圈的现代房屋中，另一些村民受到诱惑，可能会在小圈的屋基上拆旧建新，又形成规模，于是民居原有的色调和屋式的整体和谐倏然改变。村中的年轻人大多数外出求学、打工，留在村中的是一些依恋祖辈房产和保持着传统生活方式的中老年人，面对老宅、祠堂、古井、古树的凋零，他们显得无所适从。

随着中圈的形成，最近 20 年，大圈也嵌入现代因素，一些特殊场地建筑，如生态公园的研究大楼、休闲会所、度假区、游艇会的豪宅等出现了，它们不是岛上内生出来的，而是外部嵌入的。在中圈和大圈的吸引下，小圈内部一些年代久远、陈旧不堪的屋舍也在翻新或修缮，甚至拆毁重建，时间的起点稍晚，终点与中圈的形成持平。应该说，民居的翻新和重建是很正常的，只要采用相同的建筑方式与工艺，就可看作老建筑的更新，但如果采用现代方式与工艺，就会给集村建筑带来不协调的感觉。

纵观淇澳村历史，岛上的建筑活动起落有序，不过较为缓慢而已，最近 30 年却大幅起落。"大起"乃村中自建房的陡然升温，"大落"乃因土地丧失引起的心理失衡。细查之下，原来是跨海大桥被舆论炒热后，外部力量借着重大工程介入，村民盯着这片红线范围内的土地，生怕再次失去，外面有关系的人也想挤进来占便宜。一些人在利益诱惑下乱了方寸，决策失误，低价出售宅基地，"一幅 165 平方米的净宅基地，如果包……分摊公共通道 13 平方米，即每户近 300 平方米的用地只收 2 万元，平均每平方米地皮只收 70 元"[1]。人的贪欲被拉动了，火速拆毁 30 余栋旧屋，抢建 100 多幢新屋，后来上级干预了，这些无门无窗的毛坯房便成为烂尾楼。[2] 不应忽视房地产大气候的吸引，同样的原因造成相同的结果，各地都出现烂尾楼，淇澳村只是一个缩影。以上说明农民的根本问题是土地，土地使用权的转换代表着生产关系的变化，财产关系是生产关系的法律用语，村民失去土地使用权也就失去了财产权。土地权的分配是个斗智斗勇的过程，淇澳村从 1978 年到 1989 年、1990 年到 2001 年、2002 年到 2018 年连

① 钟金平、钟华强：《一子错，全盘皆落索》，《淇澳的前世·今生》（未刊稿），淇澳老人协会，第 42 页。

② 参见万静波：《淇澳岛，被大桥改变的命运》，载《南方周末》，2003 年 7 月 17 日。

续出现的建房潮不过是这一过程的副产品，每一次都使土地减少。

对比图 9-1、图 9-2 和图 9-4，村庄膨胀立见分晓。东西南三面的村界都被占用，江南街前原是大片农田，后成为厂房，村边建起漂亮的楼房，据说是投资千万装修的会所。村口的烂尾楼因阻碍公路建设而被拆毁，五一路附近的烂尾楼沉寂了 20 多年，现已装修完毕。

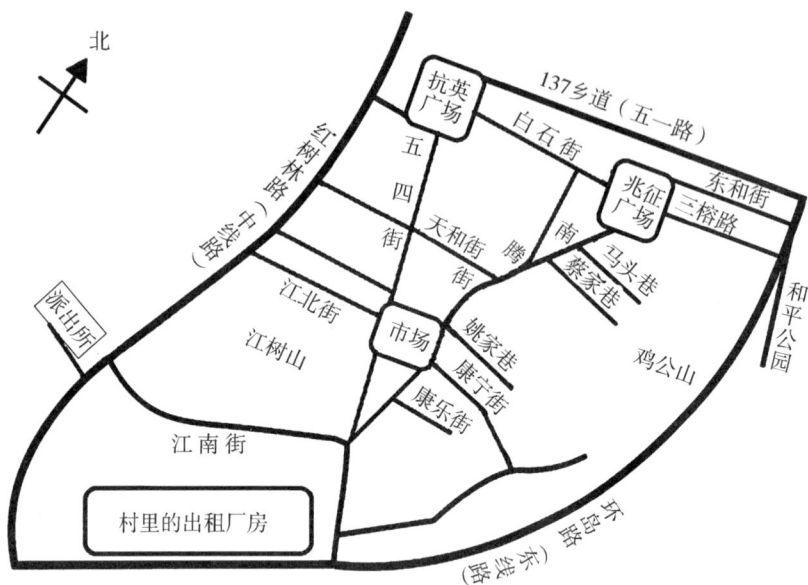

图 9-4　扩张的村界（中圈套小圈）

750 多年的历史仅堆积成两圈式民居，最近 30 年又添加了一层，创造出三圈式的空间符号。中西合璧的风格也是这一时期形成的。中式有两种：一为传统式，二为现代式。二者皆注重人气，亲近风水，只是形式不同。传统式多为两面坡，便于排水，而且讲究进数，主要集中在小圈内部。现代式多为平顶，讲究层数，主要集中在中圈内部和大圈的特殊建筑场地。西式指西洋风格的建筑，如阳台上的琉璃廊柱、窗户和门面的形状、耀眼的水泥墙面和墙体上的年份字样等——这两个特点是最显眼的，从中可以看到淇澳与澳门的睦邻关系。村民大多有港澳亲属关系，他们从西式建筑里看到了富丽堂皇，等到攒下资本，就模仿着建楼，作为一件光宗耀祖的事迹。在方才提到的第二个建房潮中，中圈和大圈出现不同的建筑风格，那些烂尾楼大都是独栋小洋楼风格，带有阳台，有的还呈现出两栋连体的哥特式建筑风格，装修好后完全是西式小洋楼。较之于老房，它们不仅采光、通风、祛湿效果好，而且更加美观。

30 年不过是历史长河的一瞬，展示了村民拓展居住空间的行动，营造出圈层间的物理属性和社会属性。小圈与中圈同属村庄，新旧分层明显，卷心菜般地层层庇护，包裹较紧。中圈之外是大圈（星星点点的寮棚、茅屋等），二者间隔较宽。三圈式民居布局烘托出村民适应地理、满足生存的技巧和智慧，自然背景均为原生态山体和苇林湿地两类景观，功能性质一样，程度不同而已。现在，岛上的外地渔民住在寮棚（大圈），贴近自然，租赁村中房屋（小圈和中圈）的文艺青年则靠拢集市，二者的方便程度不同，但在维持民居的"变"与"不变"关系上起到均衡的作用。

早先集村的低矮房屋与狭窄街巷彼此相配，如今那些地方发生了分化，破旧的房屋有些被遗弃了，有些则拆拆建建。20 世纪 50 年代村民用石头砌起胸墙，在墙面粉刷蚝壳灰。70 年代，屋顶卸下了茅草盖、瓦片，到 90 年代就用上水泥和瓷砖了。建筑外形的翻新不仅体现了村民遵循就地取材、物尽其用的原则，而且体现出乡土建筑中的自然生态观。至于引进新型建筑材料，则增强了民居的持久耐用性，提高舒适度，让集村的色彩更加丰富。这是传统的村落中心所能看到的民居面貌。

资金的涌入与村庄的开放同步而行。建筑材料明里代表物流，暗中隐含生产关系。村民在农田、林地、滩涂向宅基地转变过程中演绎着一波又一波的建筑潮，早先是当地人主导的建筑模式，现在是外来文化嵌入，包括依照实用美观的图纸，采用新型建材，囤积旧房待价而沽的理念，自建与出租的相向运动，必将引起新一轮物权变动，使海岛村庄向城市靠拢，把富于文化符号的建筑遗迹推向旅游市场。

村民认为，货币贬值导致建房成本节节上升，三四年涨一回，晚建不如早建。一般来说，建一栋两层楼房需要提前三年备料，以江××为例，用车将石料从大角头或是红树林那边的三二排运回来，木料是向生产队批条子砍伐来的，水泥到前山圩购买。为了应对价格上涨，建屋的几家人抱团一起进货，可以多砍些价，即便如此还是花了 2 万元。唯有建筑费不可节约，他们请本村的建筑队花了 2 000 元。迁居之日在村中摆了十几桌酒席庆贺。蔡阿公的小阁楼如此备料："烧蚝壳灰的人工费靠自己出，蚝壳和柴薪由生产队出，给钱到村委会买，100 斤三块多钱。后来 7 000 斤灰都不够用，所以另外还用了三合土和黄泥，外面用石灰铺面。二楼做的是楼板。"

有些建材由岛外输入，临近的珠海其他地方与中山既有丰富的资源又有广阔的市场，能够充分满足淇澳岛的建材需求。有些建材在岛上开采，第二章图 2-1 标示出开采的场地。

1. 沙石与黏土

岛东部（或称"上海"）各个澳湾的海沙丰富，花岗岩出露区域甚广，沙石除自给自足之外还大量输出岛外，集体经济时期，很多外单位要求开发或者购买岛上的沙石，有三份文件可资证明。[①] 沙场是沙滩上的海沙，而非海中的咸水沙。岛屿东岸恰好属于侵蚀地貌，遍布沙滩与优良港湾，值得一提的沙滩有南芒湾、亚婆湾、东澳湾和牛婆湾。据说以前的沙滩纯净，小孩常光着屁股玩泥沙。由于淇澳岛盛产海沙，驳船会从中山运砖瓦来，到澳湾装满一船沙带回去。但没多久，海滩便被扔在地上的碎砖和水泥废料所污染。

正在使用的采石场约有十个，有些开采了几十年。岛上麻石有黄白二色，白色质地上佳，须掘地开采；黄色多裸露地表，含泥量大，风化较严重，可直接在地面上开采。如果讲究工程的品质，一般选用白麻石。无论黄白，开采后，均要根据石头纹理打眼孔、放楔子、剖开石料，如是方能齐整，方便砌墙。就是否容易开采而言，岛西面的石料最容易开采，其次为岛东北面，最后为岛东面。采石场属于村集体所有，值得一提的有几处：①东面的淇澳北站对面的山上、关帝庙（东澳湾附近）前面的山上、

---

① 它们是《关于要求在唐家公社淇澳岛的南芒湾和东澳湾采沙函》《关于唐家公社淇澳岛出口淡水沙报告的批复》《关于外方与唐家公社在淇澳岛合作开办石场的函》，原件藏于珠海市档案馆，案卷号分别是：A1.01-0010-001-1981.12、A1.01-0031-004-1983.04、A1.02-0052-018-1983.06。

鸡山；②西面的大角头、南芒坑；③东北面的大围（大澳湾附近）。采石场有大小之分。部队的采石场比较大，因为他们的机械化程度较高，有空压机、风镐。村里的采石场比较小，完全是人工开采。

离村不远还有个开采黏土的场地，叫作"黄坑"，建筑用的黄泥大多产自这里。岛西面的黏土质地疏松，犹如田土一样，很少用于建筑。

2. 蚝壳灰

一般民居都是石基、泥墙、瓦顶结构，也有不用泥墙而用蚝壳墙的。蚝壳的主要成分是碳酸钙，高温加热后会生成石灰。蚝壳取材方便，坚固耐用，只需挑选，无须加工，运用极为普遍。村里有两间灰窑，一间位于今居委会对面，小学围墙边的沙县小吃店，一间在马溪广场外的观音庙背后。每间的生产规模不大，每窑占地约 500 平方米，平常只需七八人，到海边捡蚝壳，到山上砍松树枝，装料、除灰和风箱驱动均赖人力，秋冬旺季则雇用 20 余人。装料时，一层蚝壳一层柴地堆起来；灰窑有 6 ~ 8 米长，整体呈斜坡状或碗状，烟囱则砌成平的，对面放个风车灌风进去，底部依照"工"字形一层层搭瓦片，把风口围住，以防灰堵塞风口，蚝壳与柴则搭到不会挡住风口为止。装料完毕后，点火焚烧，连续烧 36 小时，冷却后将烧过的蚝壳担出窑来，倒在平地上，然后用水浇，根据热胀冷缩的原理，用铲子一拍蚝壳便粉碎了，这道工序叫"发灰"。再筛除没烧透的粗粒（壳渣），剩下的细末就是成品灰（灰粉），然后入库（灰池）堆放。灰池很大，可以放几百担，使用时担出来舂碎，适当调和水泥，起坚固作用。刷墙也用蚝壳灰，因时间久了容易发黑，就改成石灰。

3. 砖头瓦片

传统民居用青砖，现代建筑用红砖或水泥砖。青砖具有排列紧密的结构特点，很久以前都是从外地运进来的。岛上长期没有砖窑，集体经济时期建了两个砖窑烧红砖，一个在暑仔南端（本书第三章有叙），另一个在今抗英广场附近，但很快就被封闭了，又回到从中山的民众乡输入砖瓦的时代。烧砖的原料来本岛。每窑砖要烧五六个小时。还有一种办法是倒水泥砖，前提是有水泥，如此一来省料也省工，但在过去是不可能的。交通变得便利以后，外地的货船就从中山的民众乡把红砖运到婆湾码头并堆在岸边，人们召集亲友或雇人用拖拉机运回村。村中有一栋重建的民居，外墙拆至一半，裸露出水洗石米（马牙石加水泥浆），下面的红砖就是证明。20世纪80年代以后，瓷砖、马赛克等大量从外地运来，丰富了建筑外墙的视觉层次感；水洗石米的使用更为普遍，成本相较前者低廉。

瓦屋顶对于雨季的房屋排水起着重要的作用。村里既然无窑，当然也就无瓦。瓦从岛外输入。濒海地区的屋檐较短，铺上瓦片后用瓦筒夹住，批上灰泥塞紧，干燥后可抵御大风。后来瓦顶逐渐为水泥平顶取代，因为屋顶下方的椽子招白蚁，除了红木（坤甸木）以外就数杉木最耐用，防虫蛀。松树难有笔直的做梁木，而且容易招白蚁，但松木适合做桩木。村中有一座名"同乐厅"的三层楼房，建于20世纪90年代，地皮是一片湿地，打了很多松树桩，封闭的泥浆环境保证松木长期不腐。

4. 竹木

岛上树林竹林众多，成材竹可供渔业生产和建筑搭架子。树主要是松树。自从代耕农上岛后，除了种田，村民还雇他们采松香、伐松木。当时岛上松林覆盖，胸径约1尺，有水桶粗细，年轮多在十七八圈，少数有二十来圈，砍倒之后截成数米长短，用独轮车或胶轮车推出林子。春季不能伐木，因为水分多，易生虫。冬季北风起，是伐木砍竹的佳期。"水浸千年松，悬空万年杉"，松木可用来做桥桩或房柱，杉木可用作梁，岛上唯独缺乏杉树。生产大队曾组织社员去粤北连山砍伐杉木回来作梁。杉木直，耐腐蚀，不怕白蚁，是横梁的首选。海岛纬度低，天气湿热，海拔不高，曾引入杉树种植，可惜不能成材，所以村民渴望杉木，梦想捡到的海漂（船上掉入海的东西）是杉木，因为其他木头都会变形，唯独它不变形。

5. 水泥

木梁瓦顶因水泥的引入而让位于平顶。最早的水泥建筑是流水坑的营房和战壕。1979年以后，村民才开始用水泥盖房，并用马牙石在墙上拼出这一年的符号。以前到中山购买水泥，在当地码头上船，到淇澳的码头卸货，后来到前山购买，运输同样折腾，损耗一样大。郭氏兄弟回顾了用船运水泥的艰难过程，一路辗转，磕磕碰碰，到家已浪费三成。郭××说："在货栈装车要破损一些，卸车下码头再装船，又要破损一些，船开到淇澳，再搬上码头，再破损一些，待装上拖拉机又破损一些，拉回来还会破损，叠加起来，破损率在30%，亦即每百包水泥至少破损三十包。"

自从岛上有了两间混凝土搅拌厂后，建房人家只要下订单，水泥搅拌车就会开到指定的工地，如果道路不通，可再订一辆带空气压缩机的卡车，铺好临时管道，把水泥浆压到工地。一位报道人说，自家改造老屋时，因管道接驳不紧密引起泄漏，洒出大量水泥浆，费尽周折才把路上的水泥铲走。水泥本身就贵，加上运输及途中损耗，拉高了成本。过去路不通就无所谓，现在村村通路，人们对水泥的依赖性增大了，这就悄悄地促成了建材的多样性，因为在新建或者重建的工地上，水泥可以取代砖瓦、石料、木料、蚝灰。室内小环境也因此改变了，村民要花更多的时间去适应人造环境。

传统建筑材料虽价廉物美，但面对特殊的条件也会力不从心，于是就要依赖现代建筑材料。如村庄膨胀速度过快，土地供不应求，以及欧洲海景房理念的兴起，从正反两个方向推动着人们去打山脊的主意。西北面的五四街，那边的坡地被开辟为一处平坦的住宅区；西南面的江南街以及东南面的康宁街，20世纪90年代以后开始大面积建楼，尽管地处山坡明显增加了建筑难度，却造就了一群"别墅房"。山脊的地质条件不好，高楼立于上面并非那么牢固，不仅要用打桩机打下深桩，还得依靠钢筋混凝土灌浆加固地基，直到上级下文，限定自建房屋不得超过五层，追求高耸开阔的盖屋倾向才得到遏制。

钢筋混凝土进入民居后，提高了安全系数。1964年7月，中山遭遇强台风，全县共决堤47条，决口170处，淹没稻田53万亩，吹倒砖屋7 000余间，茅房22 000余间，死亡107人。那天，淇澳小学师生还在祠堂上课，他们刚出门，旁边的房屋就轰然坍塌，想从马头巷走，两旁房屋也东倒西歪，道路堵塞，马头巷拐弯处一片废墟。灾后出现了一些临时居所，一位报道人说："大的起不了就起小的。大家就临时搭了一间棚屋住，比厨房还小的棚屋，或者去亲戚朋友家搭睡。"不久，村民就重建了一批房屋。如果是用钢筋混凝土建成的民居，就经得住这场台风。

普通村民建一栋房屋不容易，没有外援实在不行。蔡××回忆："家中屋宇还是我未成年时父母修建的，泥巴墙，瓦顶，没有运输工具，从山上一担担挑回黄泥，工不够就请亲友帮工，只招待一顿午饭，这种情形下还花了1 500元。"苏××补充："石料得用板车从大角头一车车运回来，采石场里有些地方车进不去，石料得用杠子双人抬。"胡××说："要建房没有砖窑、没有资金哪能行呢！故旧时房子简陋矮小，土石担纲，不用砖头，屋内窗户甚少，厅前一个小天井，不通空气，昏暗不洁。在经济不行、交通不便的条件下只能如此。1979年，村中每两户就有3个人'偷渡'去澳门、香港，全村人口流失近两成，剩下一千几百号人。生产停滞了，人口压力也缓解了。有本事的人寄钱回乡帮助盖房，刺激了以财富为导向的竞争意识。"老供销社也苦于资金和运输问题，所以在20世纪60年代请外地石匠到本岛建了一栋石头房。胡××建房时，请朋友到中山的民众乡买砖，朋友相当热情，主动把砖搬上船运到岛上。砖不够，不好意思再麻烦朋友，他就自己倒水泥砖，备足料后请本村的建筑队来施工。胡××之父从香港寄来1万港币给他作建设资金，用来买水泥、钢筋和砖头，换成人民币约几千元。

在1978年至1989年的第一个建房热潮中，淇澳村出现一批楼宇，特点是在二楼正面墙壁嵌入马牙石标记年份，如"1979春回大地""1982""1983""1984"等。据说这个特点是港澳亲戚打上的烙印，他们在村中有地有房，人住在澳门、香港，在盖好的房子上面刻字，以显示自己的存在感。本村人一般不会这么做。这一时期，村里出现三支建筑队，有一队规模最大，队长是苏师傅，他说："全队有37个人，其中十几人来自河南，本地人有20来个。当时生产队记工分，一个全劳力每天所挣工分只值3毛钱，加上秋后分粮，顶多值5毛钱，1个月才15块钱。后来自己出来搞副业，每个月交50块钱给生产队，扣除成本，其余归建筑队分配，每人平均可得100多元。"

同村人和谐是一面，矛盾是另一面。财富、权力分配不均可能是矛盾的根源。各姓氏各房派积累的物质财富不同，生活水平有差距。通过土地改革，穷人分到了富人的房屋，祠堂也分给人们居住，村民称"分地主屋"。1980 年落实华侨政策，住户退出来，老屋回到房主及其后人手上，政府还额外补偿他们一笔钱。

祖先认同可能是矛盾的另一根源。兆征广场周围有 7 间祠堂，多数已坍塌，地皮尚存，"文革"时拆毁郭氏祠堂，材料用来建淇澳小学的厕所，硕大的石牌匾被丢弃在路上任人践踏。郭氏族人想重修祠堂，希望在祖先墓地山坡批到一块地皮，不料被别人批走并建房，挡住祖先墓地的风水与上山扫墓的路。村民间沾亲带故，大都是从表关系，但他们也说，"即使'握手楼'（形容两家人的屋宇靠得很近，推开窗户就可以拉手）或两家共用堂屋，人们都是各有打算的"，为了省钱，比邻而居的亲属共用一面墙也是有的。"握手楼"留有墙缝是防火和排水所需，防止藏匿小偷，所以在墙缝里设置障碍，使人钻不进去。可见共同利益使大家忘掉矛盾，共用一面墙或者给墙缝设障，主要是担心外敌（海盗、劫匪等）从墙缝爬上屋来作祟。

人口增多造成人际关系的复杂也是矛盾的根源。过去成分单纯，现在鱼龙混杂，维持治安更有必要。外地人也有看法，例如，郭氏兄弟各娶一外地女为妻，他们说："外地老婆来之不易。岳母会告诫女儿：'嫁去海岛难返回，婆家虐待无人知，老公打骂无人救！'过去村边住有疍家人，村民不敢与之交朋友，因为他们萍水飘零，船行何处，何处安身，倘若杀人越货，逃遁何处无人知。过去麻风患者很多，有些人上岛砍柴斩竹，要是轻易跟他们接触，染上病就麻烦了。所以，淇澳村的人胆小，老是提防外人，惹不起总躲得起嘛！北村口原来有条围墙，旁边有座牌坊，现在拆了，似乎告诫人们'围成一条村才能团结'。"蔡打仔同意郭氏兄弟的议论，低声附和："我幼年时不敢去岛上远一点的地方，一是有坟墓，怕鬼；二是怕被海盗掳走。回到村里，看见年轻人小偷小摸觉得很正常，长辈教育一下便可，毕竟是在熟人社会，做不出什么出格的事情。"

可将房屋与宿主的关系制作成表格以便直观小圈与中圈的居住概况。根据表 9-1 的导向，结合实地调查，可以看到鸡公山上有个别墅群。在村民的指点下，游客会沿着姚家巷、康宁街或康乐街信步上山，考察这个被戏称为"干部街"的景点。这里道路畅通、景致优越，山丘下是环岛东线，远处是澳湾，海天一色。在 1990 年到 2001 年、2002 年到 2018 年的两次建房潮中，有人利用各种资源在宅基地的分配中占据这一地带，通过报建手续，建起别墅洋房。目前"干部街"已成为岛上非富即贵的区域，到处高墙耸立，有恶犬驻守，门口和泊车位安装了摄像头。

表 9-1　淇澳村民居新旧对比和常住人口对比

圈层	房屋的陆续建造时间	常住人口成分
小圈的旧屋（含民宿、咖啡厅等）	清末（1840—1911）	本村中下阶层
	民国（1912—1949）	外地渔民
	1950—1978 年	从事第三产业者
	1979—1989 年	外地囤房者
中圈的新楼（含鸡公山上的别墅群）	1990—2001 年	本村中上阶层
	2002—2018 年	外地中产阶级

外地渔民的生存境况不佳。他们跨省而来，转包岛上的水域（山塘、水库、鱼塘、蚝场、滩涂、港湾等）和林地从事捕捞和养殖。他们有自己的居住经历：起初就近住在工作场地附近，如住在码头的值班房里，在林场搭建寮棚，当受到整顿市容的部门驱逐时，小圈的旧屋和中圈的烂尾楼成为他们新的庇护所。他们却还自我安慰："这里离海边近，比较方便，又不会吵到人，况且我们的渔具多，村巷窄，摩托车运着渔网难进亦难出，再说院子没地方堆，还是这里好！"烂尾楼因手续不全而停建，房东不敢公开露面，私下允许外地渔民暂住，实际上是帮他看守楼盘。有一次，居住在某栋楼盘的渔民不慎导致失火，引起有关部门注意，限期整改，告示外地渔民务必离开。于是他们只好搬到村中出租屋。房东抱怨他们的网具弄脏了房屋，但又可怜他们的境遇。

淇澳岛的民居建筑走过风雨飘摇的 700 多年，现在还在痉挛和阵痛中行走。当前，旧房的修缮或是新居的建造，不管是出租还是出卖，都要取决于乡土政策、文化保护意识以及房主的经济条件。"历史不外是各个世代的依次交替。每一代都利用以前各代遗留下来的材料、资金和生产力；由于这个缘故，每一代一方面在完全改变了的条件下继续从事先辈的活动，另一方面又通过完全改变了的活动来改变旧的条件。"① 从两圈式布局到三圈式房屋的演变中，不仅要看到物质财产因素，如房子和地皮，更要看到精神财产因素，如体现因地制宜、就地取材和注重环保的营造理念，实现人与自然和谐共生的价值以及先辈艰苦奋斗的精神，它们是当今生态建筑设计中值得借鉴的又一份遗产。

---

① 《德意志意识形态》，载《马克思恩格斯全集》（第3卷），北京：人民出版社，1960年，第43页。

第十章
地方性的知识观念

"地方性知识"原是吉尔兹在一本论文集①中提出的中心概念，旨在强调所有知识的平等性与特殊性。它是相对于外部知识而言，表达内部知识积淀的一个概念，即一个小社会的人群从自身传统出发，主位地理解他们面临的问题及解释周边发生的客观现象，以满足自身的求知导向，为日常生活提供知识支撑。现在人们大都赞同这个概念，承认阐释特定社区的知识观念是人类学的一个新目标。

淇澳村民世代生活在一个孤岛上，他们的智力活动以地方性的事务为基础，无论是正确的认识还是虚幻的映像，都可以从中找到与之匹配的原形。在知识的传递中，前辈的教导具有无上的价值，对于那些核心的观念必须小心地维护，同时，新情况时刻发生，需要加以解释和适应，因此认识是不断给已有的布幕打补丁的过程，旧知识的淘汰和新知识的增进是同步的。这种观念体系既带有普遍真理的属性，又含有相对真理的色彩，下面择例略举若干。

---

① ［美］克利福德·吉尔兹著，王海龙、张家宣译：《地方性知识：阐释人类学论文集》，北京：中央编译出版社，2004年，第274页。

1. 交通知识

淇澳岛内部有 7 条古道（见图 10－1），均以村庄为轴心，辐射状分别通往金星角、白芒坑、夹角湾、后沙湾、大澳湾、牛婆湾和鹤咀湾，原为肩挑背负者踩出的小径，后经乡绅捐资，雇人拓宽，沿途建起凉亭，定期维修，是世代拓展的结果。南腾门至港尾为必经之路，乃对外最重要的交通线。此外，还有许多小路与 7 条古道相接，沟通山场、海岸、田间。

图 10－1　岛内交通

淇澳岛南距澳门 20 里，东南距香港也不过数十里，平时村民经常来往港澳，至于进出唐家、下栅就更加频繁。岛外有多条驿道（见图 10－2），其中两条水旱驿道与淇澳村民关系极大。陆路称"凤凰山古道"，北起唐家湾金鼎东岸的马仔迳，经龙潭口、北坑沟到大茔，再越陇头桥到荽唐下，又经沙洲桥至杨寮，再由杨寮经过一段山冈，到神前迳向西转山场后山的百峒溪，然后过拱北凉粉桥，南至拱北、澳门，全长约30

公里。若连接马仔迳至石岐 25 公里，全程 55 公里，沿线驿站、凉亭夹道，便于邮件（官文、私信）传送及商旅安全。海路称"金星门水道"，起自横门水道旁的龙穴村，经大茅岛、淇澳岛、金星门可直达拱北，全长 16 海里（约 30.1 公里）。淇澳岛有两个登陆点：一是濒临马溪海的北村口，二是靠近南村口东澳庙附近的港尾。淇澳岛是旱码头的旁经点和水码头的中继站，本岛村民可渡海到釜涌走陆路，也可直接乘船走水路。外地商客还可交换路向，先走陆路，再转换海路，或者相反，由海路转行陆路。

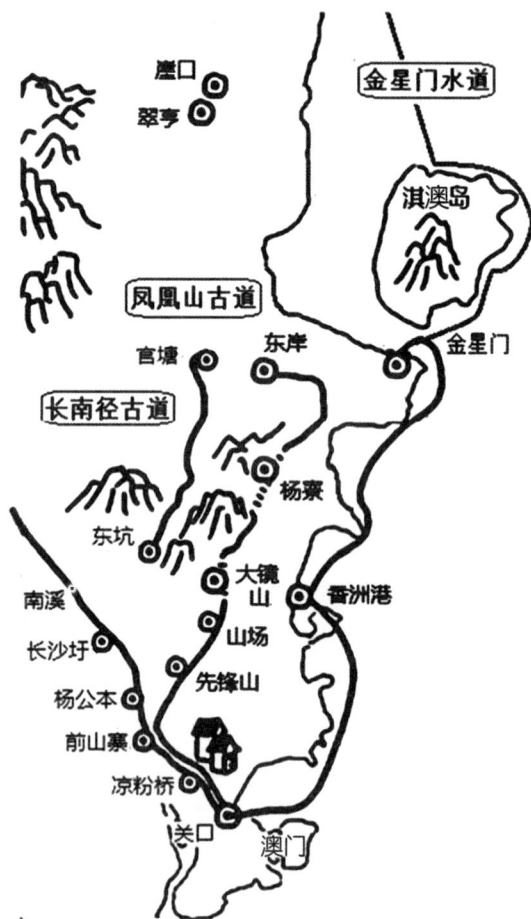

图 10 - 2　岛外交通

1927 年，岐关车路有限公司成立，发行债券，集资修建澳门至石岐的公路。前山是分岔口，一条东线，一条西线。1928 年，从拱北修到前山，举行通车典礼。1932 年东线修通，澳门至石岐的班车途经唐家、下栅、金鼎等 30 余站，有大小客车经营。1936 年修通西线。因战争破坏，东线部分荒废，1949 年后在东线基础上修建了国防公路。

在不敢奢望跨海大桥的时代，淇澳岛保持传统的交通模式。唐家近在眼前，却只能以小舟竞渡，单程需两三小时。航线经过金星门，此处海流为大陆的铜鼓角与本岛的南扣角所紧束，波涛汹涌，岛上人已惯于险恶情景，多数外方来客却视之为畏途。

中华人民共和国成立前，广州到淇澳岛交通颇为不便，主要有两途：第一，到珠江大沙头码头乘中山夜渡，翌日上午抵中山县石岐码头，转搭长途汽车经孙中山故里（位于今中山市南朗镇翠亨村）至大金顶（今名"金鼎"），再换小客车至唐家；第二，步行至釜涌，乘下午二时开回淇澳的渡船，四时许即可抵岛上的港尾登陆。淇澳岛与澳门的交通也有两途：第一，淇澳岛是由大金顶经唐家至澳门陆道的旁经点，除本岛至唐家须用舟外，还可乘汽车，若求省钱而不畏风浪，可用小舟直划澳门，即经金星门水道，到澳门采办货物的村民多由此出入；第二，由广州至淇澳岛可坐船先至澳门，再转车北上至唐家，然后转舟至本岛。

岛内各条古道，有些铺设了石板，有些为泥泞土路，今日的白石街，原来连接着 3 条古道，长 2 800 米，现在只有几百米。老式的轮制交通工具是独轮车，车把上拴个袢带，朝脖子上一挎，车辕前绑条拉绳，载物几百斤，粮、肥、土、柴都可以，还可载人，男推女坐，吱呀声传很远，卸车时一歪把就歇地下了。独轮车在北方省份最多，如清朝至民国时期的胶东半岛，大多数路径狭窄崎岖，两轮车走不通，唯有独轮车，走山路可用畜力在前面拉。[①] 合作化时期鼓励群众发明，将独轮车的木头轮子改为条幅式胶皮轮，常见于水利工地和田间的搬运工作。山路崎岖不平，时宽时窄，独轮车能克服困难，路径再窄也能行，还可原地掉头。淇澳岛的独轮

---

① 参见杨懋春著，张雄、沈炜、秦美珠译：《一个中国村庄：山东台头》，南京：江苏人民出版社，2001 年，第 20－25、247－249 页。

车数量不多，因只能走平路，山路较陡，挖出阶梯，滚动不了轮子，再者村里没有骡子、毛驴，不可能利用畜力牵引，故重物用扁担挑或肩膀扛。后来独轮车被两轮手推车所取代。

自 2000 年以后，岛内已有四通八达的高等级公路，岛外也有大桥连接大陆的公路系统，村民的交通知识上升到一个新水平。随着快递业的迅速发展，现在本村兼做快递业务的人很多，每天驾驶摩托车或电动三轮车取货送货，每月收入上千元。

2. 海岸地形知识

淇澳岛的岩基由燕山期花岗石垒叠而成，经过雨雾光风的侵蚀，又因水动力的冲刷，裸露的花岗岩千姿百态。岛上可见到三种景观：①岛东面起伏的山峦上裸露着一些石蛋，村民称"海安石"。②山间几十个异型花岗岩体相连，村民依其形象各赋称谓，如"猴子观海""新妇望夫"等。③惊涛拍岸形成几个宽阔的平枱，村民称"海中石坛"。前两种其实是花岗岩风化引起的，是千百万年来大自然雕琢而成，犹如 1 万个绑在一起的锋利楔子，不断地凿击悬崖峭壁或孤立的巨石，风化成滚圆、椭圆、长椭圆、正方、长方、锥形的岩体，表面槽坑也不同，学名"石蛋地貌"。[1]其中，圆形尤具观赏价值，大的直径三四米，重 30 余吨；小的直径两三米，重 10 余吨。遗憾的是，20 世纪 70 年代部队就地取材，剖开运走，建起一排排营房，目前已很少见，但在一些偏僻山坳还有不少。后一种是海浪携带着泥沙不断地冲击而成的高台，如望赤岭和大王角的海边，高出海面 1.5 米至 2 米，有的宽 4 米至 5 米，有的宽 9 米至 10 米，学名"海蚀平枱"。

海蚀平枱是环太平洋海岸的一种常态地貌，就粤中海岸而言，淇澳岛"上海"这一边海岸的海蚀平枱有几个，台山市那扶镇海边也有，通常位于崖脚临海处。平枱高度与昔日的高潮面相当，因涨大潮时瞬间浪高常有两米左右，故今日之巨浪仍能抵达。海岸地形学者约翰逊教授称之为"二公尺平枱"，并在《海岸原型和海岸线的发展》（1919）和《新英格兰阿

---

[1] 地质矿产部《地质辞典》办公室编：《地质辞典（一）·普通地质·构造地质分册·上册》，北京：地质出版社，1983 年。

卡迪亚海岸线》（1924）二著中力陈学理，认为不是海水降低的产物，而是海浪侵蚀造成的（见图 10-3）。[1] 如果补充水下岸坡的解释，二公尺平枪的学理将更加完美。这些深奥的学理村民虽然不懂，但是他们对上述地貌的特点与分布略知一二。在图 10-3 中，A = 堆积平枪，B = 侵蚀平枪，C = 海蚀平枪。村民知道在海浪侵蚀前即平枪形成以前，岛上还没有人家。经过海浪成年累月地侵蚀，平枪效应产生了，之后很久岛上才有了人家。

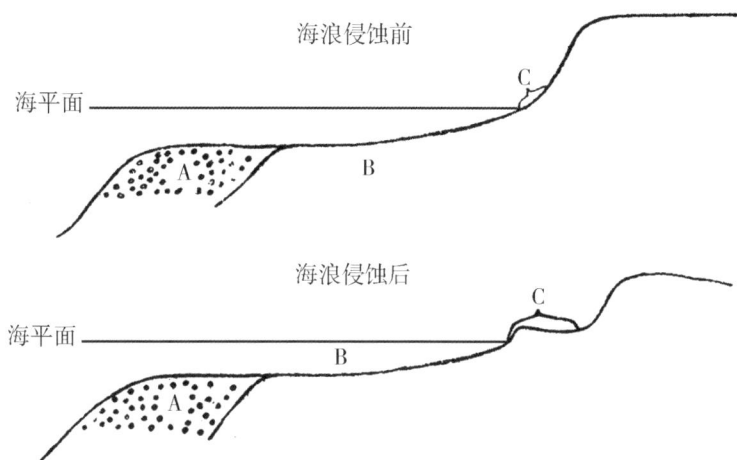

图 10-3　海浪侵蚀海岸效果

3. 潮汐知识

生活在滨海附近的人们对潮汐运动早已耳熟能详。农历十五、十六潮水大，要是恰逢鱼汛，鱼群随潮水上来，一群鱼总是雄鱼游在先，雌鱼紧随，游在最后的仍然是雄鱼。如果拗罾，第一天捕到雄鱼多，第二天捕到雌鱼多，第三天捕到的又是雄鱼，连续捕捞三四天就要换地点，因为这一群鱼已不多了。有时鱼出发得迟，农历十七、十八涨 "水脚潮"[2] 时鱼才

---

[1]　吴尚时著，罗开富译：《与哥伦比亚大学约翰逊教授论"二公尺平枪"书》，原载《地理学报》1937 年第 4 卷第 1 期，第 1-8 页，后收入广东省地理学会编：《华南地理文献选集：吴尚时教授诞辰八十周年学术纪念专号》，广州：科学普及出版社广州分社，1985 年。

[2]　每月农历十五、十六日时涨大潮，是为潮头，到十七、十八日时，水头已过，虽起潮，却是潮尾，即"水脚潮"。

上来，因此到农历二十、二十一都有鱼捕捞。

潮汐不仅是淇澳村民关心的主题，靠海为生的人们也都关心。出入港口的船长和领航员时常聆听潮汐预报，了解潮汐高度的变化和出现时间，掌握潮流的强度和方向（潮汐变化所引起的海水运动）。以不同的位置为起点观察潮汐会发现许多复杂的动态。孩子们在幼儿阶段听老人讲神话故事，以为潮汐是水怪的作用；在小学听老师讲科普常识，对牛顿描述的月亮吸引海潮似懂非懂；步入中学，接触到经典力学，得知海洋潮汐是在天体相互引力作用下产生，再来到海边，对潮汐运动就有了新的理解，因为抽象的原理帮助他们把握了具体的现象（见图 10 - 4）：潮汐是海水在月球引力、地心吸力和地球自转离心力的共同作用下所营造的周期性运动，运动的轨迹称为"潮汐椭圆"，其涨落程度在面向和背向月球方向时是不一样的。根据地球自转周期，每天在两个鼓胀的地方将出现两次高潮和介于其间的两次低潮。我们的祖先将早晨的高潮称作"潮"，将晚上的高潮称作"汐"，是对两个鼓胀点的界定。两个鼓胀的最高点通过地球上的某观测点需 12 小时 25 分。在此期间，月球持续环绕地球运转。孩子们长大了，或者换位成他们的父辈，这套解释能够帮他们理解伶仃洋不同海区的潮汐，如内伶仃洋受"三潮"的影响较大，即新安（今深圳海域）潮、

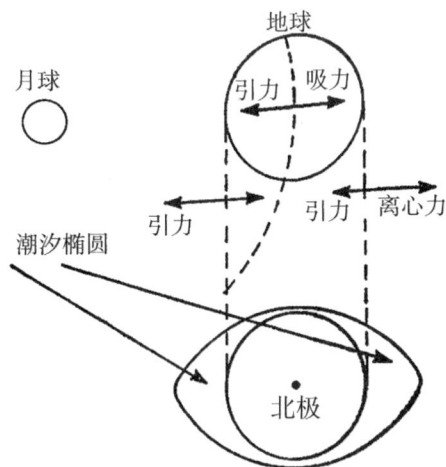

图 10 - 4　两次潮汐运动的原理

虎门潮和粤江（珠江入海口焦门、洪奇门和横门一带海域）潮。以上"三潮"，粤江潮对淇澳岛周边海域的影响最为明显。岛四周的潮水每天两涨两退[①]，古人有所描写，曰："每年八月，潮水最大。秋中复多飓风。当潮水未尽退之间，飓风作而潮又至，遂至波涛溢岸，淹没人庐舍，荡失苗稼，沉溺舟船，南中谓之沓潮。"[②] 岛上的陆地大小与潮汐进退相关，退潮时，岩石和大片滩涂露出水面，经过 6 小时左右，复被淹没。对照淇澳打鱼人的潮汐表，与方志描述的粤江潮的涨落基本一致，只是潮汐表更加细致，以小时计。

4. 对贸易、海盗和走私的认识

前面说到，淇澳村中有店铺二三十家，铺主本来就是亦农亦渔亦商，实为村民爱好贸易的旁证。虽然如此，那种"男安耕读，女习纺织，不事逐末远商"的传统依然保留。道光元年（1821），朝廷禁烟后，原泊于黄埔附近的各国鸦片船只改泊虎门口外继续走私鸦片，给包括淇澳岛在内的唐家湾一带居民以刺激，带动了经商的氛围。商人觉有利可图，纷纷赶到圩市和附近村庄租房居住，市场比以往更加景气。周边农村盛产粮食、蔬菜、水果、三鸟（鸡鸭鹅）、猪牛羊肉和鱼类，除供自用外还有多余，可拿到市场上出售，因此此地并非货物奇缺，而是受到少数商人的操纵和国家政策的限制，如海岛处于敏感区域，政府担心村民接济海匪或走私，规定大宗货物进出岛屿需要申请通行证。如民国二十一年（1932）十二月，从淇澳穗丰园运出 5 万斤谷，事主办理了通行证，警察所方予放行。[③] 如是，物价被拉高，加之村民的购买力有限，虽贸易有所发展，却物流迟缓。

淇澳岛附近有若干圩市，按居民的喜欢程度，先为下栅，次是唐家，继为前山。中山全县的圩日颇有古风，"日中为市，率名曰街，以六支所属，分为各处，街期如子日名鼠街、丑日名牛街之类。街期，各处错杂，

---

① 地球的海洋区大部分的潮汐属于半日潮，周期为 12 小时 25 分。某些区域（如澳大利亚西部南岸）的潮汐属于全日潮，淇澳岛的潮汐属于半日潮。

② （唐）刘恂著，鲁迅校勘：《岭表录异·卷上》，广州：广东人民出版社，1983 年，第 4 页。

③ 《申请采谷五万斤由淇澳运九区新涨沙》，藏中山市档案馆，案卷号：1 - A1.2 - 869 - 7 - 1。

以便贸迁"。下栅是本地农贸中心，六日为一街期，是日正午，商贾云集，一般手工业者，如制陶者、编席者、竹业者，各携制作品入圩售卖，农民挑着粮食和其他农产，渔民带来各种海鲜塘鱼，一般赤贫者则背着柴薪赶来。大家各售其物，再以所售得的货币转购家庭日用品，如油、盐、酱、醋、火柴等，蹒跚而归。每一个圩市整体上是混合市场，各种产品都有，局部上是分门类的，譬如，牲畜买卖就不会和三鸟杂处，多少有些距离，同理，卖菜的也不会和卖水果的杂处。没有以物易物的交换，都是以货币为媒介，货币以时下通行的为准。大宗商品皆用人力车、畜力车运输，公路修通后才有汽车运输。经商者的资本大都比较薄弱。

岛上有些村民加入了行会组织，过去如屠业、盐业、糖业、烟业等公会，这些公会又联合成商会；现在如个体经营协会，主要作用在于和解会员的纠纷与联络感情。旧时，各圩集潜伏着一种收取保护费的武士组织，由地痞流氓、土匪海盗、习武之人聚合而成，互有统摄关系，成员没有正当职业，行为飘忽不定，时而聚在一起赌博，时而分散开去勒索良民，他们也常扮演出一副打抱不平、扶弱抑强的模样，显得道亦有道似的。

朝代更兴和治乱循环对滨海地区具有持续的影响。清朝以降，倭寇减少，海盗不灭，虽水陆防御不断加强，然绝无宁日。乾隆四十五年至嘉庆十五年（1780—1810），从浙江沿海到北部湾的广阔海域为数股海盗所控制，广东到北部湾，前有乌石二、东海霸、郑一等势力，后有郑一嫂和张保，二人的势力号称"红旗帮"，在上下川岛、铜鼓半岛建立据点，四面出击。大股海盗平定以后，小规模的海盗活动仍然持续。淇澳是个弱小的村庄，很容易受到海盗的欺凌。村中幼儿夜哭，要是哄不停，只要恐吓"张保仔来了"，幼儿马上停止哭声，可见人们对海盗的畏惧。

海盗的活动是以经济为基础的。他们的商业利润一部分来自销赃，更多则来自收取赎金和强征保护费。珠江口的海盗将家人安置在航道附近的大陆村庄，如唐家、下栅等集市，或者安插在人口较多的岛屿上，让其经营米铺、赌场、烟馆，在销赃的同时也充作内应，需要交易时会提前送信给他们，约定时间地点，打铳为号。这些内应为海盗采购粮食制品、蔬菜肉类和船只零部件。交易通常在晚间涨潮时，地点在滩涂上或丛林里，届时海盗船驶入海岸，燃起火把，铳声震耳欲聋，犹如马林诺夫斯基笔下库拉圈的交易场面。海盗常以低于市价的价格卖出掠夺品，又以高于市价的价格买入生活用品，引诱人们前来买卖。一些村民觉得有利可图，常与海盗做转手生意。[①] 在海盗势力范围内，任何岛屿都不能幸免，淇澳岛也一样。

这时，西方列强来华要求通商的问题出现。"从康熙二十四年（1685）设立粤海关起，到道光二十年（1840）鸦片战争爆发，中国与西方的关系，主要围绕着广州口岸的历史而展开。"[②] 在这样的背景下，淇澳岛及其周边海域占据了重要的位置。2000 年 10 月和 2001 年 10 月，在珠海召开了两次"淇澳白石街与鸦片战争"研讨会。2003 年，香港大学举办中国外销品展览，展出了一幅由广东画家创作于 19 世纪 40 年代的写实作品——《金星门远眺》，画家写生时立于大陆唐家湾后环，当时的情景是：脚下是大陆，眼底为金星屿，远处是淇澳岛，金星门水域有许多大小船只。[③]

淇澳岛与澳门咫尺之遥。清末民初，岛上太平盛世，农渔业各领风骚，殷实之家甚多，又有两块沙田的租金补充。伶仃洋原有的鸦片走私路线（见图 10 - 5）被用来走私其他物品，这条走私网络的下游航线，从澳门、香港到番禺，中途须经金星门，把淇澳岛裹得紧紧的。

岛上除了粮食、水产、竹木等自给有余之外，其他物品不适合生产，人们会将鱼粮等物的余数拿到市集交换日常所需。本岛消费面狭小，任何扩大再生产都是徒劳。这种自给自足的经济，对外所占份额极少，在基层市场显得微不足道。然而，淇澳岛优良的地理位置和闲散的劳力不可避免地受到外部因素——主要是水陆交通、市场规则和金钱制度的关注，内外因素一起发力，淇澳村的年轻人不可避免地被卷入走私。就内在的动力而言，村民有满足生存的要求，正因为岛内市场狭小，所以要向岛外拓展。例如，盐一向是国家专卖品，但在澳门开埠以前，村民就走私海盐，澳门

---

① 参见安乐博著，张兰馨译：《中国南方的海盗活动及影子经济（1780—1810）》，载李庆新主编：《海洋史研究（第二辑）》，北京：社会科学文献出版社，2011 年，第 196 页。

② 章文钦：《广东十三行与早期中西关系》，广州：广东经济出版社，2009 年，第 414 页。

③ 彭绮云、周慕爱、施君玉：《海贸流珍——中国外销品中的风貌》，香港大学美术博物馆，2003 年，第 113 页。

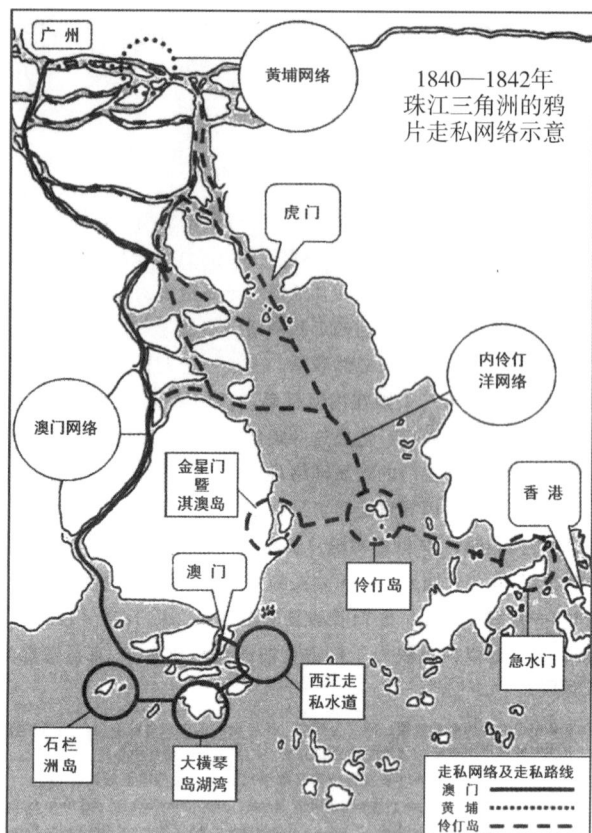

图 10 - 5　为鸦片走私网所包围的淇澳岛

开埠后，金属、火药、武器、西药等舶来品供不应求，走私品类增多了。清初的"十八党"就是一个著名的走私团伙。走私直到今天还没有绝迹，只是程度、方式和物品不同而已。

　　罗开富等人列举了民国时期淇澳村的情况："平时尚有一种特别之雇主，即走私者，因本岛连接港澳，故常为走私者匿居之处，但非全由本岛人经营，出资者多属岛外之人，岛人只充任水手及搬运夫而已。闻此种工资特优。"①

---

　　①　罗开富、刘国雄、徐俊鸣等：《淇澳岛》，载国立中山大学理学院地理学系《地理集刊》（第一号），1937 年 6 月，第 28 页。

民国时期，广东为缺粮省，毗连港澳的东莞、宝安、中山等县是禁止粮食出口的，因而造成地区性的粮价悬殊，走私严重。有人提到淇澳岛扮演的角色："1947 年海上走私剧增，珠江口小型船只走私相当活跃，经常利用夜晚装载煤油、食盐等私货，从香港水域启航，经伶仃、淇澳驶往珠江三角洲各村镇，并于夜晚偷运粮食走私出口。"[①] 淇澳岛曾是香港和内地间走私运输的中转站。后来海关在香港以西海面及珠江口严加查缉，走私分子遂改以澳门作为走私转运中心，先通过合法渠道将货物从香港运至澳门，然后设法走私运入内地。

走私者为了应对稽查，一般会采取以下对策：①选择没有月色的黑夜，利用涨潮顺流航行缩短走私时间；②收买海关人员，如将走私所得与他们分成，引诱他们搭买商品，加入走私活动；③利用缉私舰等公用舰只走私时，伪造一份检举走私的文据，谎称船上是据报而缉获的走私货物，还可以另外获得"举报"的奖金。[②]

改革开放后走私活动再度猖獗，1985 年主要走私彩电、风扇、柴油、光盘等。淇澳岛又是港澳走私涉猎的范围。当时在香港购入一台电视，转手在内地卖出，价格可翻 4 倍。超额利润驱使一些人从事这一行业。

5. 作息知识

农村惯用夏历（亦称"阴历或农历"），村民对年中农、渔、工各业的活动频率有所认识。农业主要有粮食、蔬菜、果树三类，根据生长习性和气候状况，三月至五月是它们共同的生产高峰期，其他时段，它们在时间轴上则处于"交织"状态。渔业受潮汐和汛期等自然条件的影响，近海渔业和滩涂作业活动频率较高的时段是六月至八月，例如，养蚝的附种和起蚝发生在这一时间段。"上海"的出海作业活动高峰期在四月下旬至八月，"下海"则是十二月至次年二月。故年中渔业的活动频率有两个高潮，即五月至八月、十二月至次年二月。

手工业受自然因素影响较小，如石匠、理发匠、屠夫等匠人的活动季

① 连心豪：《近代中国的走私与海关缉私》，厦门：厦门大学出版社，2011 年，第 92－93 页。
② 连心豪：《近代中国的走私与海关缉私》，厦门：厦门大学出版社，2011 年，第 330 页。

节性不强。捕蛇受自然因素的影响较大，需适时调整自身活动的频率。

农业和渔业与自然环境的关系密切，二者在时间轴上存在"你休我作"的榫卯分布关系。作物的生长特性、环境温度、湿度、土壤状况等条件，使得农忙发生在三月至五月，这一期间，渔业也需要劳力。由于渔业与农业相比前者属于副业，而且受潮汐、水质、鱼类生长周期等因素影响，农忙时渔业可以稍微休息一下。从七八月直到次年二月，渔业生产活动再临高潮，这时，农业生产由于气候周期变化与作物生长周期则处于低潮的休闲状态。

走私分子多在边防官兵交班的时候行动，比起工作日，在周末活动更频繁。根据船速、到公海的距离、交接的搬运时间计算，来回一趟约两个小时，每天可走船两至四趟。

妇女平日不是在田间作业便是在家里忙碌，或者到井边洗涤，整个生命都是机械式的。她们边汲水，边交流，每天要提几十桶水，累得腰酸背痛。井边供奉了牌位，妇女们推选出值理，适时上香、祭拜井公。她们在井台边上的活动很有规律。

淇澳村有16口公井，除去废弃的5口，有11口仍在使用。先打的老井在白石街的巷道上，不太深，后打的新井在山坡上，比较深。最深的有两口，均达5米，井沿到水面将近2米。最浅的将近3米，水深2米。井水冬暖夏凉，一直是人们炊饮、洗涤、洗澡的首选。早先海岛条件差，未通自来水，用电靠海底电缆输送，很不方便，遇到台风电缆常被打断，因此村里经常停电。20世纪90年代，情况有所改善，人们在井台上安装水泵以节省劳力，有一口井安装了4套汲水系统（水管、水泵）（见图10-6），说明有4户人家把妇女的活动从露天井台转移到家中厨房和院子。

我们在测量井深时，有几位妇女蹲在井边洗衣，笑盈盈地为我们解惑："井水打不干的，如果不经常汲水，水路就断了。"多数公井的水面明显下降，只有两三口井维持着较高的水位，表明后者周边的居民已很少用井水，前者所在区域的居民仍然保持汲取井水的习惯，这些公井在小巷深处，恐不宜安装自来水管，且水费较贵，居民才选择了井水。自来水原是1980年从流水坑引来的，基本解决了咸潮倒灌、污水入渗等问题，唯水

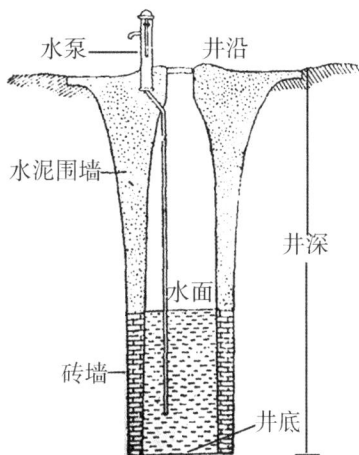

图 10 - 6　安装水泵后的村井剖面

质较硬。2001 年 9 月，淇澳跨海供水管道工程上马，在港湾大道唐家路口与市区供水管网相连接，通过淇澳大桥一直延续到岛中心。这条供水主管道全长 7 000 多米，2002 年 1 月中旬竣工通水①，解决了淇澳岛水质较硬的问题。

经济条件改善以后，当地人开始在院子里养鸡鸭，牲畜的粪水一直流到石板路上，由石板的缝隙排到阴沟里；雨水与生活用水则汇入明沟，再由明沟排到阴沟。总而言之，污水在地下暗藏的纵横交错的沟渠内汇聚，流向村外的河涌，最终汇入大海。后来石板路经过翻新，用水泥封住了多数缝隙；地下网络也已经不甚牢固，污水不时渗进储用地下水的井里，此乃多口水井为人废弃的原因之一。

6. 祭拜知识

淇澳村不是纯粹的渔村，也不是纯粹的农村，而是渔农混合型的村庄，但是二者之比并不平列，现阶段为农八渔二，村民以农为主业、以渔为副业。海陆资源的利用反映到信仰上来，村中庙宇供奉的陆地神灵多于

---

① 参见向明：《市督查督办组现场解决供水管道建设问题，明年一月，淇澳岛可通自来水》，载《珠海特区报》，2001 年 12 月 30 日。

海上神灵。村民务农时敬奉土地神灵,事渔时敬奉海神妈祖。

村中有庙宇 16 座,其名如下:洪圣庙、龙皇庙、关帝庙、先锋庙、三姑庙、地母庙、高山庙、东澳庙、南阳庙、东阁庙(东角庙)、文阁庙、文昌宫、观音阁、天后宫、姚仙姑庙、祖庙。观音、天后、关公、土地等神祇在这些庙宇中各有其位。洪圣庙是特殊神庙,广东省只有 500 来座,淇澳岛就占有 1 座。很多庙宇过去都有公田,或称"庙田",是信徒捐献的财产。

村中有社坛 32 个,比较知名的如镇山、财林、泰山、天和、中和、太宁、王林、南华、南稷、文兴、三益、三岩石、敦仁、兴帝、永宁、永兴、东成、龙山、东和、高登和镇东。社坛是街坊的聚会点,未通电之前,晚上不能做事,也没有娱乐,人们常聚于此闲话。

各家均安有神位,没有一个店铺不卖香火。拜神主要是妇女的事,但祈祷的内容大都涉及男人。崇拜者有三种心理:因畏惧而拜;因需要而拜;因尊敬而拜。目的皆在避祸求福。家有意外便归咎为鬼神作祟,遇有疾病则说邪鬼上身。这些神位的名称、位置和职守如下:

(1)门口土地:安置在门口的墙脚,神位写着"门口土地,福德正神"。

(2)门官土地:安置在入门的走廊,神位写着"门官土地,福德正神",旁有对联一副,写着"年月招财童子,日时进宝天官"。

(3)门神:安置在大门之上,门神的表征有用图像,也有用纸写着"文丞""武尉"。

门口、门官、门神均司掌门之职,以防外鬼入侵,其效用等于守门的卫兵。门官土地的位置高于门口土地,大概一个是长官、一个是士卒吧。门神只领空衔,以助镇压,而且是有职无薪,因门官土地和门口土地每日均有香烛供奉,唯门神无。

(4)当天:当天是露天的意思,安置在天井,神位写着"天官赐福",司呈报之职,家内一切事情,各神之尽职与否,皆由当天记录呈报玉帝。

(5)灶君:安置在厨房靠灶的地方,神位写着"东厨司命定福灶君",职掌厨房之事。

（6）地主：安置在大厅的正中墙脚，神位写着"五方五土龙神，前后地主财神"。地主是屋内的属主，是鬼而不是神。拜地主的原因是希望它得到供奉后便不作祟，以免人口不宁。

（7）财帛星君：安置在正厅左边，是招财之神。

（8）大神：安置在厅之中堂，是整个"菩萨系统"之最高机关，包含以下各菩萨：大慈大悲观世音、包公、关公、华佗、天后、华光、西王母等。菩萨中有些是古代忠贤之士，如包公、关公等，乡人因敬而崇拜之；有些是神话人物，如天后、西王母等。

（9）床头婆：安置在床头之下，是为孩子而设，没有孩子的家庭不用安置。村民深信孩子未出世前，在胎里能长大与吸取食物，全赖床头婆的能力，生后能哭、笑、饮食、动作，亦由床头婆所教。他们不晓得这是人类的本能，只觉得玄妙神秘，既无以解释，唯归功于"神"之助力。

信奉多神也就相信神诞，村里的神诞与周边地区的神诞相同，如天后诞、土地诞、关帝诞、观音诞等。每逢神诞，不免举行仪式，故仪式与神诞相关。有些年节与神诞同时，仪式又与年节相关。信奉者差不多每个月就过一次节日，届时必有一番热闹。村民认为节期是要祭祀神灵的，否则得不到神灵的庇护。

求签、问卜、算八字、问米（即问醒）的事情，也很普遍。庙宇内神台上，必放有签筒数个，签筒是竹节或铁皮制作的，内盛竹签数十支，每支有号码。求签者手捧签筒，跪在菩萨前，焚着香烛，先禀告心中所想之事，然后摇动签筒，直至有一签坠地，按照签上的号码找签语。签语便是预言，他们相信可以预示未来的休咎，指导自己趋吉避凶。问卜的方法是，把数枚铜钱放在大龟壳内，燃烧香烛，施卜者一面摇动龟壳，一面念词，替问卜者向天禀告，至倾出一铜钱为止。铜钱的两面，一作阴，一作阳，阴阳相推，便知未来之凶吉。问米者相信凡人死后皆变成鬼，能附在生人身上，借人口说话，故每当清明时节，思念先人，便用问米的方法邀请先人的亡魂来谈话。问米由醒婆操作，先燃香烛，焚纸钱元宝，再放一枚鸡蛋和少许大米在桌上。醒婆以手抚鸡蛋及米粒，念问米词。几分钟后，醒婆自谓其灵魂已抵阴曹地府。问米者将其所要邀请的亡魂之死亡年月日时、姓氏、性别、籍贯等告诉醒婆，醒婆遂使亡魂附其身上，借其口与生人谈话。

除了信鬼神以外，村民更信风水，每遇建屋安葬等事，必先问风水好坏。假如家境不顺或钱财不利，则必归咎祖宗山坟风水不好，或屋宇的风水不好。"农民相信风水是于他们的生产有利的。摸熟了的田头，住惯了的房屋，熟习了的人情，对于农民的确是有价值的财宝，抛了这些去弄个新地方，要受到许多不知不觉的损失……那种以为农民的地方主义是由于农民的思想陈旧，即承认是心理的原因，不承认是经济的原因，是不对的。"①

苦闷的妇女在敬神前是不太合群的。她们只想孩子、丈夫、农事、家务和自己，忧伤难于启齿，委屈怕说出来羞人，但在心灵的朝圣路上，她们一扫阴霾，踩着节拍，伴着音律，摇摆着身体，你来我往地享受欢愉，有时她们神情静穆地听讲，同样显出动作的一致。为什么妇女会有两副面孔？因为她们面临的问题使之用集体的方式来应对。再加上她们的生理基础相同，精神上特别需要安慰，情绪上特别需要排泄，当某些现实权利（如话语权、教育权、财产权等）得不到时，便转而求其次，相约仪式场合，诉诸符箓、醮科、坐台等方式，把现实变为倒影。她们在这个倒影中泰然处之，行若无事，扫光烦恼与忧伤，学会在虚拟中忘却，这样做不失为解决问题的办法。待到仪式结束，她们回到现实，颠倒的东西重新颠倒回来。可见，女性的信仰是她们保障自身利益的手段，也是维持整个社会秩序的机制。

当我们的耳边响起和谐的声音，眼帘浮现有节奏的步履时，确实相信这些行为密切了人际关系和人神（自然）关系。弗洛伊德说过："如果群体中的个体被结合成一个整体，那么必定有联结他们的某种东西！"② 那是什么东西呢？弗氏指出五个基本条件：①社会成员处于同一个系统，彼此相识，使该群体得以延续；②他们认识到该群体的利益与特性、作用与能力；③他们认识到该群体与另外群体的边界（或不同点）；④他们受传

① 《寻乌调查》，载《毛泽东文集》（第一卷），北京：人民出版社，1993年，第232页。
② 《自我与本我》，载车文博主编：《弗洛伊德文集》（第六卷），长春：长春出版社，2001年，第54页。

统习俗的支配，尤其是彼此间的关系；⑤该群体具有的结构与内部分工。^①毫无疑问，这种密切的纽带需要长久的默契、谨慎的对应和认同的意志才能形成。

村里的中老年妇女自发组成拜佛团体，每到初一、十五都会去村庙烧香敬神，从中展示了孤独的个人和作为群体成员的个人的双重身份。除夕之夜的集体守岁是一种角色转换，旧的自我消失，新的自我诞生，她们相夫教子、奉养老人，年复一年的仪式强化了她们由外姓变为本姓的符号。

霍普金斯大学的芮玛丁在《中国人的仪式和政治》一书中说，人们赋予神灵控制权，重要的神灵（如观音和太上老君）被赋予得最多，黎民百姓把仪式看作实用知识，他们从中学会了服从政治权威。仪式怎么满足普通民众的需要呢？民间仪式与地方政治互为表里，农民知道头上有许多大小官员，仪式必须对官民有利才能存在，仪式是交流模式，把人民的信仰纳入国家的教化，民间祭拜的摆设、衣着道具、体态语汇等与官方活动的风格相似。边陲海疆的人民享受不到春风化雨般的皇恩，所以仿效朝廷的礼仪来自我交流。^②

自辛亥革命以来，皇权、神权和族权早就被废除了，夫权也遭到批判，但人间还有不幸和倒运。意识形态具有相对独立性，保留着许多想象的成分，如有喜怒哀乐之情的能害人或助人的生物、神祇、精灵、风水、马那（弥漫的自然力），它们可以被说服（控制、诱惑）或从思想中加以排除。道士用道具和其他（如圣水、酵母、蚕豆等）交感之物与它们交流，甚至欺骗它们，假托收养把孩子捐出去，谎称孩子剃度表示他们不在家，给孩子取难听的名字，说他们不值得被水鬼（病魔）带走，请求瘟疫不要伤害畜禽等，让这些神灵远去，把结果归为命运，因此芮玛丁说的隐喻仍有价值。淇澳村的妇女之所以热衷仪式，正因为她们相信"世界的变化"在神灵的掌控中。

---

① 《自我与本我》，载车文博主编：《弗洛伊德文集》（第六卷），长春：长春出版社，2001年，第62－63页。

② Emily Martin Ahern. *Chinese Ritual and Politics*. Cambridge：Cambridge University Press，1981：pp. 78－84.

第十一章
旅游资源的新调配

前面说过，珠海市的海岛资源较为丰富，海岛数量和海岸线长度在广东省排第一，海岛面积则居第二，可见其开发利用的前景十分广阔。淇澳岛被誉为珠海市十大景之一，不仅沙滩金黄、海水湛蓝、鸟语花香，而且人文历史的底蕴深厚。

前人曾经写道：旗毒澳山的"支峰曰鸡山，巅有石，高十余丈，广亩许，如平台，曰赤岭，高数千丈，可观日出。其下西北曰夹洲，在海中与群山相对峙，中分一涧，屹然如门。东北曰鹿耳滩，乱石突兀，中有峭壁豁辟若户，下视横门，波流环绕，风涛有声。西南曰蒲湾，渔庄杂处，左有南海神庙。北曰蟹岛，海中小洲也，形如蟹浮水中。北则横门，潮汐直注其下。东曰松涧，从群山飞出，直泻百丈，乔松古木，幽寂郁森，人迹鲜至"①。这段话洗练地点缀了140年前岛上的实景，编志者还在开头处冠以"横巁拂云，崇冈叠浪"8个大字来画龙点睛。

淇澳村有钟大元和钟大安两位乡贤，大元生于1911年，大安生于

---

① （清）戴肇辰等修，史澄、李廷篹：《〔光绪〕广州府志·卷十二·舆地略四》，载陈建华、曹淳亮主编：《广州大典（268）·第35辑·史部方志类》，第30册，广州：广州出版社，2015年，第234页。

1914年。两人在世时各自写了一本诗（词）集①，秉承前人的思想，着意渲染岛上的美景。1949年后，军队进驻淇澳岛，一些地方被划为军事区，开山炸石，修建公路、涵洞。生产大队新建了几个山塘，新旧加在一起共7个山塘。凡建山塘必采石、挖泥，堆砌大坝，山体也就被破坏了。20世纪60年代至70年代，岛上发生过几次山火，入夜在东北海域可见火势凶猛，全岛烧得通红，几天几夜才被扑灭。80年代，外地人来牛婆湾挖沙，对环境的破坏相当大。生产大队解体后，部队也撤离了，代耕农住进原来的部队营房，他们搬走后，原有的房子不断易主，人员换了一批又一批，许多地方弄得一片狼藉。

淇澳岛周边海域栖息着白海豚与黑海豚。岛上一位退休老教师回忆了他的亲历：

那是1965年的盛夏，一天，我从唐家码头乘舢板到淇澳港尾，船过金星门海道时，只见海燕翱翔在碧空，海豚在海面跳跃，船舷边三四米远的水面上，一群海豚在奋力追逐。我感受着天人合一的美景，深深体会到人生的宝贵。

白海豚一般重几百斤，喜欢在大风大浪中嬉戏，多出现在暴风雨来临之前。本地村民船只偏小，坏天气通常不出海，故不敢主动捕捞。不少村民以前吃过海豚肉，20世纪70年代逐渐减少。最近20年，基建工程需要大量海沙，挖沙船作业不仅破坏了海床，而且搅动底泥造成二次污染，影响海洋生物链的上层结构，而过度捕捞使渔业资源接近枯竭，白海豚的数量越来越少，只能在港珠澳大桥海面偶尔见到。自从"珠江口中华白海豚国家级自然保护区管理基地"设在淇澳岛后，村民对白海豚的保护意识提高了，没有人去捕捞，但会将自然死亡且未变质的海豚拖上岸开膛出卖。

经济发展了，潮水带来的白色垃圾增多了，凸显了环境保护的重要

---

① 钟大元写的诗词集为《老闲拾芥》，共收入116首诗，计142页。钟大安写的诗词集为《海滩拾贝：诗词集》，收入328首诗词，计164页。这两本诗（词）集均为2000年8月内部印刷，从未对外发行。

性。现在村民使用液化燃气罐，很少打柴草了，小径完全为野草覆盖，许多地方人迹罕至，钟大元笔下的"淇澳八景"似乎消失了。然而"青山遮不住，毕竟东流去"，岛上的旅游资源始终存在着。

由于历史原因，淇澳岛的经济发展相对滞后。2001年淇澳大桥贯通后，村民的生活水平虽有一定程度的提高，但与珠海市其他农村相比仍有较大的差距。由于村民已经失去了耕地，如不进行旅游开发，"保生存、求发展"就是一句空话。反过来说，旅游资源的作用如不得到充分发挥，淇澳岛的发展就将失去动力，即使得到发展也将失去特色。

山水、碑刻、遗址等文化遗产为宝贵的旅游资源，也是可以传递的文化资本。只有这样看问题，才能理解淇澳村民对自身历史的自豪和对他人破坏景致的遗憾，并主动为岛上的沙滩、林地、故居、祠堂、庙宇寻找考据资料。2003年春节前夕，淇澳旅游总公司在《珠海特区报》刊登广告，描绘了伶仃洋跨海大桥沟通的旅游资源：

广告的顶端："淇澳旅游，神奇奥秘的旅游。"

顶端下两段小字："淇澳岛是珠海市发展旅游业最佳的海岛之一，将成为独具特色的国际旅游度假区。""一条白色的跨海大桥贯穿淇澳岛和内伶仃岛，连通珠江口东西两侧，在淇澳岛分成两股，西线跨海连接金鼎，东线跨海连接唐家。"

左边："淇澳岛处'一国两制'交汇点，居珠海特区东北部，是连接珠三角东西部桥头堡。"

右边："架53公里长之伶仃洋跨海大桥，沟通香港、珠海和珠三角各市；立119米高之'世纪之光'巨塑，象征炎黄子孙自尊、自强、自立和人类和平、友谊、合作、发展；建6平方公里东方文化养生圈，融汇东方文化、中华养生之道和最新科技成果于一体。"

底端："热烈欢迎海内外各界有识之士前来共商发展大计，共创未来辉煌！"

虽然随着伶仃洋跨海大桥项目的下马，人们也就忘记了这一则广告，但是旅游专业人士的敏锐性令人不得不佩服，他们确实接触到淇澳岛所拥有的旅游资源的问题。

淇澳村老人协会会长钟金平邀约了几位热心人士来梳理岛上的景点，大部分与过去的"老八景"不重合。老景为：赤岭观日、婆湾晚舟、松涧流泉、夹洲烟雨、金星波涛、蟹珠夜月、鹿岭观霞、鸡山返照；新景为：赤岭观旭、沙丘溯古、牛湾纱影、扪角蚝园、白石烽烟、红林雾霭、金星晚望、岗树新风。下面介绍若干景点。

1. 赤岭

赤岭即望赤岭，在新老八景中皆有其位，是唯一重合的景点。这里诞生了和平公园，物主是中新公司的法人。从流水坑山脚顺路而上，经过"燕子归巢"处，那里有钟氏宗族的两座祖坟（第四章已详述）。赤岭开发后，建成影视基地，由于不收费，很多剧组来此取景。

和平公园里修了水泥公路，盘旋而上。此项投资稍大，其实内容贫乏，可能是原始地产商的面子工程，纯粹为了打消政府顾虑，让其不收回土地，作为公司保值、增值的手段，所以公路和影视基地完工后，并未进一步开发，造成许多荒凉的地方。

赤岭山顶为和平公园尽头，那里安放了一尊巨大的坐姿雕像，称"和平女神"。游人对此有不同层次的解读：第一层，民间信仰者认为是妈祖或仙姑（如"凌阁仙子"）；第二层，佛教徒认为是观音或别的女菩萨；第三层，其他人士则认为是和平女神，从屹立在纽约曼哈顿以西一座小岛上的自由女神像的含义引申而来，故将公园命名为"和平公园"。山顶是拍摄外景的理想选择，近处的大海和远处的内伶仃岛尽收眼底。

赤岭建有战备防空洞，早已荒芜。由此可见大王角的灯塔，那是英国人修建的。赤岭原驻有部队，遗有伙食堂、营房和指挥部。食堂承包给了养蘑菇的人，里面堆放钢筋水泥，外表是石头建筑，听说是潮州、汕头的人建筑的。因为当时烧砖少，而且水泥是战略物资，也有限制，建筑队就地取材，采用石头建造，石头的厚度和坚硬程度足以抵抗炮弹。部队撤走后，先转让给村里，后来承包给个人；部队中心广场有过很多慰问演出，指挥部和舞台现在还依稀可辨。

2. 婆湾

婆湾晚舟是"老八景"之一，位于岛的东南部。因交通方便，有个海鲜餐厅，是游客就餐的理想选择。除了海鲜，还有一道特色菜——泥烩鸡，最有名的当数婆湾附近的"钟叔泥烩鸡"店。有些游客是特意来淇澳岛品尝这道菜的。可见，淇澳村在推广自身旅游特色方面，完全可以通过各种媒介，要是过于零散，宣传的力度就不够。

婆湾是最热门的景点，建设淇澳大桥以前沙滩资源丰富，有一个渔民码头。建桥时工人将沙子用作建筑材料，现在已无沙滩。其他沙滩的命运也不佳，本村人原来不运沙，后来也开始挖沙。大规模的偷沙活动致使淇澳全岛的沙滩几乎绝迹。亚婆湾码头被私人收购以后，渔民停船由避风港内转移到外面，又因码头建设失败而回归停靠，现在一部分船舶转移到东澳湾的渔港。

3. 松涧

松涧流泉是"老八景"之一，早已被毁坏。现在从山上流下来的水量较小，在山坳处汇成水潭，已不能称"涧"。1953 年至 1954 年政府组织人工造林，大量种植松树，成林后蔚为壮观，引来电影制片厂的人拍摄外景。20 世纪 70 年代至 80 年代，村民上山砍树出卖，部队组织伐木，连外地人也上岛伐木，致使松林遭到破坏。原来山上生物异常丰富，可与肇庆鼎湖山相媲，吸引了一些科学考察组。伶仃洋跨海大桥项目和淇澳大桥的修建都对生物多样性有影响，破坏了很多从前鲜有人涉足的原始地带，如砍伐树木、修建公路、搬运海沙等，但从经济效益和生活便捷的角度说，也有对本地人有利的地方：从此出海变得方便，渡海变为通车。

松涧来源于地下水，从前水量大、水质好、水感清凉，夏天很多人在瀑布下洗澡。水中含有碱性物质，村妇经常携衣物到此洗涤，无须多擦肥皂，便洗得干净柔顺。自从山腰处打了一个涵洞，凿穿了夹水层，情况就改变了。

岛上西边的山岭没有溪水，东边山岭溪水较大，除了地质构造不同，西边是黄色黏土，东边是沙石，人为破坏是一个原因。直到 1980 年，岛上无一条海底管道从大陆引水。村中井水不足，于是启动一项工程，在松涧上方建大坝，高处蓄水，向低处村庄供水。蓄水池令往日的潺潺流水变为一潭死水，在水体的压力下，地下水的活力不见了。2001 年，获得土地管理权的中信集团将地皮围起来建和平公园，禁止外人入内，松涧遂成为一处不能自由观赏的景点。和平公园建成后开始对外售票经营。

4. 夹洲屿

夹洲也称"夹角"，是"老八景"之一。一般人对夹洲记忆模糊，几乎说不出具体位置，能说出地点的也不准确。据说有些驴友花了很多时间去寻找，最后仍未找到。其实，夹洲就是淇澳北边的小岛，退潮才可见，尤其是退大潮的时候（见第一章描述）。

5. 金星门

金星波涛属于"老八景"之一。金星门水道中有一个小岛，称"金星屿"或"金星胆"，在淇澳大桥上清楚可辨。岛上有信号塔，没人住在上面。据村民说，水下旋涡暗流多，水很深，大船很难行进，小船不敢靠近，20 世纪 50 年代发生过多起事故。这里不是避风港，基本没有船只停靠。从淇澳大桥上能看到金星屿受人为因素的影响，以前它离淇澳岛很远，后来开始填海，越来越靠近淇澳岛。

6. 鹿岭

鹿岭原称"大路岭"，是"老八景"之一，位于今派出所附近，南坡平缓，北坡稍陡，山不高，树不大，无遮拦，故站在山巅一览无遗，如近处的婆湾和东澳田，远处的那扪角、金星门和铜水角，是看朝霞和晚霞的好去处。至于为何将"大路岭"改称"鹿岭"，并没有相应的解释，而且山体形态不像鹿，也不能附会。有一种猜测比较合理，据说鹿岭碧草青青，有人看见黄猄在此生活，故得"鹿岭"之名。

鹿岭下面有一个赛车场。旁边是金苹果乐园，现在已经倒闭，周围也很荒凉。赛车场周末有人前来玩耍，整体上很破败，车辆比较老旧，唯独跑道质量还行，门票价格不菲。同忙碌的维修人员相比，管理人员显得比较懒散，也不干预游客的活动。跑道上忽而有人比赛摩托车，忽而有人在开赛车，场地传来不同的马达声。

7. 鸡山返照

此处的"鸡山"是淇澳村后面的独鸡石山，在此处观看日出与日落的景色如望赤岭一样，此处不赘。

8. 牛仔湾

牛仔湾是"新八景"之一。来淇澳岛游玩的人们主要冲着牛仔湾、苏兆征故居和红树林这三个景点而来。牛仔湾冬暖夏凉，无遮设施很多，如海边有沙滩、浅湾，岸边是黄色花岗石，还有个很大的烤场。海岸边有罾棚，游客可以租来捞鱼，有些罾棚还有简易厨房，可以即捞鱼即加工。想饱口福的人可移步至各种餐厅。不少新婚燕尔的人慕名前来，因为那是珠海婚纱摄影店的外景地，除了自然风景外，还有一些人文气息的雕像，都是新人们所喜爱的。

不远处是位于金星门水道北岸的金星湾，淇澳大桥贯通南北，给摄影爱好者提供了机会。海面上轮船往来不断，"落霞与孤鹜齐飞，秋水共长天一色"，在大桥上拍摄婚纱照成为一种时尚，牛仔湾的婚纱摄影店常应顾客要求安排在此拍摄。

一般人可能不知，牛仔湾原有一处叫作"崩山角"的海岸，是大自然经过千百万年塑造的海蚀奇景，由于保护不周，这一珍贵的地貌遭到轻微的破坏，目前已禁止开山炸石的行为。

9. 淇澳古道

"古道"不是淇澳某一条路的名称，而是人们对很久以前连接岛内外几条山径的总称。较好的一条位于和平公园南侧，延至牛婆湾。村民说，自他们记事起这条路就存在了，修建时间难以考究。起初用的是石头，被村里人走久了，石头变得非常光滑，后来用水泥修整。现在走的人不多，只是一些去劳作的村民和去先锋庙拜神的信众。在去古道的路上也十分艰辛，要用镰刀开路或者贴着山体在羊肠小路上行走。沿途要经过菜地、树林和竹林才能到达。

古道中途有一座庙宇，称"先锋庙"，离村子较远，此庙建于何时不得而知，1991年重修，门前有一围屏风般的石墙，象征招财聚宝，不使肥水外流。

古道的尽头是和平公园，山口处标明"危险地带，游客莫入"的字样。近处山头有明碉暗堡，还有防空洞、海岸大炮的炮位，纵横交错。远处海岬有一座灯塔。虽然部队已经撤走，但是仍然可以看出对内伶仃航道的控制有多么重要。

附近林子蜘蛛众多、蝙蝠出没，除了海洋观测站的一对老夫妇以岛为家，几乎没人住在那里。沿着古道曲折缓行，来到牛牯坑，可以看到后沙湾遗址。地上修了一个台，上面立了一块黑色大理石碑刻，注明发掘的经过、时间和保护级别。

另一条古道位于淇澳岛西边，通向一个叫"偷牛栏"的垭口。道光十三年六月二十三日（1833年8月7日），英国水手未经许可，将散商船"萨马兰"号拖上淇澳岛修理，并在岛上搭起帐篷守候。七月初三（8月17日），他们发现淇澳村民一百多人前来，手持长矛、鱼叉、夹棍等。这些村民是怀着保卫家乡的愿望，从几里外的村庄自发地赶来驱逐外国人的，他们离开时顺手拿走了堆放在岸边的铁钉和其他财物。① 不久，英国水手上岛玩耍，在田间抓了几头水牛逗弄，放牛娃以为他们要偷牛就大声喊叫，招来村民围捕，引起英国船长的刻意报复，纠集武装船只开到马溪海滋事，揭开了抗英的序幕。实际上外国水手不大可能偷牛宰杀，因为一点烟土就很值钱，而且把牛拉到船上也很难。可能之前发生过偷牛事件，是土匪、海盗干的勾当，村民谈虎色变，信以为真。

出了偷牛栏就是当年鸦片贩子泊船的海湾，岸边是一个小山包，叫"青社角"，有一幢白色的楼房，原来还有英国水手沐浴的水池，远处有一块美国水手的墓地，现在都不知去向。1956年，全国性的文物普查活动

---

① 萧致治：《近代中国反侵略斗争的前奏——评淇澳人民的反侵略斗争》，载杨水生、刘蜀永主编：《揭开淇澳历史之谜——1833淇澳居民反侵略斗争研究文集》，北京：中央文献出版社，2002年，第47页；［美］马士著，区宗华译，林树惠校，章文钦校注：《东印度公司对华贸易编年史（1635—1834年）》（第四卷），广州：广东人民出版社，2016年，第394、405–406页。

开始了，在强调工人阶级领导作用的时代，鉴于苏兆征的地位以及淇澳岛是他的出生地，中央派人来广州，广东省政府给予配合，双方一起上岛征集苏兆征的文物，顺便把美国人墓地的两块碑挖走了，没有移动尸骨，说是有助于了解美国入侵中国的事实。据称中山大学也来了人。墓碑藏于中国革命历史博物馆。1964年，垦荒平地，墓地被铲平了，因此难以找到原址。2015年7月，本书两位作者带领9位大学生专程去青社角寻找那块墓地，山坳里草木葳蕤，向导也找不到准确的位置，最终什么都没有看到。青社角在旅游开发中值得一提，可根据实物复制两块墓碑，说明淇澳村的近代史，重构鸦片战争前夕的史迹。

10. 红树林

红树林保护区是淇澳最出名的旅游景点，也是"新八景"之一——红林雾霭。红树林是游客上岛必去的景点，作为一种宣传手段，很长一段时间整个景区不收取门票。周末游客非常多，是仅次于白石街人流量的景点。

从前的红树林为本地桐花树，原生态景观，遍布马溪海和大澳湾内（见图3-5）。1956年至1957年，建设大围基堤坝，树干砍倒，树蔸挖来晒干作柴薪，改湿地为水田。七八十年代，有专家学者注意到红树林固沙的价值，开始引入外地同类树种。2004年11月，广东省成立"珠海淇澳—担杆岛省级保护区"，是集红树林、野生动植物和湿地生态系统于一体的自然保护区。因占用大片湿地，村民对其反映不太好。

红树林景区大门修建得十分气派，停车场安排在景区外面，占用了更多的土地。景区设立在淇澳北公交车站附近，交通便利，方便游客前来。大部分游客在红树林景区入口的地方会租单车，岛上的单车租赁一度管理混乱，价格不一致，在景区里租单车按小时计价，比外面贵得多。通过与游客访谈发现，大家对红树林的整个景观比较满意，但认为某些标示不明确，沿着进门的大路直接就到了红树林码头，不是他们所期待的。而且景区内部配套设施不足，像洗手间、小卖部等都只有在入口处才有，商品价格较高。

红树林的游客大都是跟团而来，也有一些自由行的游客。每到周末，停满了旅游车。顺便说，岛上各个景点全部实行免门票制度，对于周边各类组织者来说，营运成本相当低廉，这样做有利于节约费用、吸引游客、拉动旅游，达到宣传、推广淇澳岛的目的，是一项双赢的合作。

11. 白石街

白石街是"新八景"之一，原称下街，对应于上街，即南腾街，呈"人"字形（见图9－2），东西沟通抗英广场和兆征广场，连接祖庙、观音庙、天后宫，南北与江南街交叉，贯通南村口（见图9－4），北面是马溪海。1956年前后此处还是湿地。1957年在远处修建大围基堤坝，拦住海水，湿地成为水田。1993年，在淇澳管理区的规划下，在林冬红女士的倡导下，这里建成景点，更名"白石街"。目前整条街成为了游客集散中心。

平时游客少，小摊贩照样摆卖海产品或纪念品，租赁单车的村民不一定会上班；到了周末游客多了，更多的商贩加入摆卖行列，租赁单车的摊位也开张了。虽有规定不允许摆摊，但村民并不严格遵守。广场归高新区旅游局管理，村委会有所有权而无管理权，而旅游局一般不会来检查，只是偶有重要人物来参观时，提前通知村民清场而已，显得挺讲交情似的。

白石街建筑是淇澳村街道住宅的典型代表，原本是村落边缘，现在变为中心，保留的传统建筑比较多，很好地体现了淇澳村的风貌和特色。

白石街有一些牌坊，起到旅游标识、吸引游客、代言商品、衬托地方特点的作用，让人们在景观中明白自己与外物的关系。

12. 炮台遗址

炮台遗址在天后宫门口，安放着两尊生铁炮，表明道光十三年九月初三（1833年10月15日）英国鸦片船入侵马溪海湾，淇澳村民在此架土炮反击。当时村里参加炮战的共有6门铁炮和4门铜炮，民国二十七年（1938）正月初七，4门铜炮被登陆淇澳岛的日军运走，它们原是钟宝从台湾带回来的。6门铁炮中有2门"长针"（大铁炮），也是康熙年间钟宝从台湾带回来的，有轮子，可以推着走，其余4门是村里用三墩沙的租谷买回来对付海盗张保的。广东省博物馆征集了几门铁炮，作为藏品运走了。

有关部门在祖庙门口竖了一块碑刻,上有"2011 年 5 月 13 日公布,2011 年 11 月 8 日立"的字迹。

大门外墙上嵌了一块石牌,上书"淇澳祖庙是村民祭祀和议事的地方。1994 年 4 月 28 日悬挂",还说"祖庙始建于宋代(960—1279),清康熙十三年(1674)毁于大火,乾隆、同治年间(1736—1795;1862—1874)曾作重修。里面供奉着雷公、电母、风伯、雨师、水潮爷爷和开村之祖的偶像,反映了古代人对自然力和祖先的崇拜"。

海岛周边发生的灾难常给海域水质和潮间带生态环境带来严重的影响,这里说一桩溢油事件。"闽燃供 2 号"船长 59 米,是福建省燃料供应公司的油轮。"东海 209 号"船长 99 米,是浙江省台州港的油轮。1999 年 3 月 24 日凌晨,载着 1 032 吨重油的福建油轮正驶入珠江口,空载的浙江油轮已离开虎门电厂码头,驶向外海。2 点 40 分,两艘油轮在伶仃洋水道发生碰撞,浙江油轮的船艏插入福建油轮的右舷第 2 舱和第 3 舱处,使一油舱破损,溢出重油 150 余吨。几天内,油污就漂至 20 多公里外的伶仃洋西岸,污染了 200 多平方公里的海域和 50 公里长的海岸线,重创了当地 5 000 多亩海产养殖区,直接经济损失近 500 万元。淇澳岛深受其害,油漂过的滩涂油污平均厚度 10 厘米,红树林变成黑乎乎的一片,养殖场到处沾满油渍。①

淇澳岛的旅游资源已开发了十几年,暂未出现严重破坏环境的现象,如没有出现项目建设对植被、山体原有景观的不利影响,旅游业带动的人流、物流以及带来的垃圾,生活污水、废气和噪音都没有超标,没有对鸟类的生存产生威胁。但是,某些旅游资源的开发存在扎堆重复的现象,如抗英、工运、民间信仰等,本已有个苏兆征纪念馆,而建在敦睦堂的村史馆又展示同样的内容;有些资源尚未得到利用,如海岸地貌方面有不少处女地亟待开发,已开发的还可以考虑提高品位。下面几点值得注意:

---

① 参见国家海洋局 1999 年发布的《中国海洋灾害公报》第一目第六点。

1. 做好旅游定位，抛弃传统"海岛旅游"的观念

传统观念讲究舒适，淇澳岛并非如同一般旅游海岛拥有沙滩、椰林、海浪、度假村这类令人舒适的因素。

现有的做法是把淇澳岛和50海里外的担杆岛并在一起建立自然保护区。这个新的行政建置是重合的，两个岛屿本来就有自己的行政归属，所以这个新建置与两个岛屿的人文归属、村庄民众无关，若说有关系，只是占据了岛上的土地做科研（研究白海豚、红树林、鸟类、猴子等），顺便为旅游者提供一个有观赏性的节目。

2. 扩大"故事性"建筑群落

岛上已有一些"故事性"建筑，如抗英塑像、渔家女儿、和平女神塑像、抗英炮台、白石街牌坊、苏兆征纪念馆等，它们可归为"无遮式"和"有遮式"两类纪念性建筑。这些建筑主要承载着两个大故事，即淇澳岛打响了反对英国鸦片贩子的第一枪，淇澳岛是中国工人运动领袖苏兆征的故乡。承载第一个故事的建筑群还不够完整，偷牛栏发生的事情就值得建立标识性的建筑。岛上还有几个大故事需要陈述，如"半农半渔的生计模式""抗日轶事""伶仃洋跨海大桥引起的梦想"等，每一个大故事既有露天的"无遮式"建筑，又有室内的"有遮式"建筑，还有实物、老照片、题字等，互相连成体系，较好地融合教育于娱乐消遣中，使游客流连忘返。

3. 巧为搭配岛内外资源，做好旅游拼盘

（1）建设袖珍型地质公园。

最近20年，沿着唐家海湾建起了几所大学和科研机构，形成大学园区，聚集了大批学者与大学生、研究生、留学生和外籍教师，成为开发淇澳岛必须借重的资源。岛内从牛仔湾到鹤咀湾，沿岸兼有横向海岸（里亚

斯海岸）和纵向海岸（达尔马提亚海岸）的特点①，澳湾与岬角相间，侵蚀与堆积交替，风光秀美，是淇澳岛东部的主体地貌。岛上保留了一些石蛋、异形花岗岩体和海蚀平枱，还有一些卵石滩和崩塌地块，并有几个潟湖（如马溪海就是一个潟湖，牛婆湾也有一个潟湖），这是开发淇澳岛的又一宝贵资源。过去人们孤陋寡闻，又受经济条件限制，不知道这些地质瑰宝的用处，将其作为普通石料解体运走，营造房屋，还在悬崖旁开采石料，炸坏了异形花岗岩体。现在，神仙角还有几块巨型石蛋，人称"望夫石"，枕着金黄色的沙滩屹立在山头，由此可仿效石牛山风景区的做法加以开发。② 岛东东澳湾并排的海岸也有几处海蚀平枱，侵蚀的性质虽然不同，但同样堪称地质学奇观。

目前岛上已有几处夏令营基地和军事训练基地，非常适应年轻人的身心发展需要。但是知识性与学术性的开发远远不够，应将海蚀平枱、卵石滩、崩塌地块和潟湖一并纳入石蛋岩体和石脊、石槽、石盆、石穴等风化地貌的联合开发计划，修建道路沟通各处，竖立嵌刻文字的石牌，形成袖珍地质公园，既增添观光景点，亦是不可多得的教学场所。

（2）建设考古景区公园。

淇澳岛有5个沙丘遗址，其中4个被载入《珠海市文物志》，它们是后沙湾遗址（在岛东后沙湾竹仔山下的沙堤上）、亚婆湾遗址（在村南亚婆湾码头西侧沙堤上）、东澳湾遗址（在岛东东澳湾沙堤上）和南芒湾遗址（在岛南亚婆湾右侧沙堤的背海坡面上），只有小石澳遗址上了发掘简报，却未载入《珠海市文物志》。岛上还有两个遗物点载入《珠海市文物志》，它们是双尾草埔（在村西）和金星门（在岛西南船舶厂到淇澳村的山路旁）。以上7处发掘和采集到的器物碎片代表了珠江口在新石器时期、秦汉时期的人文景观。

沙丘文化是环珠江口史前文化圈的核心。后沙湾遗址有两期文化堆积层，出土陶器大部分为土陶，还有少量彩陶圈足盘和刻划白陶豆等器物。

---

① 曾昭璇：《中国的地形》，台北：淑馨出版社，1995年，第336－337页；曾昭璇、黄伟峰：《广东自然地理》，广州：广东人民出版社，2001年，第44－45页。

② 梁诗经、文斐成、陈斯盾等：《福建石牛山水蚀花岗岩石蛋地貌特征及成因研究》，载《福建地质》2006年第2期。

土陶罐可能是岛上烧制的，表明岛上的古越人起初以大陆为家，以淇澳岛为季节性的渔捞生产基地，当时他们已处于半定居状态，后来开始向定居生活转化，陶器就是定居的物证。他们知道岛上有黏土，燃料齐备（用干树枝烧火即可），懂得建立窑址、制造陶器的方法。土陶罐可能是以盘筑法捏筑而成。他们在牛婆湾建窑，就地取材，烧制生活所需的器皿。据传，窑址直径约8米，焙烧过的土显出红色，上面覆盖着厚土层，后来，当海浪把泥沙冲刷走，就露出了窑址。

后沙湾遗址周围长满荆棘，立了两块碑，有地标的作用，实际上很少人知道。一块来自于珠海市文物保护点，上面写的是新石器时代的后沙湾古遗址，珠海市文物管理委员会于1997年6月12日立。其中一块碑全高2.5米，顶高50厘米，基座高70厘米，主体高1.3米；匾牌规格是100厘米×80厘米，基座厚1米，主体厚80厘米，顶宽1.2米，上覆琉璃瓦，外表为马牙石，为砖砌结构。另一块碑高1.4米，基座是"弓"字形，高50厘米，主体为石料打磨，外表为黑色大理石，基座为花岗岩；大理石厚10厘米，花岗岩厚14厘米；主体宽1.4米，基座长1.7米。

沙丘遗址因缺乏保护已成泥滩，牌子难觅，其他遗址的情况更糟。上述考古遗迹无疑是一笔重要的旅游财富。若能将各时期遗址群复原，作为景区或展馆开发，连接各遗址点，将是一条上乘的旅游路线。

（3）建构海岛饮食文化。

游客的消费意识是结构性的，里面既有知识与精神的寻求，也有吃喝玩乐的物质享受。就饮食而言，淇澳岛与周边大陆如唐家、下栅、上栅、南朗等同为一个亚文化区，渔农产品相同，烹饪相近，口味一致。

唐家湾等大陆的居民为适应一年气候的变化和节令的到来，用米粉和花生、芝麻、豆类、蔬菜等（或拌些中草药）制作出可口的糕点（当地人称糕点为"茶果"）。例如，正月初七的豆捞，三月初三的生粳（又名"三丫苦"），清明节的炊崧，四月初八的栾樨饼，五月初五的萝兜粽，六月初六的百叶甜品，七月十四的炊煎堆、叶仔糍，八月十五的蒸芋头糕，十一月冬至的炊虾米萝卜糕、九层糕，十二月年末的蒸年糕、菜角、五指揸，还有炸糖环等。淇澳岛的居民受其影响，也有这些米粉类的食品，只是海岛专业人士少，做法不如大陆精细。故饮食上可以内引外联，丰富品种，让游客吃得开心。

2003 年，全岛土地被征馨后，一些农民转过来开餐馆，把家常菜推向市场。海鲜菜肴是淇澳村民的家常菜，村中有"一日不食鱼便过不了日子"之说。各家制作特点大同小异，其共同性可用"重口味、轻形状、鲜咸糅合"来概括。其中，"重口味"表明味道偏咸，人们每天干活出汗，需要补充盐分；"轻形状"说明人们时间有限，故务实不务虚，以满足口感为主，牺牲了视觉效果；"鲜咸糅合"能使人感到"常尝其味，不觉厌腻"，为了保留鲜味，活鱼现杀，海鲜现烹，因料施技，食其本味，与此同时，烹调技术（烩、烧、炖、蒸、白灼等）应有尽有，烧菜讲究火功，配料齐全。

俗语有"靠山吃山，靠海吃海"。上岛游玩的人们已把"观海景、钓海鱼、游村舍、玩沙滩、逛树林、尝海鲜"作为追求的综合目标，因此要考虑到淇澳岛根据现有的食材能做出什么东西。岛上有不少质优价廉的食材，如四时海鲜、河鲜（如鱼、虾、蚝、蟹、贝类等）轮番供应市场，水产加工类（蚝油、虾酱、鱼干、霉香鱼）应有尽有，时鲜蔬菜、水果、山珍（如竹笋、野菜、蜂蜜等）也供应充足。岛上有农贸市场，有大小餐馆30 余家，游客可以随心所欲，或去市场购买各种食材拿到野外烧烤，或到附近餐馆大快朵颐。

开发淇澳岛的旅游资源应坚持发散性思维，能走传统的路子就走，不能走传统的路子就另辟蹊径，实行多样化的统一，反对"一刀切"的做法。当务之急一方面是巩固已有的旅游基础，另一方面是清理海岸垃圾、搬运沙子覆盖海滩，协同社会各方治理海水污染，把可望而不可即的工程变成易于操作的事情。同时尝试乡村"记忆旅游"、历史"记忆旅游"的做法，少建"居、馆、所"，多建"无遮式"或露天的景点。

第十二章
挨山塞海的人生舞台

每个人都有自己的生活经历与人生故事。个人"生活史"与人生"故事"具有匀质性,"生活史"是人生经历的顺序叠放,人生故事则是对这些记忆的重组和复述,不可避免地会有拼贴的痕迹和解释的成分。这倒不全是坏事,因为匀质性不是等同性,故事的要素与信史的要求本来就有距离。本章以五位报道人的"生活史"为红线,反映他们在茫茫人海、拥挤不堪的景况中艰苦创业、上下求索的精神。这种写作手法符合《普拉亚的女人:一个葡萄牙沿海社区的工作与生活》①的叙事结构。该书作者萨莉在序言中大声疾呼:"收集生活故事,更好地探索社会!"

本章追寻萨莉的叙事手法,从五位报道人的自我叙述来透视岛上群体的个人世界,在民族志的框架里并置三重声音,前两种是主位的声音,后一种是客位的声音:让报道人边讲故事边作说明,也就是让报道人自己定义自己;在当下反观故事发生的场景,形成跨时代的奏鸣,这是一种反躬自问或社会评判。应该怎么看待当事人在自主追求中对传统的接受与反叛?笔者也有一番感受和旁白。

---

① Sally Cole. *Women of the Praia*: *Work and Lives in a Portuguese Coastal Community*. Cambridge: Princeton University Press, 1991.

报道人甲

钟××已跻身全村富裕家庭的前十位。村里人只知道他在兄弟姊妹中排行第五，绰号"老五"，却不知道他的人生经历令人唏嘘，因为从他一身素装、做人低调的风格中很难看出有什么不俗的经历。

老五在"文革"前几年出生，15岁时到澳门做送餐工，日工资5元葡币，17岁时被澳门当局遣送回乡。回来后，他先务农，后到村里建筑队当学徒，日工资4元，做了3年后，日工资6元。他25岁时结婚。兄弟分家时，母亲只给他200元。伶仃洋跨海大桥方案公布后，1992年，村子东北面按政策预留的宅基地以极低的价格发售了200幅（每幅165平方米），一时掀起建房热。老五买了一条船到中山运红砖。从砖窑进货，一块砖重1.8公斤，便宜时1毛8分，贵时3毛6分，卖出时5毛2分，一船可运五六千块砖，每天运4船砖，最少可以赚2 000元，多则赚6 000元。1993年，村中100多栋毛坯楼房拔地而起时，老五已赚到"第一桶黄金"。随着生意做大，出现工程款收不回来的情况。1995年，淇澳管理区在亚婆湾建办公大楼，叫承包人自带资金。老五从广西等地进了一批建材，直到伶仃洋跨海大桥项目搁浅、管理区撤走时，这笔款项业主都拒不承认。这次教训让老五交了七八十万元的"学费"。

这时，在香港混迹的两位村民回乡，带头跟村委会签订合同，在淇澳岛西北面的滩涂投资，带动许多村民拓海，老五也参加了，两年多建成600亩鱼塘。全村共拓展了几万亩鱼塘。就在鱼塘开发如火如荼的时候，市政府紧急发文叫停，理由是根据规划，这片滩涂海区将作为红树林湿地公园的备选地，不准私人开发，要求炸平塘基，恢复海水自由流动。老五在这一次鱼塘建设中又交了一百多万元的"学费"。

事态固然有其原委，村民除了到港澳地区与珠三角城市群打工以外，主要的谋生之道就是海水养殖，他们不知道村委会没有权力使用那一大片滩涂，如果要跟村民签合同必须先征得市政府的同意。在缺乏理性引导的情形下，村民盲目跟风很容易吃亏。

无论在滩涂建基围还是在岛内养殖，涨大潮时控制排灌渠就可接纳潮水中的虾苗和收获成虾，小潮期间关闸养殖，以天然种苗和天然饵料为主，也有通过投苗和投饵补充天然种苗和天然饵料的不足。冬季要排干水清空鱼塘。

连续两次失手，老五输光了积累的家当，经过短暂的沉寂与精心的策划，2000 年，他开始倒卖石油。没有本钱怎么办？向亲友借！他又买了一条船，以日薪 200 元价格请人开船，瞅机会到香港附近的公海运油，现金交易，运到中山岸边售卖。当时棕榈油的购入价是 4 500 元/吨，菜油是 6 500 元/吨，每吨可赚 1 500 元左右。他一天出海两三次，一次可运 10 吨，一天能赚三四万元。风险也很大，经常被抓，大约十船中有两船要被抓住扣下。淇澳大桥通车后，淇澳与外界的联系加强，政府防范更严。2004 年他不得不金盆洗手，结束铤而走险的生活。4 年间他已赚得盆满钵满，估计有几百万元。

自 2005 年始，老五承租了今派出所对面的 20 亩地种蘑菇，收获时由于销路不畅，为了保护价格，每天将两三吨鲜菇倒进海里，两年间共损失 30 多万元，只好停止。不久，一家工厂征用蘑菇场的地皮，补偿了 18 万元。老五是一个不甘心失败的人，从 2008 年至今，他转投旅游业，在红树林景区外面开了一家农庄，做游客的生意，现在营业良好。

自从 1982 年实行家庭联产承包责任制至今，岛上先后来了一些人，其来路、规模和停留时间都不同。先是代耕农上岛，他们是农村土地承包法施行前，从省内的山区市县或周边省份雇请到珠海市郊区从事农业生产的外来人员。[①] 不久前，珠海市政府发出呼吁，要求解决好本地代耕农的历史遗留问题。[②] 代耕农还没走，建桥大军就开上岛来。他们在各处安营扎寨，随着伶仃洋跨海大桥项目下马，这批人撤走了，这时代耕农也被清退了。接踵而至的是广西、湖北、湖南、河南、福建的渔民，以广西人居多。他们稀稀拉拉，回去一批来一批，川流不息地坚持了 20 余年。与此同时，从东北地区和珠海市区等处来了一些人，从事海水/淡水养殖或者养蜂、养鸡。共同的职业使他们分成四个群体，即代耕农、建桥民工、外地渔民、养殖户和养蜂人，最稳定的群体当数外地渔民。外地人为当地创

---

① 《中华人民共和国农村土地承包法》由第九届全国人大常务委员会第二十九次会议于 2002 年 8 月 29 日通过，自 2003 年 3 月 1 日起施行。珠海代耕农的计算时间是 1978 年 12 月 18 日至 2003 年 2 月 28 日，共 24 年零 2 个月。

② 珠海市人民政府印发《关于解决我市代耕农问题的指导意见的通知》，2015 年 6 月 15 日。

造物质生活资料，其人生经历也构成独特的记忆。

报道人乙

老许是粤西客家人，1957年3月1日出生在信宜县钱排乡竹云村楼闸片（现为信宜市钱排镇竹云村）。父亲许×玉，1933年出生。母亲刘×英，1934年出生在蓿棉村，与竹云村相距5公里。父母生育了1子5女，老许排行第一，现在全家都在珠海市。

老许7岁读书，学校离家1.5公里。当时每天只吃两顿，早晨空腹上学，中午回家吃饭，饭后休息片刻又去学校。离校5公里以上的同学要带米和锅到学校煮饭。学校没有通电，教室光线不好，为了读书，孩子们在崎岖的山路上鱼贯而行，有时举着火把，有时打着伞，没有谁吭过一声。五年级结束准备升六年级时，教育战线响应毛主席的"学制要缩短，教育要革命"号召，小学取消六年级（改六年为五年），初中和高中取消三年级，全国实行九年义务教育。老许因此升不了初中，重读小学五年级的课程，有些初二的学生则重读初一的课程，高二的学生则重读高一的课程，只有少数聪明者采取跳级的方式，跃过一个年级上去。

后来，竹云小学试办初中，老许就在那里读初中。读了三年，包括复读一年。之所以复读，主要是因为高中只招3个班，初中有15个班，要淘汰一大批人。由于在初二结束时，老许的基础不太好，担心考不上高中，便主动要求多读一年初中，翌年顺利考上钱排中学。它是钱排公社唯一的完全中学，国家每月按学生人头补贴给高中生9斤粮票，每斤市价1角2分，而其他农业技术中学的高中生则享受不到这个待遇。

学生每学期交学费6元，外加一根4米长、胸径碗口粗、值2元钱的杉木——给学校作建材，住校生每学期还要挑一担60公斤重的柴薪给食堂。通常每位学生带20多斤粮食（米、番薯、木薯），放在宿舍各自的米柜里，平时锁上。用那9斤粮票在当地粮站买米后也放到米柜里。每位学生买一大一小两个土碗，大碗装米或薯类，小碗装干菜，吃什么，吃多少，自己安排好，再放在专门的位置，炊事员将其放进蒸笼，蒸熟后摆好，开饭时学生排队端走自己那一份。食堂每天按时供应开水。剩饭菜倒在泔水桶里，可喂给食堂养的三四头猪，每年放寒假前会杀猪聚餐。

老许读高中时正赶上学校扩建，经常被叫去挑石头，到林场里砍树。即使没有碰上扩建一事，也要参加学校农场的劳动，如挑粪、挖地等，一方面给学校创收，降低教学成本，另一方面培养学生热爱劳动的思想意识。老许整个高中时期经常处于劳动状态，每周少则 1 天，多则 2 天，2 年读书时间，扣除劳动，等于只读了 1 年半书。

1975 年 7 月，老许毕业了，回乡当记工员。因工作出色，干了 1 年当上会计。当时的高中生在农村风毛麟角，不久就有人来提亲，被老许婉拒了。过了一阵又有人来提亲，对方是熊新莲，双方见面后互有好感，亲事就定了，1976 年 8 月办理了结婚手续。

1977 年 3 月，老许接到竹云小学调令，赴任民办教师，待遇比社员好，每月记 280 个工分，还发 15 斤大米、10 元钱工资，学校腾出一间房给他，而且又有荣誉感，大人孩子见面皆称呼"老师"，把老许看作有学问者，全家都感到体面。但民办教师的待遇好不到哪里，仍属低阶层。为了改善经济状况，老许萌生了跟舅舅刘道忠学木匠手艺的想法。舅舅住在替棉村，在镇上开了间木器店。暑假，老许去镇上跟舅舅学了两个月，掌握了制作风枢（亦称"扬谷器、风柜"）和八仙桌的技术。此后每逢节假日，老许不是在本村做木工，就是挎着工具箱到外村去，并义务修理学校的桌椅门窗。当时木匠是农村受欢迎的职业，请一位木匠的报酬是吃住全包，每天还给 1 块 2 毛钱。当木匠的人，身体要好，有股蛮力气，技术要好，做活精细。老许弹墨线、改木板、推推刨、锯木方、凿榫打眼，无所不通，他做的风枢比师傅制作的还好。

到 1982 年 10 月，老许已有两个孩子，女儿 4 岁，儿子 2 岁，这时二女儿降生了，超生 1 胎，违反计划生育政策。1983 年暑假，迫于压力，老许接受 240 元的处罚，借钱先交 120 元，缓和紧张的经济，然后离开了竹云小学。夫妇俩带着未满周岁的二女儿开始了打工之旅。他们不想落实这个政策，因为老许的父亲是独苗，他自己是独苗，儿子又是独苗，所以夫妇俩还想再生一个男孩。

大妹和大妹夫到广州市白云区竹料镇好几年了，在一个石场干石工，老许夫妇前来投奔他们。以前老许从未打过石，学了 1 个月，劳动强度太大，实在受不了，便携眷到珠海市斗门县投奔老乡。这老乡是包工头，包了大片土地种甘蔗。他划给老许 2 亩地，月薪 70 元。夫妇俩又干了 1 个月，直到父亲来珠海劝他，于是一起踏上归程。

1983 年 10 月，老许做了结扎，全家不再躲闪了。竹云小学校长是老许的堂叔，在他的劝说下，老许重操教鞭。他本来理应享受这份来之不易的安定，但是广州和珠海斗门的经历挥之不去。

老许的爷爷许×济是马来西亚华侨，1935 年出番，当时 24 岁，留下奶奶在家服侍公公婆婆，照顾当时 3 岁的父亲许×玉和出生才几个月的姑妈许×英。许×济在马来西亚经营橡胶园，组建了新家庭。改革开放后，他每年都会回乡探亲。1984 年 12 月，他回到家乡，劝老许离开山区到珠海其他地方去闯荡，甚至激动地说："捡破烂都比留在山区好!"这番话对老许震动很大。

姑妈 18 岁时去徐闻农场搞建设，结识了姑丈林华灶，结婚后两人回到林华灶的老家中山县坦洲，1958 年转到珠海香洲。1979 年，父亲送老许的奶奶到姑妈家，进珠海上冲检查站时，哨兵说手续不全，要求亲属来接，以证明确有其人，于是姑妈请假从香洲来到检查站，足见当时的形势。那年老许逃避计划生育到珠海投奔老乡，没有去找姑妈。1985 年夏，大妹全家从竹料镇石场来到珠海斗门帮老乡种甘蔗。同年冬，父亲带着 4 个女儿来到淇澳岛，这次是姑妈的熟人钟有声介绍的，说岛上大量土地抛荒，有地不种的人家仍要交公粮，由于劳力缺乏，特别欢迎代耕农。过了 1 年多，母亲也来到淇澳岛。

老许在老家留守，边教书，边耕耘，日子倒也清闲。当时全家分到水田、山地各 5 亩。他的想法很朴素：有田、有地、有房、有工作，啥都不缺，就缺还没有为家乡作出更大的贡献。因此在工作之余积极充电，参加各种培训班，提高自身素质，想转为公办教师。老许又拼搏了两年多，经历虽多，却总离不开"劳动报酬"四字。公办教师没有转成，民办教师月薪 24 元，外加 15 斤"学米"。生产队垮后，钱是学校给，米是学生给。父母、妹妹在淇澳岛做代耕农，每天挣 10 元、8 元不在话下，3 天等于老许 1 个月，一想起来就心寒！1988 年 2 月 9 日，老许向信宜挥手道别，一家五口风尘仆仆赶到淇澳岛。

父母和妹妹在淇澳承包了 7 亩水田，住在流水坑上面的旧营房。自从跟父母和妹妹汇合后，全家又承包 3 亩水田，还在父母和妹妹居住的房前屋后开出 1 亩地种花生、番薯。经营农业需要耕牛和农具，老许家买了许多农具，牛是生产队分给田主的，四五家共用。营房位置偏僻，生活不方便，老许就动员父母搬到村东口一栋旧房里，房东是出租 3 亩水田的主人。

老许经常思考四个问题：①珠海代耕农的收入高于信宜，但增加了一些额外开支。全家老幼的户口还在钱排，两个子女在淇澳小学读书，每人要交 500 元的择校费，一个孩子上幼儿园，每月交 100 多元，因一时拿不出钱来，儿子许国东辍学 1 年。若在老家读书则不用交学费，因为教师子女享受优惠，也没有择校费。②自己年过三十，有了妻室，在岛上却没有住房，迟早要盖一栋。③离开钱排时，堂叔与舅舅极力挽留，说话一语中的："你在钱排是堂堂正正的人民教师，去到珠海不过是一介农夫，枉读了十几年书。"除非收入成倍增长，否则不能抵消社会地位的失落。但收入能够成倍增长吗？老许当时年轻气盛，听不进两位长辈的话，只想远走高飞，他们见状也就不说话了。告别家乡的一幕时时浮上心头：早晨，夫妇带着三个孩子走到村口，两位堂兄弟给他们挑担。夫妇俩一步一回头，心里很不是滋味。④背井离乡是为了孩子，不想让下一代被埋没在贫困山区，但是，孩子们在淇澳岛真的有发展吗？

老许在村东口住了 1 年多后，生产大队在江树山划出一块地，地皮有120 平方米，原意是让老许搭个寮棚，实际上老许用红砖砌墙、石棉瓦盖顶，建成了四房一厅的平屋，又在新居附近开出几分菜地，连同原来的耕地，现在共 12 亩。一年两造，农忙时下田，农闲时做建筑工。老许懂得砌砖，手脚麻利，包工头按师傅的标准给他定工资，每天 14 元，做了 18个月。

1989 年下半年，淇澳小学的胡日辉老师问他愿不愿意代课。代课是个临时性的工作，月薪 200 元。虽然砌砖月入 400 元，但日晒雨淋，黄昏回到家腰酸背痛。另外，原来的民办教师和现在的代课教师有差别。原来的职位比较固定，工资由集体支付，通过收取学生的实物（如米、菜、油、肉等）支付教师的费用，不够部分由生产大队补偿；现在的职位不太固定，但工资由国家（教育局）支付，地位有所提高，与砌砖相比，不如回到老本行。老许想到此便应承下来。

大妹一家的户口迁入斗门县井岸镇新堂村好几年了，当地不限制外地人落户，淇澳则限制代耕农落户，珠海其他地方也不接纳外地人的户口，必须抓住这个机会。当时有政策，每次最多只能迁入4人，还要交迁入费，于是全家人的户口分三次（1990年底、2000年初、2012年）落到了新堂村。

老许的生活节奏不外是"四部曲"：代课、种田、做杂工（学校让他负责水电等后勤工作）、做苦力（每个星期六下午和节假日全天都到亚婆湾码头挑砖、扛水泥）。

挑1块砖挣1分，一担砖50块，90公斤重，从船上挑到岸上，能挣5毛，每天挑100担（5 000块砖），可挣50元。挑担必须掌握平衡，船停泊在水面，摇来晃去。一条长板连接陆地与船帮，板长六七米，宽30厘米，人踩上去吱吱作响，稍不留神就会一个跟跄跌落水中。一包水泥50公斤，从船上扛一包水泥到岸上也能挣5毛钱。做苦力的日薪是砌砖师傅的两三倍，价格虽然不菲，但只能引诱山区来的人，引诱不了本地人。本地人不做苦力，一是体力问题——他们没有经过磨炼，肩膀单薄；二是思想问题——他们虽然搬罾拿鱼、打散工（做建筑等），但是不想干重体力活，多少有点怕脏怕苦。需要说明的是，运建材的船舶不是每天都来码头，所以不是每天都有活干。然而，一旦有机会，妻子熊新莲也跟着去，一担挑32块，重57公斤，每天挑80挑，可挣25元，惹得船家瞪大眼睛连声称赞："你们客家人真是能吃苦啊！"

1993年至1995年，正值淇澳村的建房热潮，大量的建筑材料通过船舶运进岛内。从亚婆湾码头下船到村里，平均每块砖头的运费为5分。具体为：下船1分，运到工地1分，挑上一楼1分，挑上二楼2分，挑上三楼3分。平均每包水泥的运费为1.5～2元。具体为：下船5毛，运到工地5毛，扛上楼层5毛。老许夫妇从1990年开始利用休息日去挑砖，一干5年，积累了4万元。盖房子的经费基本攒够了，下一步就是建房，虽然钱不够，但也不用借多少了。可是在哪里建房呢？

正在这时，大妹传递了一条消息，斗门县井岸镇新青村村民委员会有一幅宅基地出售，面积160平方米，价格2.5万元。该村离新堂不远，方便孩子读书。又是千金难买的一个机会。1994 年 3 月 23 日，老许付了钱，拿到了土地证，上面盖有斗门县规划局的大印。1996 年过完春节后，立即动工，先打地基，再建一层，花了 1.5 万元，储蓄用罄。1997 年春节前夕，门窗还没有搞好，全家就搬进新居。几年后，重新积攒了一点钱，又加建了两层。看着漂亮的三层楼房，老许心里默默地说，有一层半是用妻子挣的钱盖的呀！

1993 年 3 月，淇澳岛清理代耕农，老许的父母带着孙子孙女去了斗门县井岸镇。老许不属于清理对象，继续留在淇澳小学，妹夫江伟康让出 2 亩多地让熊新莲耕种，一直种到 2002 年 12 月熊新莲进入淇澳小学当理发员，月薪 500 元。

2004 年，老许又在斗门县乾务镇三里村买了一幅宅基地，花了 2.8 万元，加上报建、审批的手续费，将近 3 万元。这幅地后来给儿子许国东用上了。2012 年春节，老许的母亲患病，花了 8 万元才治愈，老许承担了 6 万元。经济上刚刚舒口气就碰到新问题，接二连三的压力使他喘不过气来。

2006 年，老许在淇澳代课满 15 年，这时学校才为他买社保，按规定只有社保买够，退休时才能领取养老金，届时退休社保还成问题。反观信宜市，自 2000 年以后，教师的工资逐年增加，2015 年时，老教师的退休金每月有 5 000 多元。要是当初不离开，也会由民办教师转为公办，提薪，公家帮买社保，退休时每月可领到 5 000 多元。幸好淇澳小学在他退休前花 2 万元替他补买了空缺的社保。现在老许已退休，养老金每月 2 700 多元，比信宜的老同事少了 2 300 元。看来离开家乡还是吃了亏。但吃亏他一人，换来后代的幸福。就建房而论，虽然在家乡也可以建楼房，但交通不便，信息不灵，没有现在好。

报道人丙

陈尚友是珠海市金湾区平沙镇人，原在金湾医院工作，1990 年买断工龄，在平沙搞海水养殖，承包了一个 5 000 多亩的养殖场。他先养蟹，后试养对虾和草虾，虾蟹都养得不太成功，正打算换个地方，1997 年听说淇澳海水养殖场在招标，便过来考察。该场位于岛西，三面环山，一面

237

临海，山是天然挡风屏障，海边是金黄色沙滩，因靠近金星门水道，水质交换快，水文条件好，底质适宜，属于半咸半淡的水域，水质肥沃，浮游生物多，天然饵料丰富，既宜养四大家鱼，又适合海鲈等鱼类生长。他看到自然条件极佳，便有心前来一试。1998 年，平沙养殖场的合同到期，那边退出，这边进入，两相得宜。他没有想到后来海边会种上外地品种的红树，与本地的野生桐花树不同，这种红树成林后影响水质，落叶入水腐烂发臭，弄得白蚬销声匿迹，对鱼、虾、螃蟹也有致命的影响。

据档案显示，1978 年淇澳海水养殖场成立，1982 年有干部职工 33 人，其中正副场长各 1 人，大学实习干部 2 人，国营与集体职工 4 人，临时工 25 人（外地 11 人、本市 14 人）。1981 年至 1982 年，养殖场共融资 43 万元，其中珠海市政府 25 万元，市水产公司、市渔贸公司和唐家公社各 5 万元，市水产公司拨种鱼苗款项 3 万元，此外还向唐家农业银行贷款 6 万元，向担杆公社借 1 万元，共有资金 50 万元。

场里有 40 匹马力小机帆船 1 艘，手扶拖拉机 2 辆，斗车 1 辆，办公楼、仓库、宿舍、猪舍共 793 平方米，种养面积 451 亩（含鱼塘 202 亩、香蕉地 50 亩、木瓜地 1 亩、未种植作物的圹基 198 亩），养猪 65 头，建立鱼种标粗①塘 30 亩。除干部、后勤、机船、财务外，仅 20 多人参加生产，平均每人负责 20 多亩种养面积②。

由于实行粗放养，需要许多人手，临时工占全场人员总数的 76%。他们的口粮问题未得到解决，工作和住宿条件差，有的人连边防证也没有，即使有边防证，也多半是过期的，公安部门经常来盘查，而每换一次边防证都要花很多时间，造成他们的情绪很不稳定。

1987 年至 1989 年，该场投资大量资金建成一条长 3.4 公里的大堤，内设塭场③，围垦面积扩大为 3 000 亩，通过利用自然鱼苗与人工放养的

---

① "标粗"是鱼苗的中间培育过程，把鱼苗暂时放在环境较好的池子里培育，待到长大养粗后再投放到普通塘内，目的是增强鱼苗体质，培育鱼苗对养殖环境的适应能力，提高鱼苗成活率，缩短养成时间，节省饵料。

② 参见《淇澳岛海水养殖场一九八二年生产工作总结与一九八三年生产设想》，藏珠海市档案馆，案卷号：永 - A.2.01 - 0007 - 042 - 1982。

③ "塭场"即水产养殖场，以几百亩或千余亩的池塘集于一处，分塘养殖不同品种的鱼虾，周围择点设闸，潮来任其涨满，潮退便在闸口置网拦获鱼虾。

方式实现鱼、虾、贝类的综合养殖。后连续 4 年亏损，开始考虑引入民资，转换经营方式，招商承包。

1993 年 10 月，在原来养殖场的基础上挂牌成立"珠海经济特区水产养殖开发公司淇澳海水养殖场"，法人代表是林永潮，隶属珠海农业集团公司。塘内养殖尖吻鲈、黄鳍鲷、花鲈、鲻鱼，还有中国对虾、斑节对虾、白肉牡蛎等，销往港澳创汇。1997 年因养殖虾蟹失败导致严重亏损，急需人来承包。当时参与投标的人有三四个，公司领导一一加以考察，认为陈尚友原来经营过一个同等规模的海水养殖场，有一定的经验，最后他成功中标。

1998 年，陈尚友正式开始养殖，起初养殖草虾，由于技术原因及市场价格出现回落，每斤从 30 元下降到 6 元左右，于是他将一部分围改养蟹，其他围仍然养虾。陈尚友发现蟹虾过密容易生病，而造成蟹虾过密的原因是随着开闸入水，大量天然种苗会进入围塘，早晨在围塘岸上清晰可辨，只要控制开闸时间就可控制种苗密度。以前 4 个大围，一个围 1 000 亩，属于粗放养殖，技术含量低，产值低，而养殖场的国企性质又要保证职工的基本工资，于是出现亏损。现在发展"五高"（高投入、高技术含量、高产量、高品质、高效益）养殖，走产业化经营的路子，因此他辞退了一些人，新聘请了一些人，打破工资制，推行股份制，邀请自己的亲友加盟，扩大资金来源，同时外请专家诊断问题，依靠科技进步，化解市场风险，迎来了转机。

报道人丁

文生友 1964 年 9 月生于桂林市全州县龙水镇百福村，排行第七（上有四兄两姊，下有一妹），2003 年 8 月以前在家乡养鱼、务农兼开拖拉机搞运输，之后表姐介绍他来到岛上。在家乡时，全家承包土地，后来分家，因兄弟多，他只分到 5 亩地，年入 5 000 多元，不够养家，于是就把土地转承给第三方，自己向银行贷款，承包了一个水库，水面将近 300 亩，专门养大头鱼、鲤鱼和草鱼。初次投入 800 多元，几年后，年入 1 万多元。2000 年，养鱼成本急剧上升，每年需要投入 2 万元以上，而收入增长缓慢，他常常懊恼自己未读完初中一年级就辍学，如果不是学历低，也不会干这个营生。

外地渔民主要由 6 个省份的群体构成，按进岛先后关系依次是广东（湛江、廉江、番禺）群、广西（全州、兴安、田东）群、福建（诏安）群、湖北（洪湖）群、湖南（益阳）群和河南（驻马店）群（见图12－1，按先上后下、先左后右的顺序叠放）。广东群早已撤走，只剩 5 个群体。人数最多的是广西群，次为湖北群，再次为湖南群，福建群与河南群各有几户。

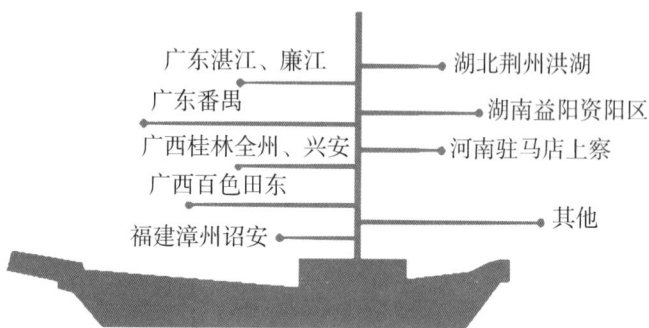

图 12 – 1　外地渔民的地缘构成

淇澳村实行生产责任制以后，村民开始承包滩涂，从淇澳大桥往西延伸至鹤咀"下海"的海岸沿线滩涂被划分为三段：第一段从淇澳大桥到海水养殖场，第二段从海水养殖场到夹洲湾，第三段从夹洲湾到鹤咀。第一段滩涂由淇澳村村民苏××承包经营，第二段和第三段滩涂由钟××和钟×初共同承包经营。这三位再将其承包的滩涂海域划分为更加细致的分段，出租给主要是广西籍的渔民进行经营。

广西渔民基本上来自桂林市全州、兴安两县和百色市田东县。他们在岛上有三个聚居点：一是海水养殖场附近，生活用电由海水养殖场提供；二是淇澳岛西区树林，生活用电由鱼老板提供；三是村庄东北烂尾楼区（五一路框架楼），生活用电由房东提供。前二者用铁皮、木板搭建棚屋，后者稍微好一点，住在毛坯楼房里。由于距离远、工作忙，三个聚居点的渔民之间虽交往不多，但也形成小型娱乐区，闲暇时男人会聚在一起。湖北渔民一群住在东澳湾岸边树林里，一群在村中租房住。湖南渔民住在村中一幢直角形两层楼房里，原是生产队的队部和仓库。河南渔民住在南芒湾的平房里。福建渔民住在金星角唐家海事处旁的海边。各地渔民来淇澳岛大都通过亲友关系，血缘关系、地缘关系是最好的依靠，前者还是渔民启动资金的来源。

全州是鱼米之乡，沟河纵横，文生友从小就在河汊里抓鱼，水库经历又让他增加了见识，从接触淡水鱼到在淇澳赶海，已有 20 多年的渔捞经历。他说，在淇澳岛打鱼的投入比承包鱼塘的投入少，除了开始购置装备需要 1 万多元，其他的只有海域承包租赁费用。当时他承包的是钟×初所承包海域的 1 段，大约有 300 亩的海域面积，每年租金 3 000 元左右。租金在每年冬至前交，现在 1 段上涨到 1 万余元。

起初，文生友只身一人来到淇澳岛，经过短暂的摸索，逐渐掌握了生产技术，他认为值得经营，就把家室接来了。然而残酷的社会环境掏空了他的本钱，计 18 000 元。因当地政府禁止外地渔民在周边海域打鱼，两年间他的渔网屡遭破坏，迫使很多渔民离岛返乡。文生友一家几口不愿来回奔波，就咬紧牙关坚持，平时在村里打零工，有机会就下海，跟执法人员玩"捉迷藏"，待到政策转变了，再向亲友筹集资金，到斗门县白藤头渔民市场购置网具。

女儿文翠翠 1999 年中专毕业，在岛上北大附中的超市工作，月薪1 100元。文翠翠嫌工资低，辞了工，一直未找到更好的职业，暂时靠蒸馒头、卖鱼度日。后来超市的月薪提高到 2 000 元，文翠翠却不好意思吃"回头草"了。

广西渔民主要在滩涂装笼捕鱼，利用涨潮捕鱼，属于浅海作业，一天两收。他们的基本生产工具是小艇、轻舟及各种网具，此外还掌握了本地人踩橇板的滩涂捕鱼技术。文生友觉得赶海相比水库养鱼更累，因为养鱼不用半夜出海，更不用抢天气出海。他没有采用罾棚这类传统捕鱼工具来生产，因为没有合适的场地。他的渔船以前用柴油机，后来改为汽油机。每年的生产成本，除了海域的租赁费，渔网消耗比较大，要买 5 次渔网，还有其他部件。

据文翠翠介绍，淇澳岛有三个鱼汛，春节过后有四五天的海狗鱼鱼汛，冬季有鲈鱼鱼汛，夏季主要是抓螃蟹。笔者调查时恰逢海狗鱼鱼汛之前，渔民们都在紧张地准备、修补捕鱼的工具。海狗鱼是用 3 米多长的笼子捕捉，每次在租用的海域放笼大约 110 个。凌晨时分去承租的海域放笼，过几个小时收笼回来。当然，放笼的数量因人而异，最多的有人放 170 个。海狗鱼本是一种普通的海鱼，近年来，浙江温州地区的人们对海狗鱼的需求增加，并将其定为高档海鲜，因而海狗鱼鱼汛所在的这个月收入要比其他月高，一般家庭可达 5 万元/月，运气好、租用范围大的可达 10 万元/月。海狗鱼的售卖形式有两种：一是将新鲜渔获卖给收购商，约 50 元/斤；二是将其烤干、晒干，加工后再卖，通常 1 斤新鲜海狗鱼要缩 4 两水，而干海狗鱼价格是 120 元/斤。文生友倾向于后一种形式。

报道人戊

杨×洋是吉林通化人，年近七旬，自幼学习养蜂，是辗转多地的养蜂能手。20 世纪 90 年代末，他跟随当地某蜂业公司的老板来粤考察。2000 年春，他看到广东省农业部门呼吁全国养蜂爱好者到广东养蜂的电视节目，于是约了几个伙伴拉上几百箱蜜蜂，开车一路南下，先后去了肇庆、东莞、番禺、江门、中山，途中被人偷狗、偷蜂，不得安生。2003 年，他在中山港大桥收费站附近待了一段时间，冬天就来到了淇澳岛，发现岛上的蜜源很充足，没有污染，即便全年不转场，蜂蜜产量也不低，便逐渐在岛上落脚，住在白铁皮、预制板等搭成的棚屋里，近 200 个蜂箱错落有致地摆放在屋后的小山坡上。一起来的几个伙伴由于不习惯广东的气候，先后返回了东北，只有老杨一个人坚持留了下来。

自从来到淇澳岛，老杨独自在山边养蜂，打井取水，烧柴做饭，最初饥一顿饱一顿，惆怅时就看看大海，要不就拨通家人的电话，现在他拥有上百箱蜜蜂，觉得日子好过起来了。老杨说，政府多年都是支持养蜂的，碰到的麻烦一般是本地人和外地人的利益冲突。他过着一种与自然最接近的生活，所养的蜜蜂向自然汲取花蜜，也反馈着自然需要的东西。但是，"甜蜜"的事业还是透出苦涩。对于如何在淇澳岛合法、安心地养蜂，他一直没有找到答案。

高新区从 2012 年以来就开始清理违章建筑，老杨路边的棚屋属于占用国土资源的违法建筑，被要求限期拆除。他在中山市养蜂时，曾被城管拉走蜂箱，后来经过争取，才得以继续养蜂。来岛上养蜂的人无不看中丰富的蜜源，然而养蜂之路都不平坦。根据农业部 2011 年出台的《养蜂管理办法（试行）》，县级以上地方人民政府养蜂主管部门负责本行政区划的养蜂管理工作。养蜂者可以自愿向县级以上地方人民政府养蜂主管部门登记备案，免费领取养蜂证，凭养蜂证享受技术培训等服务。老杨等人加入了广东省养蜂学会，去广州市开会，领取了会员证，每年 50 元会费。他们认为，这个证就算是养蜂的许可证。

老杨说起蜜蜂和蜂蜜似乎有讲不完的话题，无论是蜂蜜的成色还是蜂刺疗法，他都能讲上一番。他对市场上出卖的蜂蜜不以为然，认为只有野外的蜂蜜才是最好的。当被问及为何不把自产的蜂蜜拿到市场上卖，老杨叹口气，兴致陡然低落，"关键是现在这个证那个证太多，不如我在这里等熟客"。他一直做熟客的生意，现在想学电子商务，在网上卖蜂蜜，做生客的生意。

"在东北养蜂一般都是采椴树蜜，冬天时间太长，越冬管理做不好的话，整个蜂场就没了"，老杨说，而广东气候条件适合养蜂，四季常青，蜜源也充足，春天有荔枝、乌桕，秋天有桉树，冬天还有冬蜜，"中等年头采到两种蜜就够了"。

更重要的因素还是利润。老杨说，在北方养蜂，都是由蜂业公司直接收购，价格很低，"10 多年前，蜂蜜收购价 2.6 元/斤，糖要 2.9 元/斤，蜂蜜还抵不过糖钱"。而在广东，蜂农可以在路边零售蜂蜜，收入更高。

"淇澳岛是珠海最适合养蜂的地方。"老杨感慨岛上治安良好，不施农药，加上背山面海，蜂场设在路边小树林里，夏日遮阴冬日防风，温度适宜，起台风时在蜂箱上压块大石头可保无虞。这些都是外围条件，内在条件是岛上蜜源充足。前面说过，春天打乌桕蜜，冬天有鸭脚树和野桂花、野茶花等，漫山遍野都是这些植物。鸭脚树的皮、根可以做凉茶，蜂蜜浓度高，降火清热效果快，带点苦味，但苦后是甘甜，适合南方人。他得意地说："来我这买蜜的有四川人、湖南人、湖北人和本地人，本地人从来不讲价，有的一次性买 50～60 斤。"

老杨只有女儿，他说，如果自己有个儿子，绝对不让他养蜂。"有句话说，养蜂的人也是神仙、老虎、守门狗"，意思是：蜂蜜卖了钱，什么好吃吃什么，像神仙似的；在外面跑场，喝酒、打大雁，像老虎一样；一旦没钱、没蜜采，整天住在帐篷里，跟守门狗差不多。他的愿望是再养几年蜂，干不动了就回老家。

改革开放至今，淇澳岛像一个拥挤的剧场，观众你来我往，但依然可以梳理出四批人群：

第一，从 1984 年到 1985 年，淇澳岛迎来第一批代耕农，他们来自粤东和粤西的客家地区，如河源、信宜等，1990 年 3 月，开始清退代耕农。

第二，1990 年，筹建跨海大桥的先期工程拉开序幕，要在岛上修建南北两条公路，自淇澳大桥北分叉，在大澳湾合拢。这时 4 000 多名外地民工上岛①，归工程指挥部统一管理，淇澳管理区协助。指挥部设在银坑一栋大楼，今为珠海市路政局办公楼。民工在公路沿线安营扎寨，北线工程的工棚在偷牛栏一带的树林里，南线工程在亚婆湾、流水坑和大澳湾各有一个工棚。村里出现了发廊，1993 年前后发廊最多，村里有十余家，大澳湾有一两家，主要是四川、湖南和贵州女性做服务生，待 1997 年伶仃洋跨海大桥项目下马后，她们才陆续离开。淇澳大桥通车后，民工也走了，只有极少数人滞留岛上。到 2014 年夏，清退了一些外地民工，还有一些在村里打零工，开始转变身份，租地种菜，靠山养畜禽。

第三，外地渔民陆续上岛，以相近语言而聚居一处，划分为几个地缘群体，彼此没有利益纠葛。他们承包滩涂，或购船到近海打鱼，这些滩涂或停船码头原是某些村民向村委会承包的，之后再向他们发包。

第四，最后一批是养殖者，来源远近都有，厕身于山塘、水库、海边和山林间。

前面所述的故事主人公各自代表一个群体，有本地人，也有外地人，都是从小本经营起步，又共同代表了一个时代。他们都想寻找一份与自己力气、才华和品德相匹配的资源，起初他们取得的收益仅够维持基本生计，后来有的人攀上去又跌下来，跌下来又攀上去，有的人还在原地踏步，挤了又挤，仍旧挤不上社会的升降梯，其不服输的精神实在可嘉。

---

① 还有两说，一说是 2 000 多人，一说是 600 多人，经多方核实，决定不予采用。

本地人和外地人怎么互相评价呢？过去雇过一位代耕农的钟××说："我们给代耕农提供房屋、农具、种子，他们觉得好耕就耕，不好耕就跑回家或者去做工。有个代耕农来我家的时候才十几岁，很可怜，现在他已经在香洲开车行了。"言语中不无宽厚。外地人各有千秋，比如，客家人数量不多，有吃苦精神，更能融入海岛。来自河南、四川、湖南的外地人看中岛上的人工贵，挣点劳力费便回家了，平时哪里都不去，回一趟家不容易。外地人表示自己很难融入海岛社会，特别是语言。退休的小学校长彭××坚持这一立场："过去你讲普通话，别人都笑话你；你教本地人拼音，也教不会、教不好。"所以他带头把小学围墙修了起来，好让校园的氛围和村民的生活保持距离。定居岛上的外地人还有一类——嫁进来的女性。莫××刚来时觉得这里就是一个孤岛，很恐怖、很陌生。她说："以前本地人见识没那么多，思想比较封建，有一点儿提防外地人，觉得不熟悉、不放心。外地人也应入乡随俗，只要肯开口问，本地人就会告诉你。"她尽管住在岛上 20 多年，还是难以认全当地人，"有的出去打工，有的关起门来都看不到，这里不串门的，大家喜欢在广场或者家门口坐着"。当地人在外地人的眼里，也是边界之外的存在。

　　改革开放 40 多年了，淇澳的社会转型基本完成。上述五位人士也收获了自己的故事。这些故事让我们贴近时代关注的话题：旧体制的坍塌和新体制的建立发生时，面对机遇和挑战的人们，只有孜孜不倦地追求发展，忍耐力才会更强，斗志才会更加昂扬，成功才可能会实现。无论本地人还是外地人，只要抱着积极的生存姿态就能适应未来，这是我们必须永远记住的道理。

第十三章
结论与展望

物质生产的规律囊括了人类与自然的基本关系，引导我们关注人对自然的适应和改造——这就是生产方式的变化与调整，关注重大事件及其真相。自民国二十三年（1934）始，地理学、考古学和历史学先后上岛亮相，以实证的态度取得许多资料，经过分析得出一些观点，为继续研究和深入描述淇澳岛奠定了基础。

人类学对淇澳岛的研究起步较晚，但同样抢救到大批资料。自从搭上这趟研究的列车，我们就为窗外的景色所陶醉，列车忽儿钻入时间隧道，忽儿驶入现实空间，有时令人迷惘，有时令人兴奋。入村后的实地调查，让我们更好地阅读文献，透过岛上的各种景象领略岛上的历史与现状。

我们对南宋淳祐年间（1241—1252）至清初这一段历史情况知之甚少，对南宋前至汉唐，甚至秦汉以前岛上的事情则完全不知。然而，20世纪80年代，6个遗址和一批出土遗物的证据告诉我们，距今5 000—4 500年前，淇澳岛就有人活动。虽然当时的先民和后来上岛的移民没有血缘关系，但是双方都在实践一个基本命题——文化是人类群体对环境的适应方式。

从淳祐年间开始，岛上的地名便被创造出来，积累下来，流传至今。具体可分为两个时段：第一时段为418年，从淳祐四年（1244）至康熙元年（1662），村民活动的范围已经扩大到全岛。迁到五桂山大花园23年之后，村民再度回到村庄，一切都变得陌生了，历史的记忆需要重启。第二时段为 317 年，从康熙二十三年（1684）至淇澳大桥通车的 2001 年，地名的更新和再创造是一个加速度的过程，然而，随着土地被征馨，生产方式转型，许多地名退出了人们新的实践领域。它们似乎派不上用场了，本书胪列出来以缅怀过去，趁着它们还未消逝，其所承载的故事还没有被淡忘之前，让我们回味一番积淀在地名中的文化意义。

宗族、人口和产业是本书的核心，岛上 11 个姓氏来自两大方言群，事实上不止 11 个姓氏，经过 775 年的磨合与交汇，有的姓氏走了，多数留了下来，留下来的姓氏又有所归并。可是，他们的故事说不清楚，因为绝大多数姓氏都没有族谱，没有文字记录，只能依靠活人的记忆以及学理常识的推算，借助档案、碑刻、残存的祠堂、祖坟、会馆等旁证材料来复原一个宗族社会，进而揭示出鲜活的内容，说明村庄是怎么运作的。本书做了一些探索性的工作，还有待于继续研究，更多地弥补以往的空白。

华南滨海为国之南门，因远离中原，交通闭塞，开发较晚，一时颇难治理，况且夏季湿热，冬春瘴气，长期以来，人们应对自然的能力有限，只在海拔稍高、气候较爽的粤中山区生活。珠江三角洲地旷人稀，民畏之，官亦惧之，形同"鸡肋"，弃之可惜，食来无味。这个棘手地区不像京畿一样重要，偶有风吹草动朝廷就要追查。历来封建统治者对海疆人民软硬兼施。当北方内乱不止，朝廷自顾不暇时，则采取坐视不理的态度，任海盗滋生，绑票走私，骚扰民众。等他们恶贯满盈，形成气候，朝廷才调兵遣将前往收拾。有时政局变幻、朝代更兴，新旧两主竭力利用社会矛盾。旧主可能裹恃败军远走边陲，招降纳叛，招兵买马，收编匪盗，图谋东山再起；新主则"宜将胜勇追穷寇"，分化瓦解，各个击破，一副得势不饶人的模样。随着大帮匪盗的肃清，零星散匪遣散各地。华南沿海就处在这样的治乱循环中，经济复苏和政治安定状况不尽人意。

香山位于珠江口西岸，南宋绍兴二十二年（1152）建县，辖境除了大陆还包括岛屿，今之大陆的一些地方昨日尚为岛屿。全县划为 10 乡，淇澳岛归属长安，周边的下栅、唐家、前山、澳门一带同属该乡，与淇澳岛隔海相望的张家边、南萌则分属永乐乡或永宁。明洪武十四年（1381）改变基层行政区划，淇澳岛归属恭常都。宣统二年（1910）实行区级制，唐家、下栅和淇澳岛并归第六区，张家边、南蓢归第四区，前山一带归第七区。直到民国十四年（1925），县名改为"中山"，淇澳岛及其周边的隶属关系均未发生变化。海岛的地位值得一提，适宜人居住的岛屿常为海盗所占，他们打劫后回到岛上休息，享受服务，将岛或作为临时仓储地，或作为固定居所。海盗在岛上积蓄力量，补给物质（淡水、柴薪等），修理船只，贩卖赃物。

统治者大权在握以后，第一件事就是肃清残敌，稳定政局，发展经济。明清以降发生的两次迁海事件可资证明。明初，朝廷面临许多内忧外患，如苏南有张士诚的旧部，沿海地区倭寇①海盗沆瀣一气，朱元璋为了巩固政权，先于洪武三年（1370）将苏州城乡 18 000 户迁到苏北淮南垦荒，史称"洪武赶散"，再于洪武十七年（1384）实行"虚岛"政策，将某些隐藏宋元遗族的海岛人口内迁至大陆，粤西的硇洲岛首当其冲，淇澳岛幸无前朝遗族才躲过一劫。洪武二十五年（1382），朱元璋首肯广东都指挥花茂的建议，徙香山、东莞等县所辖海岛"不习耕稼，止以操舟为业，会官军则称捕鱼，遇番贼则同为寇盗，隔绝海洋殊难管辖"② 的居民，安插为兵戍。淇澳岛也受到当时的政策影响。由此可见决策者对海岛的重视。明清两朝的禁海与内迁政策均与国家的海洋控制能力不足有关，由于面对的任务不同，清代比明代更加严峻而已。

道光年间，外国鸦片船只因广州禁烟被迫退到伶仃洋，英国鸦片贩子数次私占淇澳岛西面山地，进而上岛滋事，甚至想血洗村庄，淇澳村民勇敢地进行自卫，事后清廷迅速介入，为防止洋人再度滋事，岛上有了驻军。从此，淇澳岛历经几次社会制度变更，岛上始终驻有军人或警察，1987 年撤军之后仍有其他国家机关。国家卵翼下的海岛村庄与国家未设官驻兵的大陆村庄有很大的不同，这种不同归根结底是由海岛的战略地位决定的，这也是淇澳岛和普通岛屿的不同。

淇澳岛是中国早期工人运动领袖苏兆征的故乡。20 世纪 80 年代初，

---

① 倭寇有三种成分：小部分是真倭（日本武士或浪人），大部分是中国海盗，另外一小部分是胁从，后者为马来人、暹罗人、葡萄牙人、西班牙人和非洲黑人。

② 台湾"中央研究院"历史语言研究所校印：《明太祖实录·卷二二三》，台北：南港书庄，1961 年，第 3262 页。

两位传记作家上岛调查，用约1000字描述了苏兆征幼年的生活，提到苏父厚荣、苏母钟偶、启蒙先生王步千，[①] 说明光绪十一年（1885）村中已有私塾，各个姓氏彼此通婚，和睦相处。从他们的寥寥数语，加上其他文献的描述，可将淇澳村的传统格局勾勒出一个大概：

第一，渔农并举，家家务农，户户下海，但就从业人口而论则"二八"分成，八成人务农，两成人赶海，年中差不多9个月务农，3个月拗罾打蚝，可见农业是基础，渔业是补充。

第二，土地贫瘠零散，田地偏于一隅，道路不通，运输困难，积肥、耕耘、收获颇为不易，只好搭起寮棚作为临时居住点，生产成本颇高，耗尽全家劳力。

第三，渔业以拗罾和打蚝（自然蚝和养殖蚝）为主，村中有两口蚝灰窑，以蚝壳为原料，按投标方式承租经营，村民懂木工、编篾、打铁、理发、建筑，许多事情不假外求。

第四，妇女除了参加渔农生产，还要操持家务、加工食品、腌制鱼干，且要打草鞋换钱，或者到海边拾蚝壳卖给窑户。妇女并未被赋予特定的地位，但其作用不可低估。

第五，国内经济衰落时，农村濒于破产。虽然岛上环境优越，岁稔年丰，然渔农产品卖不起价，地权集中，地租不合理，高利贷流行，全村殷实之家稀少，中等户有之，普通人家年中胼手胝足，所获不足一饱。

第六，受港澳资本主义吸引，村民有出卖劳力现象，主要分为两种：一是给本村或周遭当长工或者打短工；二是到香港、澳门的船上做事。

第七，劳动力素质逐年提高，村中有家私塾，有塾师1名，学生十几二十人，课程以经史为必修，配合习字、吟诗、浏览子集、尺牍（写借条、讼状等）和珠算，民国后课程有所改进。塾师的工资来自学费，学生农闲时上学，农忙时回家做农活，时读时辍。

第八，村民有闲暇生活，结社自由（秘密结社则要暗中进行）。如苏

---

① 参见禤倩红、卢权：《苏兆征传略》，载中共广东省委党史研究委员会办公室、中共珠海市委党史研究委员会办公室编：《苏兆征研究史料》，广州：广东人民出版社，1985年，第429—433页。

兆征组织了阅报社，把文昌宫作为活动地点，后又组织了自治会，以钟广祥家为隐藏的活动地点。他还和一些青年农民成立了种植公司，培育树苗，在灯塔一带绿化荒山，发展林业；又如，跨族协商的合约组织，对内的八姓馆协调村庄内部的关系，对外的淇澳馆协调三墩沙承租户与淇澳村股东的关系；还有民国三十五年（1946）成立的乡村体育会，以强健身心，启发民智，丰富娱乐为宗旨。

第九，村中现有祠堂 19 个、庙宇 16 个、社坛 32 个，满足村民和族睦邻、慎终追远、奉神拜鬼之需。村民日常粗茶淡饭、衣着朴素、不事奢华，但宗教消费的水平不低。

第十，宗族势力强劲，钟姓独大，杂姓则用会馆平衡，各姓内外都有临时小圈子，时聚时散，间有恃强凌弱。如江树山的坡脚有个"义士冢"，起因是几个姓氏的强房想占有村公尝，遭到贫民的反对，便收买打手，将为首的青年农民姚祖发等五人殴打致死。此事激起更大的反抗，强房怕事情闹大不好收场，只好暂时收敛霸占公尝的行为，被迫出钱修造坟墓埋葬死难农民，在墓前立了一个题有"义士冢"字样的墓碑，以安抚死者家属。

第十一，官吏（巡检等）、军队等国家势力渗透乡村，与宗族势力相勾结，苏兆征回乡宣传革命思想，组织结社，遭到保守势力的憎恨，一干人等被捕入狱。民国时期还在岛上建立了警察所，每年全村男青年要在文昌宫抓阄决定谁有当警察领工资的机会。

第十二，早先全岛绿荫覆盖，因人口渐多，能源利用方式落后，砍柴烧薪，许多山岭秃了，到民国二十六年（1937）仅剩三处风水林。到了20 世纪 80 年代，植树造林效果显著，加之传统的祖先崇拜、风水理念和民间信仰在环境保护方面有所作用，更重要的是能源利用方式升级，全岛植被覆盖率达 90%，树种较多，兼有竹林。乔木分肉实树群落和杂树群落两个亚层，灌木林、灌草丛随处可见，岛西海岸线红树林环绕。村东村西都有风水林。[①]

把以上特征集合起来无异于一幅传统村落的图画，可圈点出文化变迁

---

① 田广红、丁明艳、杨雄邦等：《珠海市淇澳岛肉实树群落及其物种多样性特征》，载《植物科学学报》2013 年第 5 期，第 461 – 466 页。

的动力与方向。

淇澳岛水陆资源丰富。笔者多维地再现了渔农业生产条件、资源类型和主要利用方式，不仅展示了"环境—技术—人口"的整合作用，而且强调了生产关系和社会制度的作用，介绍了社会转型引起的劳力交替和技术交融现象，讲述了劳力与土地、耕牛、船只、网具等因素的结合，揭示了在经济体制变动的作用下传统渔农业面临的困境，其中土地是重中之重。

在罗开富等人写的《淇澳岛》中，全岛还是乡村社会，到处充满自然生机。半个世纪后，温长恩等人写了《淇澳岛自然资源及其开发利用》和《珠海自然资源与经济开发研究》，精心描绘了一幅"淇澳岛资源分布图"，出发点是为淇澳岛的深度开发作规划，仍然以农、渔、林、果、蔬、牡蛎养殖、动植物良种试验为主攻方向。它们都要土地、水域来承载。这个一厢情愿的设想很快就被现实粉碎了。

淇澳岛位于经济特区，国家允许特区政府大胆实验，摸索出一些实用的政策法规。岛上等高线 50 米以下的土地全部被预征，无异于一项大胆实验。村民很快失去了土地，这个变化太急剧了。征地后政府并未及时开发，而是和地产商合作，后者得到土地后出于商业因素也未开发。另外，征地补偿偏低是不容回避的，1988 年以 2 400 万元的价格征得全岛土地，2004 年才偿还清，16 年间物价已发生很大变化。

以上就是问题的症结。纵观淇澳岛的地权变迁历程，政策和法律的影响是明显的，这些都体现了国家的意志，体现了个人和集体、局部利益和整体利益的辩证关系。

每一个时代的土地制度都不是绝对理想的。私有制时期，土地物产与耕种者的收入挂钩，保证了劳动者的生产积极性，然而私有化引起的剥削必然导致劳动产品和土地的买卖，进而使劳动者与生产资料相分离，于是反倒束缚了生产者。在公有制下，可以集中劳力和土地资源完成一些大工程，但由于官僚体制和"大锅饭"的影响，也容易挫伤生产积极性。改革开放后，实行家庭联产承包责任制，土地所有权和使用权分离，同时地方政府又依据宪法实施不同的土地政策，新时期的土地问题比任何时候都要复杂：一方面，新的地权政策使得农民的生产积极性复苏，生产力又有了极大的提高；另一方面，使用权的买卖以及政府的征地行为又引发了新的问题。

村民的信仰状况如何？全村原有 19 个祠堂，少数完好，多数都坍塌了，目前 16 个庙宇都是完好的，32 个社坛和若干碑刻也完好无损，此外，每家都有神龛供奉。村内集中了全部祠堂和社坛，还有七八间较大的庙宇，村外岬角澳湾也有庙宇，同样建筑精美，只是略小一些而已。有人从 4 个维度透视了村庄的社会结构与民间信仰的关系①，美中不足的是未说明弹丸之地的海岛为何信仰如此发达。若仅以祖庙（社区神信仰）、土地社（土地神信仰）、观音阁（观音信仰）和天后宫（妈祖信仰）来描述似乎略显粗糙。笔者曾构建了一个框架（见图 13－1），指导学生邱锦荃调研，纵向分为神灵崇拜和祖先崇拜两种信仰，神灵崇拜又横向分为三级，主要是妇女的活动，年中有许多祭日。妇女通常在岸上补网、开生蚝、剖鱼、从事后勤，如果上船只能在近海作业，如捡蛤蜊、打蚝（退潮后露出水面的海岸石上的生蚝大都是由妇女采集，男人则潜入深水用铁橇棍撬取生蚝）。妇女大多胆小不会游泳，落水常慌乱，若救援不及时则易溺亡，

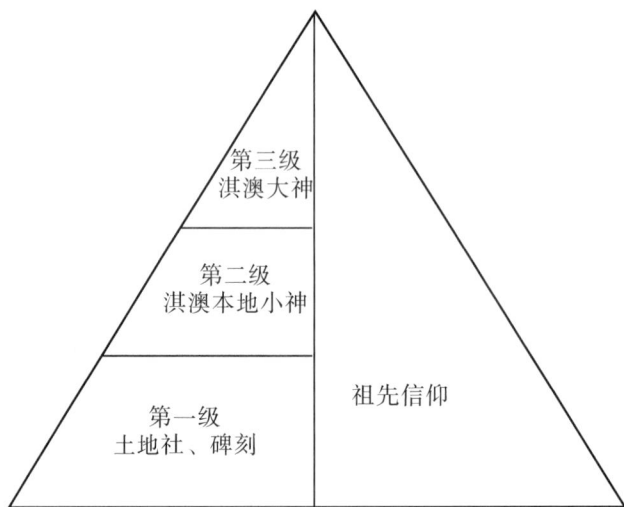

图 13－1　淇澳岛的信仰金字塔

①　张倩：《海岛社会与民间信仰——珠海淇澳岛的人类学研究》，中山大学硕士学位论文，2009 年。

因此特别敬奉神灵。祖先崇拜则是男人的活动，从血缘关系上慎终追远，妻子与夫家没有血缘关系，只有当她们生育了男孩，儿子长大成家立业，她们与夫家的血缘关系才算正式缔结。

神灵崇拜有哪三级呢？基层是土地社、碑刻的信仰，包括石敢当、插香用的石质香炉或凹槽，它们司小块土地（家户、墓地、村落）的安全福祉；中层为本地小神信仰，司全岛的安全福祉；上层为大神信仰，司地区（如唐家、中山、伶仃洋等）的安全福祉。村民的信仰也有三级：一是普世的观音菩萨；二是沿海渔民共同的保护神灵，如妈祖、龙王、玉皇，三是土地神和当地名人。

岛上的民间信仰与大陆无大差别，但信仰的氛围强于大陆，祖庙即为明证。里面不仅供奉村中开基祖，还供有雷公、电母、风伯、雨师和水潮爷爷，可见村民对自然力的敬畏。淇澳的神宫社庙尤多，如供奉海神林默娘（原为福建莆田湄洲岛渔女）的天后宫，还有观音阁，社庙更是每一条巷口都有。道光十三年（1833）九月，英国鸦片贩子上岛滋事，村民回击了他们的挑衅，迫使其议和。村民把胜利归于天后显灵助阵，遂重塑女神金身，天后宫名声不胫而走，前来膜拜的大陆居民络绎不绝。2001年，淇澳大桥贯通，许多人上岛游玩，当时的旅游承包者在天后宫广场设立栏杆，售卖10元一张的门票，充分利用了群众的祭拜心理。[①]

我们不能忽视淇澳岛的地理与历史。四面环水封锁了海岛，渔农方式、宗族社会、血缘纽带、国家权力的渗透，决定了村民信仰的多样性。男人信祖先，也要敬神，拗罾是主要的捕鱼方式，每年要选吉日开罾，下第一罾前要焚香，第一炷香祭拜海神妈祖，第二炷香供土地（司职于建罾位置的土地），第三炷香祭野鬼水神，然后徐徐下网。"人们按照自己的物质生产的发展建立相应的社会关系，正是这些人又按照自己的社会关系创造了相应的原理、观念和范畴。"[②] 村庄犹如一只口袋，775年来村民一面接受外来的信仰因子，一面选择性地抵御，例如，西方宗教在岛上没有立

---

① 吴莆田：《华南古村落系列之三十一 淇澳村》，载《开放时代》2006年第3期，第162页。
② 马克思：《哲学的贫困》，载《马克思恩格斯全集》（第4卷），北京：人民出版社，1958年，第144页。

足之地，说明村中祖先崇拜和神灵崇拜势力强劲。

淇澳岛已成为珠海市的一张旅游名片。旅游标志物很多，其中"伶仃洋跨海大桥"是个虚概念。据此延伸出新村民居、道路、海滩、自然景观和居民生活的变化。民间信仰的物质外壳也可作为旅游标志。谁都会说"不怕淇澳人，就怕淇澳神"。一个岛屿竟有 16 座庙宇，更不用说路边随处可见的社坛和碑刻了。岛上居民人人都有信仰，祖先、神灵深植于人们的生活与记忆，每个人从出生到长大成人再到离开人世，都有相应的仪式在冥冥中指引着他们的人生轨迹。方才说居民的信仰也有三级，他们并不是信仰单一神，而是信仰各种各样的神灵，根据自己的需求向不同的神灵祈求。据说天后宫和观音阁很灵验，外地人每月逢初一和十五都会到这里来拜祭，祈求保佑。无论采用哪种标志物，都会对旅游开发起到凝聚作用。当旅游标志物和目的地形成一个整体之后，对于游客的吸引力就有了"神圣的仪式性"作用。这里并非指宗教的吸引力，而是"在旅游活动中游客被某种社会价值和道德力量所引导，在现代传媒宣传的作用下，在游客的情感中产生一种对某些景点的特殊的吸引"[1]。现代旅游中非常重要的一环就是树立标志物，它们是游客"必须要去"某个目的地的引力来源。游客会不自觉地遵循着旅游标志物一步步地往下走。

很多文化，如民俗、庙堂等非物质文化遗产，都是需要开发和保护的旅游资源。为了接待更多的游客，扩大旅游范围，可能出现一些破坏性的建设，对旅游标志物造成严重的影响。以淇澳岛的文昌宫为例，倘若他日游客增多，势必要将庙里天花板上众多的环香取下来，以免香灰掉落烫伤游客。如此一来，文昌宫势必失去往日的氛围，变成了观光之地。所以，旅游开发和文化遗产保护之间，仍旧存在不少冲突。

过去，淇澳岛驻有海军和陆军，外地人要办边防证才能进入。随着宗教政策的放松，现在更多地展现出自由的氛围，这无疑为民间信仰的复苏提供了空间。针对文化发展的新动向，应该加强文化遗产保护，整理村故，包括传统的渔业生计等。除了神灵崇拜中的第三级有资格列入政府保护范围以外，第一、二级与祖先信仰（见图 13-1）更多地要由本村人自

---

① 彭兆荣：《旅游人类学》，北京：民族出版社，2004 年，第 190 页。

主保护。由于流动人口中很大一部分人从事危险性较大的海上作业，家人常代他们上香，祈求安全，因此外来渔民也有保护本岛信仰场所的义务。

说到淇澳岛的旅游，应面对三个问题：①经济和人口增长在未来旅游发展中的布局与作用；②未来旅游活动对资源（如能源和淡水等）的限制，以维护旅游的可持续发展；③环境保护问题。[①] 它们是所有旅游开发者和研究者必须面对的问题，也是旅游开发中所必须考虑的因素。

本书特意安排了一章，让村里人讲自己的故事。其中，尤应注意外地渔民的心路历程。虽然水产资源还存在，但是没有土地便没有农业，村民的自信心受到摧残，打鱼人也越来越少。该章描述了外来人涌入海岛弥补产业链上的缺环——有的人买旧船、购新船，点缀了外地人的地缘、业缘构成，报道了他们下海的安全保障，有些情况，我们收集到了材料，只是限于篇幅没有写进书里，例如，外地渔民在岸上享受的福利待遇（孩子读书、免费乘车、免费体检等）和对本岛文化的融入程度以及淇澳村民对他们的接纳程度，岛上的治安、环卫、计划生育部门与他们的关系。我们着重介绍了外来的渔具、技术与岛上传统捕鱼技术的关系，目的在于说明海岛已结束昔日的封闭性，变成一个开放的社会。

很多外地渔民都是"旱鸭子"，从没见过大海，也不会游泳（曾有湖北渔民的妻子从船上掉入水中淹死一例）。即使会游泳，无风三尺浪，特别是在夜晚，四周一团漆黑，一旦掉进海里，很难救上来。按照相关规定，船员入职前必须经过培训并得到上船工作证，表示掌握艇筏操作和海上救生技能，不过这些步骤常常被省略。吸引人的是这项工作的高薪酬与低门槛，只需买一条旧艇和一些网具就可以出海了。本岛年轻人越来越不愿当渔民，而是选择进厂或做些小生意，在大陆上找些相对轻松的工作。本地有经验的渔民不是转行就是做了老板，雇佣外地人干活，让外地人下海，自己当鱼贩收鱼，因此上年纪的熟手很难找。这样的缺口已经越来越多地为广西、湖北、湖南等大陆农民所补充。毕竟家乡禁渔，异乡缺人，

---

① Smith, V. L. Sustainability. In Smith, V. L. & Bren, M. (ed.). *Hosts and Guests Revisited: Tourism Issues of the 21st Century*. New York/Sydney/Tokyo: Cognizant Communication Corporation, 2001.

一推一拉促就他们上岛操持岛上人的旧业。外地渔民的流动性很强，不少人干几年就会离开，把他们的船、网低价卖给亲戚或老乡，接手者过几年重演这一行为。这些外来渔民虽然过去是农民，但不是纯粹的农民，有少数是亏了本的小生意人，也有人犯过事并被关押过。

外地渔民来自五湖四海，存在地域差别和文化差别，为什么他们之间没有冲突？一是在居住与交往方面以方言群划分，湖北渔民住一处，广西渔民住一处，湖南渔民住一处，生产生活都是跟老乡在一起，很少看见跨地域的交往；二是海岛面积大，海洋面积更大，各自有生产区域，这些区域都是向当地人缴费承包的，不同方言群彼此不容易碰头，上岸以后更没必要扎堆，因此彼此之间没有过密的交往。

到此可以得出结论，自从早期移民上岛以来，人们在长期的环境适应过程中逐渐学会应对自然和社会中的紧急情况，通过团结合作的精神迎接困难，转危为安，创造了辉煌的物质文化与精神文化。现在村民又面临着一些问题，在政府的帮助下他们解决了一部分，还有一部分没有彻底解决，可能在不久的将来还会面对它们。其中一些问题对某些村民和管理者来说是特殊的，而其他一些问题则是地域性的，或者是全国性的。在村民和管理者讨论的全部问题当中，有两个普遍性的问题最为突出。首先，在农业人口转为非农业人口，即村民转为居民的过程中，人们是被国家养起来还是继续自食其力？其次，如果能够自食其力，他们怎么才能跟上别人的步伐？珠海市率先试行的统一预征土地政策，后来在全国不少地方也都实行了，但是，各地的条件不同，补偿幅度、补偿机制和人口消化机制也不同，由这项政策所引导的社会转型潮流已经给许多地方的农民带来挑战，淇澳岛只是表现得急速了一点。我们将看到两类情况：一类是在执政党的领导下，地方政府不可能无视民生问题，例如，高新区委托兆征小学开办培训班，提高村民的就业水平；另一类是切莫纠缠于老问题，不能干等，要自己动手，发挥集体智慧，重新规划，积极创造，不少村民已经开始这么做了。

淇澳村民的未来充满希望，也潜伏着斗争的火星。总的来说，需要在政治、经济和文化上设立相互关联的有效机制，不懈地铸造超越土地权属、为广大人民的幸福而奋斗的楷模。

附　录

一、中山县第六区淇澳乡体育会组织章程（中华民国三十五年六月十六日）①

第一章　总则

第一条　本会定名为中山县第六区淇澳乡体育会。

第二条　本会设于本乡协和台内。

第三条　本会以强健身心，启发民智，提倡正当娱乐为宗旨。

第二章　义务

第四条　凡本乡人民，年龄由十三岁至四十五岁，人品端正，无不良嗜好，身体健全者，均得入会。

第五条　会员有按时缴纳会费，服从会规及决议案之义务。

第六条　会员有选举、罢免、创制、复决四权及享有本会一切权利。

---

① 《中山县第六区淇澳乡体育会组织章程》，藏中山市档案馆，案卷号：1 - A. - 3 - 243 - 31 - 6。

第三章　组织

第七条　本会设正会长及副会长各一名，下分设体育、训导、文书、理财、庶务、宣传、娱乐七组，每组设组长一名，干事二名，分掌职务。

第八条　本会职员俱是义务职。

第四章　职权

第九条　各职员之职权如下。

（一）正会长统理一切会务与主持一切会议，并督率各组长、干事推行工作。

（二）副会长协助正会长办理会务，若遇正会长有事不能到会则副会长代理其职务。

（三）体育组掌理国技、球类、健康、运动等事项。

（四）训导组掌理书报、纪律、文化等事项。

（五）文书组掌理议案、文件、册籍、缮写等事项。

（六）理财组掌理收支、数目、劝捐等事项。

（七）庶务组掌理购置、公物、清洁等事项。

（八）宣传组掌理演讲、交际等事项。

（九）娱乐组掌理音乐、戏剧、象棋等事项。

第五章　任期

第十条　各职员任期定为一年，期满由大会改选并得连任之。

第六章　会议

第十一条　本会每半月开全体大会一次，会中一切要务当在大会议之，如有特别事项发生，得召集临时会议处理之。

第七章　经费

第十二条　本会经费除由各会员缴纳会费并自动乐捐外，倘仍不敷，向外请求地方热心人士或本乡公款酌量捐助。

第八章　处分

第十三条　会员如有欠缴会费、违犯会规及破坏本会之行为，按其情节轻重报由大会分别予以警告、停权、除名等处分。

第十四条　各职员如有亏空或失职时，经查明属实者应分别改选或追赔偿。

第十五条　会员因犯规而被除名者所纳之会费概不发还，如有借用公物须一律缴还。

第九章　附则

第十六条　本章程倘有未尽事宜得随时修改之。

第十七条　本章程自呈准备案日施行。

二、报刊档案史料三则

1. 淇澳巡检司：设立的缘起和奏折的解读

乾隆三十四年（1769）二月二十一日，两广总督李侍尧、广东巡抚钟音就移驻巡检以资弹压一事向朝廷折奏，内容如下：

窃照设官分职，责乎因地制宜，况今昔之情形不同，自应移简就繁，随时调剂。臣等伏查广州府属之香山县地居沿海，直达外洋，洋商□□来□□夷□处，虽设县丞典史各一员，巡检三员，分驻巡防，但地方辽阔，港河多岐，最易藏奸聚匪，内县丞所辖之淇澳一村，丁口二千五百有奇，四面环海，更为险僻，兼以民贫地瘠，多以捕鱼捞蚬为生，习俗顽悍，往往伙窃贩私，甚或站洋为匪，虽屡经严拿重惩，宵小敛戢，但与其查缉于事后，莫若防范于事先，该县丞驻扎澳门地方，相隔五十里，实在鞭长莫及之势，亟宜设立专员以资巡缉。

查有惠州府归善县之欣乐司巡检离县仅止三十里，所辖并非冲要，且该县设有县丞典史各一员，巡检六员，归并巡防，足资照料。臣等会同两司悉心酌议，所有欣乐司巡检经管地方，应请改归该县县丞兼辖，将欣乐司巡检裁汰，添设香山县淇澳司巡检一员驻扎淇澳，并以附近之上下栅等一十四村划归管辖，一切沿海出入船只以及奸匪私盐盗逃等事，责令稽查缉捕，解县审究。遇有疏防失察，照例开□。应设衙署，即以欣乐司□署□□移解建造，俸□役食亦照欣乐司原编额□移拨支销。如此一转移间，官役不须来设，而要地得有专责，实于巡缉海口有裨，至改设淇澳司巡检，系海滨要区，应请作为调缺，如蒙俞允，窃臣等于现任巡检内拣选咨调，所载之欣乐司巡检岳于问，虽于缉捕无误，而才小敏干，即以调补所遗简缺补用。并请铸给香山县淇澳司巡检印信，以昭信守。欣乐司旧印缴销。是否得当。臣等谨合词恭折呈奏，伏乞后上睿鉴，敕部施行。谨奏。

乾隆三十四年三月廿三日奉朱批，该部议奏。钦此。①

从该奏折可知两点：淇澳岛的位置独特，岛上澳湾环绕，河汉穿插，容易藏奸纳垢，周边海域船来船往，形势不容小觑：北有东洲门，南临金星门，这一段水域的东南以淇澳岛为屏障挡住从伶仃洋吹来的季风，夷船若在淇澳岛东面可由伶仃洋直抵虎门，若在淇澳岛西面则由金星门出入，足见淇澳岛是伶仃洋海域内洋与外洋航道的划分点。而惠州府归善县（后为惠阳县，今为惠州市惠城区）县衙的管理幅度与欣乐巡检司署辖地多有重叠，应归并职责，酌情裁减，将所裁司署名额补到广州府香山县，在淇澳岛增设巡检司，如是既不增加一省行政总预算，又能增强伶仃洋西侧的治安机制。

香山县西边，明朝已设巡检司（清朝司署驻地小榄乡），西北边设黄圃巡检司（司署驻地小黄圃村），西南边雍正年间设黄梁都巡检司（司署驻地黄梁都），而东南没有巡检司，统一归典史直辖。前面三个巡检的司署都在海边，辖区内发生情况能够及时处理。淇澳岛则在海中间。早在雍正八年（1730），清廷添设香山县丞一员，专理华人和葡人之间的事务与纠纷，雍正九年（1731），县丞衙署设立，治所设在前山寨。乾隆九年（1744），县丞衙署由前山寨移至澳门的望厦村，隶属于澳门海防军民同

---

① 《两广总督李侍尧等奏明移驻巡检缘由折》，载中山市档案馆（局）、中国第一历史档案馆编：《香山明清档案辑录》，上海：上海古籍出版社，2006年，第11页。

知。望厦村与淇澳岛相距 25 公里，实在力不从心，故在淇澳岛设立巡检司势所必然。

2. 典田契约

德廉典三墩新沙田①

立明典，三墩新沙一亩出典与人，取银凑用，先召房亲人等，各无银典，自问到端阳社，典出本银壹拾肆两正，言明连典三年为期，期满之日，银到田出，银不计利，田不计租，恐口无凭，立明典数一纸交永能等，端阳社收执为照。

一、实典得田价银十四两正
二、共典价壹（拾）六两

道光廿八年二月卅日

立典数人：德廉

见银代笔：德明

德廉、亚胜父子典三墩老沙田②

立明典，三墩田契人，德廉，男（儿），亚胜，为无银应用，愿将自己君培祖遗下土名"三墩老沙"田一户，该税四亩四分五厘出典，价银六十二两正，即日立契交易，其银兑足，交与德廉父子接归应用，其田交与允沛收租管业、办纳粮务，连典八年为期，由同治八年起至同治十六年底止，满期之日收租后，备银取赎，如期无银取赎仍系允沛收租，乃是"田不计租，银不计利"。此田是君培祖遗下，不干兄弟之事，如有来历不明，该托中仝德廉父子理妥，令数有凭，立明典数一纸，并君培祖收租部（簿）一本统交与允沛收执为照。

同治八年九月初十

典田契银人：德廉、亚胜

德显作中

---

① 《钟德廉典田契约（二）》，藏珠海市博物馆保管部，卷宗号：珠博第 201039—资 3639。
② 《钟德廉典田契约（一）》，藏珠海市博物馆保管部，卷宗号：珠博第 201039—资 3639。

3. 劫后余生的淇澳岛

敌急窥华南

海空军迭犯粤东岸未逞转图西海,淇澳岛被占据

【广州本报特约通讯】敌军近日积极进窥华南,图扑广州,以截断我出海要道,本月四日首以兵舰六艘,助以空军,进犯虎门实安,嗣因运动匪军内应失败,损失济匪枪枝数十杆,运动费数百万元。然野心犹未戢,续由台湾调来三师团,谋再度侵犯粤海,乘隙登陆……至下午三时许,始向金星门鼠窜。其后敌人以唐家湾东南金星门附近之淇澳岛,孤悬海中,居民鲜少,遂再派五船水兵,转图该岛。岛上壮丁俱属渔民,仅百数十名,当敌来侵,立起迎击,讵寡不敌众,卒被敌兵三百余人,一拥登岸。敌占据该岛后,大肆掳掠奸淫,并藉该地测量对岸水道,至七日尚未退。查淇澳岛与葡属澳门、英属香港毗近,位于唐家湾入口要冲。逊清粤省海禁初开,外人运鸦片到粤,即在该岛起卸,并以该岛为中外贸易场,外国商船亦在该处寄碇,迨广州辟商埠,欧西商人始舍淇澳,而进入内地,迄今淇澳仅为渔民聚居,采蚝之户亦栖居岛上,岛中商务不盛,惟附近海湾为船只避风之良港。①

粤海敌舰累犯虎门

淇澳岛敌搜索机师不获,迁怒渔民大肆屠杀

【广州本报特约通讯】至中山县属之淇澳岛,自被敌兵侵占后,敌陆战队约五六百名分头按户搜索。岛上居民多属渔户,仅存老弱妇孺,壮丁早已退集深林,据险死守。敌兵入人家时,先将米粮攫夺,甚至渔户用以撑艇之木桨,亦捆载而去。其搜查户口人员手持日前在中山香洲随海之敌机师相片,逢人辄询,盖是否认识其人,敌人疑该失踪两机师,或逃生岛上,而被禁锢也。其后以大肆搜索不获,曾迁怒于五六居民,竟将其屠杀。又警士一名,不及逃走,亦被枪毙。既而又纵火将障碍视线之民房焚烧,共计四十余家。敌兵焚掠后,先撤去一半敌兵,尚存一二百扼守该岛

---

① 《申报》民国二十七年二月十三号,汉口,1938 年,第 23238 号,第 2 版。

东岳庙、金星门、亚婆湾三要道。傍晚，始完全退回舰上，盖该地潮退即水浅，敌舰不能常川停泊，敌兵搜劫后，即舍陆登舟。闻该岛附近之三敌舰于七日晨已离去，岛民受敌蹂躏之后，仅有少数回家，其余多数已远徙，防敌二次来扰。距敌舰离开淇澳后，七日午复驶至唐家湾前环煤油厂附近，开炮轰击，企图掩护水兵在该处登陆，幸防军凭险抵御，率将敌武装船击退，毙敌二十余名。以上为虎门迤西敌人图谋登陆之近情。①

地理系考察淇澳岛暨石歧（岐）翠亨聚落地理

淇澳岛矗立于珠江口之西侧，在本市南约八十八公里，以其为岛，故地理个性极为明显。本校地理系于十余年前曾派毕业班学生前赴该岛研究，一则以为编纂广东新志之开端，一则以作该班学生毕业论文之准备。复员（广州光复）以来，本校经费诸感困难，地理系本年度毕业班论文，仅能以本校附近为研究范围，未克远离本市，惟如项间所云，淇澳岛地理个性极为明显，且既有研究报告发表，足为高年级学生研究区域地理之参考。乃由地理系吕逸卿主任、罗开富教授暨罗来兴②助教率领三四年级学生前赴淇澳岛实习，并附带考察石岐及翠亨之聚落地理。又该系曾由吕主任、罗教授、梁溥教授及罗助教率领一二年级学生作第七次野外实习，地点为番禺县属沙湾市桥一带，实习结果颇为完满云。③

---

① 《申报》民国二十七年二月十六号，汉口，1938 年，第 23241 号，第 2 版。

② 罗来兴（1916—1998），地理学家，1938 年考入中山大学地理学系，1942 年毕业留系任教，1947 年到中国科学院地理研究所工作。在 1951 年至 1959 年期间，担任过多个科学考察队基层领导，毕生注重考察实践，立说新颖，在中国黄土地貌、河流地貌、构造地貌等地貌学研究领域取得了一系列重要成果，曾任《中国自然地理·地貌》主编。

③ 《国立中山大学校刊》第 2 期第 3 版，1947 年 8 月 5 日。

后 记

历来专攻海岛的学者不多，其中长于人文的方家更少，淇澳岛的调研大抵如此。从文化人类学的维度视之，淇澳岛是个天然实验室，有利于参与观察。地理上四面环海，水域既使岛屿与大陆连通，又使两地分界，长此以往，海岛的文化特质便与大陆有别，造成差别的原因与条件也易于分析或回溯，只要稍加注意，文化的内生性与外依性及其转换也能够分辨和把握。尽管某种程度而言，大陆的偏僻山村也可能具有天然实验室的性质，但是地理场景与文化类型是不可同日而语的。

我国四个海域（渤海、黄海、东海和南海）分布着 7 600 多个大小岛屿，有人居住的约占 6%。从文化类型来说，一方面，海岛的孤立性加大了"十里不同风，百里不同俗"的效应；另一方面，一衣带水，水能载舟，协助传播，缩小文化的差异性。故海岛文化既有特殊性亦有共同性。据不完全统计，从 1990 年至 2019 年，30 年间，通过大陆连岛工程①，我

---

① 大陆连岛工程有多种技术，如堤坝、桥梁、海底隧道、人工岛，这些技术可以单独应用，如仅靠堤坝、桥梁或海底隧道就可沟通两地，也可复合应用，如桥隧一体（桥梁与人工岛连接，加上人工岛与海底隧道连接）贯通两地。

国沿海几十个孤岛已变成陆连岛①，两地居民的交往更加密切，不仅海岛间有文化共同性，甚至海岛与大陆间的文化共同性也会更加凸显。本书不止讲淇澳岛的故事，也在探索海岛文化类型，假如从中能够发现新的路径依赖，那就是本书的学术意义，如果这些发现能够为其他海岛的建设提供参考，也就是本书的现实意义。当然，作为意义肯定不止这些。

讲故事要把时间、地点、人物和事件共置于自然与社会的层面，这就要坚持整体论，本书是一个尝试。纵向看，文化既有物质，亦有制度，还有精神，三个层次的统一乃整体论。横向看，每一层次呈结构排列，比如，凡是海岛，通常可以捕捞，如果面积较大，土地较多，还可以种植，故渔业是有的，农业也有。而不同层次间是可以贯通的，生产活动中渗透着经济制度。淇澳岛便是这样，较之纯粹的渔村、纯粹的农村或者纯粹的牧区，它的经济类型比较复杂。而且，濒临港澳的地理条件便于村民走私，哪一样不需要分工合作？不仅如此，场景越是危险，越需要超自然的神灵来充实信心，保证心态平稳，于是宗教信仰因素也渗透进来，无形中增加了经济生活的复杂性。本书主要讲物质文化，要把故事讲透就得考虑相关因素，让它们围绕着经济的主轴旋转，也就是整体论。

淇澳村的历史悠久，文化积淀深厚，自开基建村迄今775年了，周边发生了许多事情，给岛上的人口、文化带来很大的变故。譬如，村民的姓名就很复杂，从房屋门牌可以看到11个姓氏的遗迹，从乾隆五十年（1785）订立的"股垦户"合同可知，当时还有两户异姓参加投标围垦三墩新沙。过去有人将江树山的一片乱坟岗清理出来，改建为耕地时发现一个陶罐，内有其他姓氏的纸张。凡此无不表明淇澳村曾经不止11个姓氏。早期的姓氏与宋明以来珠江口西侧作为移民安置区有很大的关系。有些杂姓哪里去了？一种可能是通过改姓或入赘的方式融入11个姓氏。由于迁海事件，淇澳村的历史中断了23年，五桂山的一段史实找不回来，这又是一个影响。此外，橇板作为渔业生产工具用于登陆作战，是生产力决定

---

① 参见蓝兰《我国跨海大桥建设情况分析》（载《交通世界》2012年第10期第24-30页）、《跨海桥隧项目建设将成热点》（载《工程机构文摘》2014年第1期第84-85页）和《跨海通道建成数量创历史新高拟建规模超6千亿元》（载《工程机构文摘》2014年第6期第84-87页）。

军队素质的生动活例。再者，三墩沙的获得、"十八党"的封官授印、村民陆续在外乡购置房产地产、后人开枝散叶，都在减轻本岛人口的压力。

淇澳岛和内伶仃岛并列于珠江口喇叭状的等腰线上，两岛犹如一把门锁扼住珠江水道，两岛的不同位置形成季风死角，便于船舶停泊。淇澳岛尤其如此，它近在唐家身旁，像一块跳板，进可登陆唐家，退可踞守海中，其战略地位过去吸引了海盗，后来又受到西方列强的注意，也因此引起朝廷的警觉，较早设立了巡检机构，道光年间因鸦片贸易、华夷纠纷而安设炮位，进驻军队，斗转星移，延续至1987年底。地理条件与历史机缘的辐辏，引发历史事件，形成文化的堆积，从而增加了研究的复杂性。

远的姑且不说，只谈近30年间的变故。淇澳岛隶属珠海经济特区，特区在改革开放中经常争当政策和法制的排头兵，1988年，珠海市提出土地管理"五统一"模式，即统一规划、统一预征、统一管理、统一开发和统一出让。在统一预征土地和伶仃洋跨海大桥项目的联动作用下，淇澳村转型之快，彼辈望尘莫及。因此，我们的调研工作迟到了，没能看到活生生的农业，也没看到耕牛、农具，仅看到杂乱不堪的荒地，间有农庄或鱼塘，实际上是等待开发的建设用地。村民早就"洗脚上岸"了，外地人在岛上生活，有的已待了20余年，这种情形是全国部分地区的一个缩影。

这部书稿用了5年完成，方才说了点滴研究的感想，现在回到结果。能够把它写出来，总算舒了一口气，诚如一位伟人所说："做出'革命的经验'是会比论述'革命的经验'更愉快、更有益的。"① 毕竟"三一三十一"，田野调查、浏览文献、提刀弄笔，工作按三份平均分配，哪一份都不好做！

本书的第二、三章是余邀请钟觉添共同完成的，分工合作如下：由钟觉添写出初稿，他的初稿是写在挂历背面的，蝇头小字写满两大张挂历纸，我拿到后在电脑中输入文字，再补充相关内容（如第33页至38页就是我添加的），兼做一些文句爬梳、配图和图上标符号的工作，再发回给钟觉添审读。然后，我接到他的审读稿，对照初稿，将修改补充的内容再

---

① 参见《国家与革命》第一版"跋"，载《列宁选集》第三卷，北京：人民出版社，1995年，第221页。

输入到电脑中。待一切弄妥当了才交给出版社，编审后发回。之后，我又对这两章进行审读补缀，力求打磨得和其他章的口吻一致。钟觉添是淇澳村的俊杰，过去担任生产大队会计，熟稔全岛情况，我带大学生调查时，他曾做过我们的向导和关键报道人，给予调查极大的支持。同时钟觉添也对本书其余各章进行审读，又写了 8 张 A4 纸，指出错误或瑕疵，提出改进的意见，在下经认真考虑，择其善者而从之。需要补充的是，钟觉添完成承担的任务后，淇澳小学的刘君宇帮助扫描和发电子邮件，中山大学张志文老师代为传递书稿，谨对他们表达诚挚的谢意。

本书是我呕心沥血写出来的，所有地形图和绝大部分图片也都是我自己加工制作的。自 2015 年 1 月到 2016 年 8 月，我多次带领中山大学人类学系的学生到淇澳岛调研，有 2014 级人类学的硕士研究生周力行，2013 级本科学生段升龙、黄立沛、贺玉欣、李嘉薇、孟凡祺、邱锦荃和吴康盛，2014 级本科学生陈思嘉、凌睿、梁玉衡和刘丹莹。此外，郭家明、梁云诗和刘畅 3 位同学也参加过一次调查。黄立沛和段升龙共参加了 4 次集体调查，黄立沛还私下去过淇澳岛两三次，因此在 15 位同学中，他对岛上情况的了解是最深入的。

同学们将在调查中获得的材料和体认用于撰写他们的实习报告，个别同学继续提炼后还用于发表。黄立沛和段升龙去淇澳岛的次数较多，不仅完成了他们的实习报告，而且完成了他们各自承担的贤伟基金田野调查项目所要求提交的结题报告，两人的学年论文和毕业论文也都是以淇澳岛的调查为基础完成的。虽然我和 15 位同学有共享资料的约定，然而本书的素材主要来自作者本人的调查和积累，一定程度上参考了黄立沛、段升龙、刘丹莹和陈思嘉的调查素材，但绝不是照抄，只是摘引了一点，并且作了大幅度的提炼。

书中出自他人手笔的照片、绘图都标注了原创者的姓名。有几张图形需要说明："绪言"中的图是广州美术学院林得福基于实地的创作，谨表谢忱；温长恩、陈琴德、张声骈、王增骐、朱国金、邓秉钧和王伟臣等人于 20 世纪 80 年代中期上岛实地调查，他们所发表的调查报告配有 7 张黑白照片（见《热带地理》1987 年第 3 期封三），记录了淇澳岛的几处景观，具有相当的史料价值，遗憾的是底片有些点蚀，影响了视觉效果。我向广州《热带地理》杂志社写信索取，该社陈编辑欣然发来这组照片。我选了3张，原编号是图3、图4和图5，根据封三的说明，图3和图5是王伟臣所摄，图4是陈琴德所摄，在本书中编号分别改为图3-5、图3-1和图3-2。谨对两位摄影人和陈编辑表示衷心的感谢！继而我又请华南农业大学艺术学院魏乐平副教授帮忙找人，根据图4和图5的原型进行素描临摹，此处谨就图3-1和图3-2的置换对他们表示谢意。图3-3来源于网络，文章题为"中山市龙穴村美如画"，是程诗雅摄于2016年的一张照片，标注"南朗发布2017-05-16 08：13"。特此对拍摄者致以谢意！

制作表4-1得到淇澳派出所的协助，制作表5-1得到中山市档案馆的支持，谨表感谢！

撰写之初的2014年冬，连续两个月我都泡在档案馆查资料。在学生张婧璞的帮助下，我到中山市档案馆查询资料，同行者有黄立沛、王霞。后来我去了珠海市档案馆好几次，同行者有柴白桦，又去了珠海市博物馆保管部，同行者是钟觉添。虽然找到的资料相当零碎，却有延伸时空感觉的作用。2015年7月，我无意中获得有关淇澳岛的线索，那是两份调查报告，一是罗开富等4人写的《淇澳岛》，一是温长恩等6人写的《淇澳岛自然资源及其开发利用》，遂与学生分享。它们确有弥足珍贵的作用。伴随着田野调查的深入，本着"竭泽而渔"的态度，我和前述段、黄、贺、李、孟、邱、吴、刘八位学生去到珠海市图书馆，爬梳了30年的《珠海特区报》和《广东农民报》。有些材料属于敏感性质，如代耕农和建桥民工，文献记录甚少，我们采用田野素材来恢复。第十二章叙述了五人的个人"生活史"，访谈时得到承诺，允许我们使用他们讲述的鲜活材料。为了保证叙述的顺畅和情节的真实，同时又保护报道人的隐私，本书采用"犹抱琵琶半遮面"的处理方式，酌情隐去真实姓名。这种叙事方式与新闻记者曝光的做法不同，也与一些人类学家在作品中对其染指的地名、人名、社会团体等名称用假名或符号代之不同，后一种做法大大降低了他们的作品将来作为历史文献的潜在价值。访问细密的是来自粤西信宜山区的代耕农老许，他不仅讲了自己的身世，而且叙述了亲历的淇澳变迁，如建桥民工的事、淇澳村的建房热潮等。我跟他相约每天交流1小时，然后回到房间趁记忆新鲜赶紧整理，坚持了10天，积累成一篇颇为详细的口述史，构成第十二章的近 1/3 内容。谨对 5 位报道人表示衷心的感谢！

本书经过长期的酝酿，在撰写过程中，两位作者时常电话讨论、共享资料、互相启迪，求索和求真的态度是一样的。写作时受到一些著作的启发，例如，第八章的粮食作物农历生长周期图示与奥斯古德的启发有关①。需要指出，本书成书过程中得到不少人士的慷慨相助，陈荣超、曹望华、郭力恒、郭少波、郭少廉、郭永坚、郭燕仔、胡日辉、陆艳嫦、罗志勇、彭家铭、苏友洪、吴伟强、谢家清、许培荣、伊玛、钟柏荣、钟桂洪、钟教、钟金平、钟建云、钟平仔、钟社妹、钟社容、钟卫原等村贤均在感谢之列（按姓氏音序排列）。还要感谢广西、湖南、湖北等外地渔民群体，如蒋能忠、文生友、文翠翠等人的襄助。鸡山村民唐和兴、旅游经营者杨洋提供了一些资料。诚恳地说，当初若无他们支持，绝不会有今日成书之事。特别值得一提的是，黄立沛、段升龙、周力行、刘丹莹、陈思嘉、贺玉欣、李嘉薇、吴康胜得知写书一事后，郑重签字愿意兑现诺言，让我们放心使用共同获得的田野资料。方才已经说了，实际上本书精于取舍，许多材料没有派上用场，不过仍然要对上述 8 位发声的同学致敬，我将铭记这份珍贵的师生情谊。

至今仍难以忘怀，当我们手持介绍信叩门求见时，珠海市高新区民政局和唐家镇政府对我们亲切的接待、妥善的安排。感谢郑君雷教授的介绍，当我冒昧致电珠海市博物馆的吴敏女士时，她给予我们师生意想不到的帮助。感谢现任淇澳社区居民委员会的姚华耀书记协助争取额外的出版费用。感谢珠海市高新区党委书记闫昊波指示高新区管委会副主任周火根将书稿交予当地相关文化部门审核，可惜此事最终没有落实。

25 年前我在中山大学人类学系读博士研究生时，不止一次听到导师黄淑娉先生的告诫："我们在广东生活就要研究广东，才能报答自己的衣食父母。不要以为教育部的直属院校就可以脱离地方！"黄老师刚过 90 岁生日，感谢她的谆谆教诲，才有我不断践行的理念。本书在成稿过程中遇到诸多周折，所幸最终柳暗花明，在此特别感谢社会学与人类学学院的

---

① 参见［美］科尼利尔斯·奥斯古德著，何国强译：《20 世纪 30—40 年代中国的农村生活：对云南高峣的社区研究》，上海：复旦大学出版社，2017 年，第 144 页。

罗书记和蒋主任。

需要补提一句的是，古文字学家陈炜湛教授为本书题写书名，一共写了4幅供我选择。当我看到那平正的字体，似乎看到炜湛师的洒脱清逸。还要感谢暨南大学出版社黄圣英书记的鼎力相助。我们两位作者家人的无声支持也尤为珍贵。

我们在村里调查时，人们的感情自然流露、有问必答，从不隐瞒，我们入户时，主人家争相让座、端茶倒水。当闻之我们要写一本书时，他们的眼中流露出期盼的目光。这些情景似乎就在眼前，给我们鞭挞、催我们自新，这种力量是难以言状的。现在这本小书出版了，谨将它作为一种回报献给淇澳村民。

何国强

于康乐园马丁堂 S204 工作室

2019 年 9 月 9 日